高等院校人力资源管理专业规划教材

Job Analysis

工作分析

◇ 主 编 郑永武 苏志霞

Job
Analysis

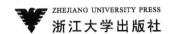

ZHEJIANG UNIVERSITY PRESS
浙江大学出版社

图书在版编目（CIP）数据

工作分析 / 郑永武，苏志霞主编. —杭州：浙江
大学出版社，2011.9（2022.1重印）
ISBN 978-7-308-09065-0

Ⅰ．①工… Ⅱ．①郑…②苏… Ⅲ．①人力资源管理
Ⅳ．①F241

中国版本图书馆 CIP 数据核字（2010）第 184755 号

工作分析

郑永武　　苏志霞　主编

丛书策划	朱　玲　樊晓燕
责任编辑	朱　玲
文字编辑	魏文娟
封面设计	联合视务
出版发行	浙江大学出版社
	（杭州市天目山路 148 号　邮政编码 310007）
	（网址：http://www.zjupress.com）
排　　版	杭州青翊图文设计有限公司
印　　刷	广东虎彩云印刷有限公司绍兴分公司
开　　本	787mm×1092mm　1/16
印　　张	14.25
字　　数	347 千
版 印 次	2011 年 9 月第 1 版　2022 年 1 月第 6 次印刷
书　　号	ISBN 978-7-308-09065-0
定　　价	45.00 元

前　言

　　人力资源管理的思想源远流长。从时间上看,从 18 世纪末开始的工业革命,一直到 20 世纪 70 年代,这一时期被称为传统的人事管理阶段;自 20 世纪 70 年代末以来,人事管理让位于现代人力资源管理;21 世纪的发展趋势则是形成战略性的人力资源管理;目前,国内外学者正着力研究人力资源管理的第四个发展阶段,即人才管理阶段。在我国,对人力资源管理从知到用,也仅是短短的 20 年。

　　现代人力资源管理的核心是对组织内外相关人力资源进行有效整合和运用,以满足组织当前及未来发展的需要,保证组织目标实现及其成员发展的最大化。基于此,现代人力资源管理的核心工作活动主要有组织与职位管理、人员流动管理、培训与开发管理、绩效与薪酬管理、劳动关系管理等。而这些人力资源管理活动的开展,需要大量关于工作和工作者的全面的、具体的信息,以此作为人力资源管理各职能决策的依据。工作分析正是这样一门课程,通过工作分析技术方法的运用,可以获得工作和工作者的相关信息。

　　目前,用于介绍工作分析的书籍,在国外已有数十本,在国内也有近十本,其中不乏有一些成功的教材,指导着工作分析课程的学习和人力资源管理工作分析的实践。但各个版本的书籍都有其自身的特点。本教材在借鉴以往各版本书籍的基础上,形成自身的特点和优势。

　　本教材在编写时,在注重理论体系的完整性和延续性的同时,更强调对实际人力资源管理实践的适用性和指导性。在理论体系上,本教材首先从工作分析的基本概念介绍入手,对工作分析是什么、为什么开展工作分析进行了深入、详细的介绍;其次回答工作分析怎样开展的问题,即对工作分析的操作流程进行系统介绍;最后则对工作分析的技术方法进行重点介绍,包括任务导向的、人员导向的和流程导向的三类技术方法。为了能够更好地对人力资源管理实践操作提供思路和方法上的指导,在既有理论体系框架下,本教材通过在各个环节引入相应的工作分析实际案例,旨在帮助读者能够在理论和实践双重指导下,更有效地开展工作分析活动。本书的创新点就是用较大的篇幅对工作分析的三类技术进行重点介绍,尤其是在知识、思路与方法介绍的同时,引入大量新近的工作分析案例便于读者将理论学习和实践认知与实际操作紧密结合起来,更快地提高工作分析实践的操作能力。

　　本教材主要是针对人力资源管理专业全日制本科生的学习使用而编写的,当然也可以作为人力资源管理专业硕士研究生、继续教育各学历层次学生的学习材料,还可以作为企业人力资源管理从业者自学的参考书。由于工作分析是一门应用性和实践性很强的学科,所以,在使用本教材时,首先要从理论上掌握工作分析的知识体系框架;在此基础上,要结合人力资源管理实践,通过工作分析知识的应用,形成工作分析操作的思路,掌握和熟练应用相关技术和方法。

本教材共计五章,第一章介绍工作分析基本范畴、历史沿革和发展趋势;第二章介绍工作分析的基本操作流程;第三章至第五章分别介绍任务导向、人员导向和流程导向的工作分析技术方法。其中,第三章介绍 3 种有代表性的任务导向的分析技术方法;第四章介绍 7 种经典的人员导向的分析技术方法;第五章介绍 8 种主流的流程导向的分析技术方法。在学时安排上,如果安排 54 学时,可设计 36 学时的理论课和 18 学时的实践课;如果安排 36 学时,可设计 24 学时的理论课和 12 学时的实践课。按照章节来讲,可设计每章安排一次实践课,即 3 学时。

在利用本教材指导教学时,理论体系框架的学习是基础,实践应用的思路和方法的掌握是目的。因此,要更好地与人力资源管理实践相结合,去理解、把握和应用这些知识。当作为自学参考书时,可侧重学习本教材的思路和方法介绍。

本书由郑永武提出编写思路和编写提纲,明确各章的编写要点和内容。具体编写分工如下:第一、三、四、五章由郑永武编写;第二章由苏志霞编写。最后由郑永武进行全书的修改和定稿。

由于作者水平有限,书中不足之处在所难免,敬请各位专家不吝赐教。

郑永武
2011 年 6 月

目　　录

第一章　工作分析概论 ·· 001

第一节　工作分析的基本范畴 ·································· 001

一、工作及相关术语的含义 ······································ 001

二、工作系统的构成要素 ·· 006

三、工作分析及相关术语的含义 ······························ 007

四、工作分析系统的划分 ·· 009

第二节　工作分析的结果表现 ·································· 011

一、工作描述 ·· 011

二、工作规范 ·· 020

三、工作流程 ·· 029

第三节　工作分析在人力资源管理中的地位和作用 ········ 032

一、工作分析在工作设计中的作用 ···························· 032

二、工作分析在人力资源规划中的作用 ······················ 035

三、工作分析在员工流动管理中的作用 ······················ 037

四、工作分析在员工培训管理中的作用 ······················ 038

五、工作分析在员工绩效管理中的作用 ······················ 039

六、工作分析在员工薪酬管理中的作用 ······················ 040

第四节　工作分析实践的历史沿革与发展趋势 ·············· 042

一、中外早期工作分析思想与实践 ···························· 042

二、第一次世界大战前工作分析实践与研究成果 ··········· 044

三、两次世界大战时期的工作分析实践与研究成果 ········· 045

四、第二次世界大战后工作分析的发展与应用 ············· 046

五、工作分析的现实挑战和发展趋势 ·························· 047

【本章小结】 ··· 050

【复习思考题】 ··· 051

【案例分析】 ··· 051

第二章　工作分析流程 ··· 059

　第一节　准备阶段 ··· 059

　　一、开展工作分析的必要性与可行性分析 ························· 059

　　二、确定工作分析的目的 ·· 060

　　三、确定信息收集的范围和内容 ··································· 061

　　四、确定信息收集的方法 ·· 062

　　五、确定工作分析的人员构成 ······································ 065

　第二节　实施阶段 ··· 066

　　一、工作信息的收集 ·· 066

　　二、工作信息的分析和标准化 ······································ 074

　　三、编写职位说明书 ·· 080

　第三节　工作分析评价与应用阶段 ·· 087

　　一、工作分析评价 ··· 087

　　二、工作分析结果的应用 ·· 091

　【本章小结】 ·· 092

　【复习思考题】 ··· 093

　【案例分析】 ·· 093

第三章　任务分析方法 ··· 104

　第一节　职能工作分析 ··· 105

　　一、职能工作分析介绍 ··· 105

　　二、职能工作分析的操作步骤 ······································ 107

　　三、职能工作分析的应用 ·· 112

　第二节　任务清单法 ·· 113

　　一、任务清单法介绍 ·· 113

　　二、任务清单法的操作步骤 ··· 114

　　三、任务清单法的应用 ··· 128

　第三节　关键事件法 ·· 129

　　一、关键事件法介绍 ·· 129

　　二、关键事件法的操作步骤 ··· 129

　　三、关键事件法的应用 ··· 133

　【本章小结】 ·· 135

　【复习思考题】 ··· 136

　【案例分析】 ·· 136

第四章　人员分析方法 ··· 141

　第一节　工作要素法 ·· 141

一、工作要素法介绍 …………………………………………… 141

二、工作要素法的操作流程 …………………………………… 142

三、工作要素法的应用 ………………………………………… 149

第二节　职务分析问卷 ……………………………………………… 150

一、职务分析问卷介绍 ………………………………………… 150

二、职务分析问卷的操作步骤 ………………………………… 157

三、职务分析问卷法的应用 …………………………………… 158

第三节　管理人员职务描述问卷 ………………………………… 159

一、管理人员职务描述问卷介绍 ……………………………… 159

二、管理人员职务描述问卷的分析因子和分析报告 ………… 162

三、管理人员职务描述问卷法的应用 ………………………… 166

第四节　临界特质分析系统 ……………………………………… 167

一、临界特质分析系统介绍 …………………………………… 167

二、临界特质分析系统的操作步骤 …………………………… 171

三、临界特质分析系统的应用 ………………………………… 176

第五节　其他人员分析方法 ……………………………………… 176

一、DOL 系统 …………………………………………………… 176

二、HSMS 系统 ………………………………………………… 178

三、ARS 系统 …………………………………………………… 180

【本章小结】 …………………………………………………………… 181

【复习思考题】 ………………………………………………………… 183

【案例分析】 …………………………………………………………… 183

第五章　流程分析方法 …………………………………………… 190

第一节　流程分析概述 …………………………………………… 190

一、流程分析的概念 …………………………………………… 191

二、流程分析的内容和对象 …………………………………… 191

三、流程分析的操作步骤 ……………………………………… 192

第二节　鱼刺图分析技术 ………………………………………… 193

一、鱼刺图分析技术介绍 ……………………………………… 193

二、鱼刺图分析技术的操作步骤 ……………………………… 193

三、鱼刺图分析技术的应用 …………………………………… 194

第三节　路径分析技术 …………………………………………… 195

一、路径分析技术介绍 ………………………………………… 196

二、路径分析技术的操作步骤 ………………………………… 196

三、路径分析技术的应用 ……………………………………… 197

第四节　网络分析技术 …………………………………………… 198

一、网络分析技术介绍 ………………………………………… 198

二、关键路线法的操作步骤 …………………………………………… 198

三、计划评审法 …………………………………………………… 200

第五节　程序优化技术 …………………………………………… 202

一、程序优化技术介绍 ………………………………………… 202

二、程序优化技术的操作步骤 ……………………………… 202

第六节　线性规划技术 …………………………………………… 205

一、线性规划技术介绍 ………………………………………… 205

二、线性规划技术的操作步骤 ……………………………… 206

三、线性规划技术的应用 …………………………………… 206

第七节　其他流程分析技术 ……………………………………… 207

一、问题回答分析技术 ………………………………………… 208

二、有效工时利用率分析技术 ……………………………… 209

【本章小结】 ……………………………………………………… 209

【复习思考题】 …………………………………………………… 211

【案例分析】 ……………………………………………………… 211

参考书目 …………………………………………………………… 218

后记 ………………………………………………………………… 219

第一章　工作分析概论

【学习目标】

- 掌握工作及相关术语的基本范畴；
- 掌握工作系统四要素及其关系，能够针对具体工作描述其四要素；
- 掌握工作分析及其相关术语基本范畴；
- 掌握工作分析系统的分类，能够根据不同工作分析目的选择合适的分析方法；
- 掌握工作描述、工作规范和工作流程的基本范畴、内容和编写方法；
- 理解工作分析在人力资源管理中的地位与作用；
- 了解工作分析实践的历史沿革和发展趋势。

人力资源管理系统作为组织管理的一个职能领域，其基础性工作就是工作分析。通过工作分析方法的应用，获得与工作相关以及与工作者相关的各种信息，为人力资源管理工作的开展奠定基础。本章将介绍工作及相关术语的基本范畴，工作系统四要素及其关系，工作分析及其相关术语的范畴，工作分析系统的分类，工作描述、工作规范和工作流程的基本范畴、内容和编写方法，工作分析在人力资源管理中的地位与作用，以及工作分析实践的历史沿革和发展趋势。

第一节　工作分析的基本范畴

工作分析就是要对所确定的目标工作进行分析研究，以全面了解和掌握其相关信息。本节首先对工作的内涵、外延和相关术语进行界定，然后对工作系统的构成进行说明；其次对工作分析和工作分析系统的内涵和外延进行阐述。

一、工作及相关术语的含义

工作就是工作者作为组织一员，在组织内全部角色的总和，也是个人进入组织的中介，还是组织最基本的活动单元。

1. 工作的内涵与外延

对工作(Job)的定义有很多种,可分为狭义的定义和广义的定义。

狭义上的工作,是指工作者在一段时间内从事的一系列活动,而此一系列活动却具有一致的目标以及一致的特点和性质。同时,狭义上的工作还可以理解为工作者从事的一系列专门任务的总和。这里的"专门"就强调了工作在内容和范围上、流程和方法上、所需技能和能力上存在明确的边界。

广义上的工作,是指工作者作为组织一员,在组织内全部角色的总和。这里主要强调工作者在工作时所需要扮演的,和上级、同级及下级的关系定位。一般来讲,工作者需要接受上级的工作安排、工作监督、工作指导和工作考核,同时又需要向上级汇报工作。工作者在工作时需要与同级其他工作人员进行工作上的合作或协作。工作者作为上级有需要对其下级进行工作安排、工作监督、工作指导和工作考核。

从个人来讲,工作是个人进入组织的中介。在一个组织中,识别一个工作者,主要是通过他所承担的工作内容和职责,主要包括所需要处理的信息、需要处理的事务、需要进行的人际交往和沟通等。个人通过与组织配备的生产资料的结合,为组织创造价值。这种价值的实现是通过工作者体力、脑力的付出为基础的,当然这种结合是建立在工作者具备相应工作资格的基础之上的,包括所具备的知识、技能、能力、经验等。在此,工作者所应该具备的工作资格,是通过对工作职责和内容的明确定义来确定的。

从组织角度来讲,工作是组织最基本的活动单元,是相对独立的权责统一体,是同类岗位(职位)的总称,也是部门、业务组成和组织划分的信息基础。首先,组织目标的实现是通过一系列基本的工作活动实现的,这些活动构成了组织的基本活动单元。任何复杂的组织目标都可以分解为若干项更为细小的工作活动,分解越细,工作对应的目标越明确,也就越容易实现。其次,对于每一活动单元来讲,要履行相应的责任,完成相应的任务,这就是所谓的工作职责;同时要想实现职责的完成,就要有相应的工作资源分配和影响能力作为保障,这就是所谓的工作权限。在此,工作职责和权限必须对等,如果工作职责大于权限,则没有足够的资源控制能力来保证工作职责的完成;相反,如果工作权限大于工作职责,工作者在保证完成工作任务前提下,可能会将工作资源用于非组织目的,即实现个人目的,也就是滥用职权。最后,组织部门结构、业务板块结构和工作关系结构的划分必须以工作单元作为基础。组织总体目标分解为不同部门的分目标和不同业务板块的分目标,形成部门结构和业务板块结构;同时这一分目标又要在部门内部和业务板块内部进行分解,最终定位在各个不同工作者的工作内容和任务上,形成各个工作者之间的工作关系结构。

2. 工作相关术语的界定

要素。要素(Element)是工作活动最小的单位,即不具有再分解性。要素往往是几个简单动作的组合。例如,酒店迎宾员向客人问候时的微笑,打字员录入文字时敲击键盘,自行车维修工拆卸车轮时用扳手拧下螺母等。

任务。任务(Task)是指工作活动中,工作者为达到某一目的所承担的各"要素"的集合。几个"要素"连接在一起,实现一个最终的目的。例如,酒店迎宾员要微笑、问候、开门,各个"要素"的完成就实现了迎宾员的"迎接"任务的完成。打字员录入文字时要看稿件、敲击键盘、修改,各个"要素"的完成就实现了打字员"录入"任务的完成。自行车维修工拆卸车轮时要拧下螺母、摘下链条、卸下车轮,各个"要素"的完成就实现了自行车维修工"拆卸车轮"的任务。

职责。职责(Responsibility)是指工作者承担的多项任务的集合。职责是通过几个任务的分目的完成后实现某一更大范围的分目的,任务之间具有某种逻辑上的延续,这种延续保证了职责的完成。例如,酒店迎宾员要完成迎接、问询、引导、协助宾客落座、送客等,这一系列"任务"的完成实现了迎宾员"迎送职责"的完成。打字员要完成录入、页面编辑、输出打印等,这一系列"任务"的完成实现了打字员"打印职责"的完成。自行车维修工要完成拆卸车轮、取出破损、换上新轴承、装上车轮等,这一系列"任务"的完成实现了自行车维修工"换轴承"职责的完成。

职位。职位(Position)是指工作者承担的各项职责的集合。职位是通过几个职责的分目的完成实现职位目标的完成,各职责同样具有逻辑上的关联性,这种关联性保证了职位目标的完成。相对来讲,职位上各职责的关联性,要比职责的各项任务以及任务的各个要素的关联性松散一些。例如,酒店迎宾员要完成宾客迎送、未预定无坐席侯位宾客的安排、预定未到宾客的联系、门口地段的保洁等,这一系列"职责"的完成实现了迎宾员"职位"目标的完成。自行车维修工要完成换轴承、补胎、换刹车线、换闸皮、调整车座等。这一系列"职责"的完成实现了自行车维修工"职位"目标的完成。

职务。职务(Job)是指一组职位的集合。这些职位在职责内容上可能不尽相同,但职责的重要性和数量上是相当的,往往处于同等的职位级别。例如,采购部经理、生产部经理、营销部经理、人力资源部经理、财务部经理等职位都处于相同的职务,就是分管公司运营中的某一职能领域,都是"部门经理"职务。学校二级学院的学生副院长、行政副院长、教学副院长都是分管学院某一领域工作,都是"副院长"职务。

职业。职业(Occupation)是一类职位的集合。这些职位在工作内容上和工作资格上基本相当,既可以存在于同一组织,也可存在于不同组织。例如,主持人、会计、工程师、律师、教师等都是职业,那么同一企业或者不同企业的会计的工作内容和工作资格基本相当,具有一致性。职业分类要具备以下五个特征:目的性、社会性、稳定性、规范性和群体性。《中华人民共和国职业分类大典》将我国社会职业归为8个大类,66个中类,413个小类,1838个职业。8大类分别为国家机关、党群组织、企业、事业单位负责人,专业技术人员,办事人员和有关人员,商业、服务业人员,农、林、牧、渔、水利业生产人员,生产、运输设备操作人员及有关人员,军人,以及不便分类的其他从业人员。国际标准职业分类把职业分为8个大类,83个小类,284个细类,1506个职业项目,总共列出职业1881个。《中华人民共和国职业分类大典》未收录或需要更新的职业,人力资源和社会保障部会进行发布,表1-1所示是我国从2004年开始至今发布的共计12批122个新职业(工种)。

表 1-1　我国发布的新职业

批 次	发布时间	数 量	职 业
1	2004 年 8 月	9	形象设计师、锁具修理工、呼叫服务员、水生哺乳动物驯养师、汽车模型工、水产养殖质量管理员、汽车加气站操作工、牛肉分级员、首饰设计制作员
2	2004 年 12 月	10	商务策划师、会展策划师、数字视频（DV）策划制作师、景观设计师、模具设计师、建筑模型设计制作员、家具设计师、客户服务管理师、宠物健康护理员、动画绘制员
3	2005 年 3 月	10	信用管理师、网络编辑员、房地产策划师、职业信息分析师、玩具设计师、黄金投资分析师、企业文化师、家用纺织品设计师、微水电利用工、智能楼宇管理师
4	2005 年 10 月	11	健康管理师、公共营养师、芳香保健师（SPA）、宠物医师、医疗救护员、计算机软件产品检验员、水产品质量检验员、农业技术指导员、激光头制造工、小风电利用工、紧急救助员
5	2005 年 12 月	10	礼仪主持人、水域环境养护保洁员、室内环境治理员、霓虹灯制作员、印前制作员、集成电路测试员、花艺环境设计师、计算机乐谱制作师、网络课件设计师、数字视频合成师
6	2006 年 4 月	14	数控机床装调维修工、体育经纪人、木材防腐师、照明设计师、安全防范设计评估师、咖啡师、调香师、陶瓷工艺师、陶瓷产品设计师、皮具设计师、糖果工艺师、地毯设计师、调查分析师、肥料配方师
7	2006 年 9 月	12	房地产经纪人、品牌管理师、报关员、可编程序控制系统设计师、轮胎翻修工、医学设备管理师、农作物种子加工员、机场运行指挥员、社会文化指导员、宠物驯导师、酿酒师、鞋类设计师
8	2007 年 1 月	10	会展设计师、珠宝首饰评估师、创业咨询师、手语翻译员、灾害信息员、孤残儿童护理员、城轨接触网检修工、数控程序员、合成材料测试员、室内装饰装修质量检验员
9	2007 年 4 月	10	衡器装配调试工、汽车玻璃维修工、工程机械修理工、安全防范系统安装维护员、助听器验配师、豆制品工艺师、化妆品配方师、纺织面料设计师、生殖健康咨询师和婚姻家庭咨询师
10	2007 年 11 月	10	劳动关系协调员、安全评价师、玻璃分析检验员、乳品评鉴师、品酒师、坚果炒货工艺师、厨政管理师、色彩搭配师、电子音乐制作员、游泳救生员
11	2008 年 5 月	8	动车组司机、动车组机械师、燃气轮机运行值班员、加氢精制工、干法熄焦工、带温带压堵漏工、设备点检员、燃气具安装维修工
12	2009 年 11 月	8	皮革护理员、调味品品评师、混凝土泵工、机动车驾驶教练员、液化天然气操作工、煤气变压吸附制氢工、废热余压利用系统操作工、工程机械装配与调试工

职业生涯。职业生涯（Career）是指一个人在其整个工作期间所经历的一系列职位、职务或职业的集合或总称。一个人在其职业生涯中所从事的职业可能是具有相同内容或特征的职业，也可能是具有不同内容或特征的职业。例如，一个人从人力资源管理专业本科毕业

后,进入某金融企业做人力资源助理,1年后转正,工作3年后晋升为招聘主管,工作期间获得某高校人力资源管理硕士研究生学位,担任招聘主管3年后晋升为人力资源部经理,担任人力资源部经理5年后晋升为行政副总,工作1年后离职,进入另一跨国金融企业北京公司做人力资源总经理,工作3年后晋升为大中华区人力资源总经理。工作期间接受时长为6个月的企业总部提供的培训。如上所述,此人工作期间所经历的各个工作,就构成了其职业生涯。

职系。职系(Job Family)又称为职种,是指职责繁简难易、轻重大小及所需工作资格并不相同,但工作性质相似的所有职位的集合。例如,招聘助理、招聘主管、招聘经理构成同一职系,车工、车工组长、车工班长构成一个职系。实质上,同一职系的各个职位有着职责繁简难易、轻重大小及所需工作资格的差异,职位级别越高,职责越复杂、工作责任越大、所需资格越高;相反,职位级别越低,职责越简单容易、工作责任越小、所需资格越低;同时,也形成了一个职位晋升系统。

职组。职组(Job Group)又称为职群,是指工作性质相近的所有职系的集合。例如,招聘职系和配置职系在工作性质上具有相似性,即考虑职位职责要求和任职者资格要求的高度一致性,因此招聘职系和配置职系就构成招聘配置组。一般的,职组是工作分类中的一个辅助性划分,并不是不可缺少的。

职门。职门(Functional Department)亦即职能部门,是指工作性质大致相近的所有职组的集合。例如,招聘配置组负责招聘配置工作、薪酬福利组负责薪酬福利设计核算和发放、培训发展组负责培训开发设计和实施、绩效考评组负责绩效考评设计和实施,则可以并入人力资源部,作为企业人力资源管理职能发挥的职能部门。职系、职组和职门是对工作的横向划分,主要区分职能领域。而下面要提到的职级和职等则是对工作的纵向划分,主要区分职能级别高低。

职级。职级(Job Class)是指同一职系中职责繁简难易、轻重大小及所需工作资格相似的所有职位集合。职责繁简难易、轻重大小及所需工作资格处于相同级别的工作,则是同一职级。职级越高,职责越复杂、工作责任越大、所需资格越高;相反,职级越低,职责越简单容易、工作责任越小、所需资格越低。例如,招聘助理、招聘主管、招聘经理构成同一职系,但却处于不同职级,招聘助理、招聘主管、招聘经理三个职位级别依次越来越高。车工、车工组长、车工班长构成一个职系,但却处于不同职级,车工、车工组长、车工班长三个职位级别依次越来越高。

职等。职等(Job Level)是指不同职系间,职责繁简难易、轻重大小及所需工作资格相似的所有职位集合。在此,职等主要强调不同工作性质,职责繁简难易、轻重大小及所需工作资格相似。例如,会计核算专员、薪酬专员和采购专员,分别处于财务部、人力资源部和采购部,但却是处于"专员"同一职等。与职等相比,职级更强调同一职系,亦即工作性质相同,职责繁简难易、轻重大小及所需工作资格不同。需要注意的是,不同职系的职级数量不一定相同,所以有时未必能像上面例子中那样,处于同一职系的同一职级的职位在各职系间未必在职等上能一一对应。

以上介绍了工作的定义以及工作相关术语的内涵和外延,在进行工作分析时,必须能够准确把握各个术语,正确理解它们之间的联系与区别。

二、工作系统的构成要素

工作是组织中最基本的活动单元,所有工作构成组织这样一个大系统,而每一项工作本身又是一个子系统。工作作为一个系统,有四个组成部分,各部分之间有着密切联系,相互作用、相互影响。

1. 工作系统四要素

工作构成一个系统,这一系统由四个要素构成,分别是工作输入、工作输出、工作转换和关联要素。

(1)工作输出。工作输出(Job Output)是指工作的最终成果,它的表现形式有产品、服务、其他工作的输入等。例如,车工的工作输出是零件半成品,表现为产品;酒店迎宾员的工作输出是宾客得到热情迎接和迅速找到餐位,表现为服务;车工完成的零件半成品同时会成为磨工的工作输入原料,迎宾员引导宾客落座后服务工作则转到值台人员,成为其工作输入。

(2)工作输入。工作输入(Job Input)是指为了取得工作成果,所需要投入的资源要素,包括物力、人力、信息等。例如,车工的工作输入包括厂房及基础设施、车床、工具装备、原材料等物力资源要素,车工的劳动投入人力资源要素,车工生产规格和产量信息资源要素等。迎宾员的工作输入包括酒店基础设施、手台、工装等物力资源要素,迎宾员劳动投入人力资源要素,酒店接待和宾客相关信息等信息资源要素。

(3)工作转换。工作转换(Job Transformation)是指工作输入如何转化为工作输出,包括转化的程序、规范、技术方法等。例如,车床如何调整,卡具如何安装,切削矩形、梯形、蜗杆和多线螺纹如何操作,复杂零件的装夹和加工如何操作,镜面车削如何操作,数控车床如何操作等。迎宾员如何做到正确的站姿,如何鞠躬,如何微笑,如何问候,如何引导,如何协助宾客落座等。

(4)工作关联要素。工作关联要素(Job Related Element)是指从工作输入到工作转换再到工作输出,整个过程相关联的其他要素,包括在组织中的位置、工作的职责和职权、工作对环境和工作者的要求等。例如,车工属于组织生产部下面的成型车间车工岗位,工作职责包括车间设施的基础维护和保养、车床的调试和保养、原料的领取和码放、原料的成型操作等,工作职权包括原料的领取、设备和装备的使用等,工作环境要求包括光照、取暖或降温要求、通风条件等,对工作者的要求包括车床结构知识、生产工艺知识、金属材料性能知识、图纸的阅读能力、车床调试和操作技能、原料和半成品的领取与码放技能等。

2. 工作系统四要素的关系

工作系统中,工作输入、工作转化和工作输出是关键构成部分,每一要素都具有其特定的作用和意义,而同时要保证工作输入、工作转化和工作输出功能的发挥,就不可缺少工作关联要素,如图 1-1 所示。

工作输出是工作系统中结果性的构成部分,是由工作的目标要求所决定的。组织总体目标最终要分解为每一工作活动的分目标,各个分目标的完成才能确保组织目标的最终完成。同时工作输出也提出了对工作输入、工作转化和工作关联要素的要求。这里值得注意的是,如何对工作输出进行准确测量。对于以实物产品为工作输出的工作而言,相对较为容

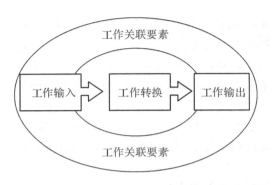

图 1-1　工作系统四要素关系

易;而对于以服务为主的工作而言,如何对工作行为进行测量,也是目前人力资源管理中一项重要的研究课题。

工作转换是工作输入到工作输出的中间环节,是工作输入到工作输出的桥梁,也是工作者与原材料结合的过程。工作转换准确、有效与否,直接决定了工作输入的转化效率,也决定了工作输出的最终状况。要想确保获得既定的工作输出,就要在工作流程、工艺方法、操作规程等各个方面准确定位、明确规范。另外,影响工作转换质量的限制条件包括工作环境、工作设备和工具、原材料、信息和工作者任职资格等。

工作输入是工作系统中首要的构成部分,是由工作输出要求所决定的。要想获得既定的工作输出,必须要有完备的资源保障。这里的资源主要是工作者与原材料结合过程中所需要的各种资源。首先是人力资源,这是输入中唯一具有主观能动性和社会性的资源,工作输出在很大程度上取决于人力资源的数量和质量。其次是物力资源,作为工作中必需的生产资料,通过转换这一环节将价值转移到工作输出中,是工作输出重要的物质保障。再次是信息资源,是关于工作开展中,和每一工作阶段的工作任务要求相关联的信息。

工作关联要素是指从工作输入到工作输出,整个过程相关联的其他要素,包括在组织中的位置、工作的职责和职权、工作对环境和工作者的要求等。在组织中的位置决定了工作输出的目标要求,也就决定了工作输入与转换的要求。工作职责是工作目标的细化表现,也是工作目标的分解结果,与工作输出要求具有一致性。工作职权是工作职责完成和实现的必要资源保障,表现为工作输入中各种资源的影响能力,因此工作责权一定要对等。工作环境也是工作转换过程得以实现的物质保障,但有别于原材料;原材料表现为一次性投入,而工作环境保障则需要相关设施的持续性投入。工作者任职资格则是对工作者工作知识、技能和能力的要求,也是保证工作转换得以实现的现实条件。

工作输入是系统的开始,工作输出是系统的结束,从开始到结束中间就是工作转换,而工作关联要素则保障着这一系统的有序运转。

三、工作分析及相关术语的含义

工作分析就是要通过对工作的深入分析,获取相关信息,包括工作本身的和工作者任职资格的;和工作分析相关术语的界定有利于更为准确地掌握工作分析的内涵和外延。

1. 工作分析的含义

国外学者对工作分析做了如下定义。

Tiffin & McCormick (1965)认为,"从广义上说,是针对某种目的,通过某种手段来收集和分析与工作相关的各种信息的过程"。

Chorpade & Atchison(1980)认为,"工作分析是组织的一项管理活动,它旨在通过收集、分析、综合整理有关工作方面的信息,为组织计划、组织设计、人力资源管理和其他管理职能提供基础性服务"。

Gary Dessler(1996)认为,"工作分析就是与此相关的一道程序,通过这一程序,我们可以确定某一工作的任务和性质是什么,以及哪些类型的人(从技能和经验的角度)适合被雇佣来从事这一工作"。

国内学者对工作分析也做了相关定义。

付亚和与孙健敏(1995)认为,"工作分析实质上是全面了解工作并提取有关工作全面信息的基础性管理活动"。

萧鸣政(1997)认为,"所谓工作分析,即分析者采用科学的手段与技术,对每个同类岗位工作的结构因素及其相互关系,进行分解、比较与综合,确定该岗位的工作要素特点、性质与要求的过程"。

总之,工作分析就是通过一定的技术方法,对目标工作的性质、特点等进行分析,从而为企业管理,尤其是人力资源管理提供基础信息,包括工作任务与职责、工作环境以及任职资格等。

首先,工作分析的目的是要了解和掌握工作相关信息,这些信息可以作为企业管理,尤其是人力资源管理决策的重要依据。例如,在人力资源管理中薪酬管理是重要且复杂的工作,在薪酬管理中制定职位工资时需要对各个标杆职位进行准确评价,此时评价的依据则来自于标杆职位的职位说明书,包括工作职责大小、难易,工作环境的优劣,工作压力的大小,工作能力要求的高低,工作联系的范围和频率等。

其次,工作分析需要获取什么信息,取决于工作分析要满足什么工作目的,信息需求决定了工作分析项目的多寡。一般来讲,工作分析时会涉及的信息包括工作标识信息、工作概要、工作职责、工作权限、工作联系、工作环境、工作任职资格等。这里的工作职责、工作权限、工作联系、工作环境和工作任职资格是工作分析时最为重要的几个方面。尽管不同分析目的所需要的信息有差异,但基本上会涉及这些方面,只是有所侧重,或者信息深度和广度有所差异。

最后,工作分析需要通过一些方法技术才能完成。这些方法技术可分为一般性的方法技术和专用的方法技术。一般性的方法技术包括问卷法、访谈法、文献法、观察法、参与法、工作日志法、主题专家会议法等。而专用的分析方法则包括基于工作任务分析的职能工作分析(FJA)、任务清单法(TIA)和关键事件法(CIT),基于工作者任职资格分析的职务分析问卷法(PAQ)、工作要素法(JEM)、管理人员职务描述问卷(MPDQ)和临界特质分析系统(TTAS),以及基于工作流程分析的鱼刺图分析技术(Fishbone Diagram)、路径分析技术(Path Analysis)、网络分析技术(Network Analysis Techniques)、程序优化技术(Program Optimization Techniques)和线性规划分析技术(Linear Programming Techniques)等。

以上是国内外学者和专家对工作分析的定义,对工作分析定义的准确理解和把握是做好工作分析的重要保证。

2.工作分析相关术语的界定

一般的我们可以将工作分析称为岗位分析、职位分析和职务分析,但这四者之间仍然有些差异。

(1)岗位分析。工作是一系列工作的性质和内容相似岗位的集合,工作分析则是对这一系列岗位的总体分析,而岗位分析则是针对某一具体岗位进行的分析。所以岗位分析会针对该岗位的具体工作任务、工作流程、工作环境以及任职资格等项目进行分析。在这里需要指出的是岗位必须和工作者一一对应,亦即一岗一人。岗位分析结果可以通过岗位说明书来表现。

(2)职位分析。岗位和职位基本上可以认为是一致的,但仍然有些差别。一方面,岗位是具体工作流程中的某一环节,而职位则是一些工作内容相同或相近岗位的统称;另一方面,岗位可以作为组织中各职种或工种工作的称谓,而职位则更强调对非体力劳动者所担任的工作的称谓,亦即职员或管理人员,例如专业技术性工作和管理性工作。因此职位分析相对于岗位分析则更为宽泛,更具一般性,当然也会涉及更多的分析项目。职位分析的结果可以通过职位说明书来表现。

(3)职务分析。如前所述,职务是指一组职位的集合,这些职位在职责内容上可能不尽相同,但在职责的重要性和数量上相当,同时往往处于同等的职位级别。职务分析更强调对于此类职位发挥功能和承担责任的分析,尤其是管理功能和管理责任等方面,因此也就更多的用于管理性职位,会侧重对于此类职位效益目标、管理责任、管理权限等项目进行分析。职务分析的结果可以通过职务说明书来表现。

工作分析、岗位分析、职位分析和职务分析四个概念既有联系又有一定的区别。在工作分析实践中,要根据分析研究的目的来确定使用什么样的术语,确保表达更加确切。

四、工作分析系统的划分

如前所述,专用的工作分析方法包括基于工作任务分析的职能工作分析(FJA)、任务清单法(TIA)和关键事件法(CIT),基于工作者任职资格分析的职务分析问卷法(PAQ)、工作要素法(JEM)、管理人员职务描述问卷(MPDQ)和临界特质分析系统(TTAS),以及基于工作流程分析的鱼刺图分析技术(Fishbone Diagram Techniques)、路径分析技术(Path Analysis Techniques)、网络分析技术(Network Analysis Techniques)、程序优化技术(Program Optimization Techniques)和线性规划分析技术(Linear Programming Techniques)等。这些方法又可分为静态的分析方法和动态的分析方法。本书将在第三章、第四章和第五章中详细介绍以上各个工作分析系统。

1.静态工作分析系统

静态工作分析系统分为工作(任务)导向性的工作分析系统和人员(工作者)导向性的工作分析系统。

(1)工作(任务)导向性的工作分析系统。工作(任务)导向性的工作分析系统主要是对工作要实现什么工作目标,要履行什么工作行为,要获得什么工作结果,即工作任务、工作职责等方面的分析。比较成熟的方法主要有职能工作分析(FJA)、任务清单法(TIA)和关键事件法(CIT)等。职能工作分析主要是从如何界定和表述"任务",如何确定任务目标,如何从事物职能、数据职能和人员职能三个方面进行等级的确定,如何确定任务绩效标准,以及如何确定任职者在通用技能、特定技能和适应性技能三个方面需要接受什么培训。任务清单法主要是通过构建任务清单、利用任务清单获取目标职位相关信息和利用计算机程序对信息进行量化处理等的操作实现对工作的分析。关键事件法是通过编写影响工作者工作绩效的"关键事件",通过确定对关键事件评价的维度,来明确工作者什么样的工作方式和行为与什么样的工作绩效相联系。

　　(2)人员(工作者)导向性的工作分析系统。人员(工作者)导向性的工作分析系统主要是对工作者实现工作目标、完成工作任务所需要什么样的任职资格的分析,包括知识、技能、能力、心理素质、工作经验等。比较成熟的方法主要有职务分析问卷法(PAQ)、工作要素法(JEM)、管理人员职务描述问卷(MPDQ)和临界特质分析系统(TTAS)。职务分析问卷法属于问卷法,是通过标准化的分析问卷获取工作相关信息,并按照系统的数据分析程序获得相应的分析报告,包括工作维度得分统计分析报告、能力测试预测数据报告和职位评价点值报告。工作要素法是通过对选出的各项任职资格要素,进行 BSTP 四个指标的评价和统计分析,来确定哪些要素可以作为工作分析维度,哪些可以作为子维度,哪些是最低要求要素,哪些是选拔性最低要求要素,哪些是培训要素等。管理人员职务描述问卷也是问卷法,主要是针对管理性职位和人员,从 15 个方面分析工作者需要哪些工作行为和任职资格,最终获得管理职位描述报告、个体职位价值报告、个体职位任职资格报告、管理工作描述报告、团体工作价值报告、团体工作任职资格报告、团体比较报告、职位绩效评价报告等 8 个报告。

　　在选取工作分析系统时,要根据具体工作来分析目的,同时也要考虑以下几个方面的影响。

　　一是工作的结构性。如果工作结构性高,职责范围和边界清晰,可考虑选用工作导向性的工作分析方法;反之,如果工作结构性低,职责范围和边界模糊,则可考虑选用人员导向性的工作分析方法。如果是传统产业,以生产、加工制造为主的企业,可考虑选用工作任务导向的分析方法;反之,如果是新兴产业,以脑力劳动或者服务为主的企业,可考虑选用人员导向的分析方法。

　　二是工作的过程和结果一致性程度。如果工作过程和结果高度一致,工作的开展和结果的获得受工作者影响很小,可考虑选用工作任务导向的分析方法;反之,如果工作过程和结果需要更多的个性化发挥,工作的开展和结果的获得受工作者影响很大,可考虑选用人员导向的分析方法。

　　另外,在选用工作分析方法时,还要考虑组织文化、组织制度、组织中人员工作主动性、工作开展独立性与合作性以及工作创新需求等因素的影响。

　　2.动态工作分析系统

　　动态工作分析系统即流程导向性的工作分析系统。流程导向性的工作分析系统主要是对工作者开展工作时需要按照什么样的过程执行,工艺流程和操作节点是什么,工作过程中各岗位的分工与协作是什么样,以及工作过程有没有不合理、不经济等问题的分析。比较成熟的方法主要有鱼刺图分析技术(Fishbone Diagram Techniques)、路径分析技术(Path Analysis Techniques)、网络分析技术(Network Analysis Techniques)、程序优化技术(Program Optimization Techniques)和线性规划分析技术(Linear Programming Techniques)等。鱼刺图分析技术是通过鱼刺图的绘制,来发现现有工作方法存在的问题、理清各影响因素之间的关系、找到问题产生的原因以及提出如何改进的措施与方法。网络分析技术是通过网络图的绘制,来确定关键线路、计算网络时间、进行网络图优化和进度控制的方法。程序优化技术是通过流向图的绘制,来检查各项工作任务安排是否最优、寻找最佳操作方法和最节约时间任务安排的方法。线性规划技术是通过对已知条件和限制性条件的逻辑关系进行梳理,来构建线性规划数学模型、运算求解和运用修正的数学方法。

除了以上的方法技术外,针对流程分析的技术还有问题回答分析技术、有效工时利用率分析技术等。

第二节　工作分析的结果表现

工作分析旨在获取工作和工作者的相关信息,这些信息如何表达,将是本节的主要内容。针对工作相关信息,可以通过工作描述和工作流程来表达;针对工作者信息,可以用工作规范来表达。由于工作描述是表达工作任务、职责等相关信息的,而工作流程是表达工作执行过程的,所以本节分别从工作描述、工作规范和工作流程三个方面进行介绍。

一、工作描述

工作描述(Job Description)是工作分析的直接结果,是对工作本身相关信息的描述,对于公司中具体的中高层管理职位和专业技术人员(豁免员工),通常使用职位描述(或岗位描述,Position Description),而日常性工作(Daily Work)则使用工作描述,同时可以专门针对管理职位进行职务分析,得到职务说明书。需要注意的是,工作描述(或职位描述、岗位描述)一般只包括和工作本身相关的信息,又可称为工作说明书。尽管在企业人力资源管理实践中,在工作说明书中包含有工作者任职资格的信息,但准确来讲,任职资格信息应该归属于工作规范或称为工作者说明书或任职资格说明书。

工作描述主要包括工作标识项目、工作概要、工作职责以及绩效标准、工作职权、工作环境、工作压力与负荷等项目,具体又可分为核心项目和可选项目两种。核心项目是任何一份工作描述都必须包含的部分,这些内容的缺失,会导致我们无法对本职位与其他职位加以区分。可选项目并非是任何一份工作描述所必需的,而可由职位分析专家根据预先确定的工作分析的具体目标或者职位类别,有选择性地进行安排。表 1-2 中列举了通常工作描述中包含的核心项目和可选项目。表 1-3 列出了针对管理职位、专业技术职位和操作工这三种不同特点的职位所应选择的分析项目。

表 1-2　工作描述的内容

分 类	内容项目	项目内涵	应用目标
核心 内容	工作标识	工作名称、所在部门、工作关系、薪点范围等	作为区别其他工作的信号和对这一工作的基本了解
	工作概要	关于该职位的主要目标与工作内容的概要性陈述	
	工作职责	该职位必须获得的工作成果和必需担负的责任	
	工作关系	该职位在组织中的位置	

续　表

分类	内容项目	项目内涵	应用目标
选择性内容	工作环境	职位存在的物理环境、心理环境、安全状况	劳动保护、薪酬设计
	工作权限	职位在人事、财务和业务上作出决策的范围和层级	组织优化、职位评价
	履行程序	对各项工作职责的完成方式的详细分解与描述	绩效考核、上岗引导
	工作范围	该职位能够直接控制的资源的数量和质量	职位评价、上岗引导
	职责量化	职责的评价性和描述性量化信息	职位评价、绩效考核
	工作负荷	职位对任职者造成的工作压力	职位评价、劳动保护

表 1-3　根据职位类型选择职位描述的内容

内容项目	管理职位	专业技术职位	操作工人
工作标识	√	√	√
工作概要	√	√	√
工作职责	√	√	√
工作关系	√	√	
工作环境			√
工作权限	√		
履行程序	√		
工作范围	√		
职责量化信息	√		
工作负荷	√	√	√
工作特点与领域	√		

1. 工作标识项目

工作标识，是关于职位的基本信息，是一职位区别于其他职位的基本标志。通过工作标识，可以向职位描述的阅读者传递关于该职位的基本信息，使其能够获得对该职位的基本认识。除了关于职位的基本信息之外，在该部分还常常有关于职位分析的时间、人员、有效期等。

属于职位信息的有职位名称、职位代码、所在部门、直接上级的职位名称、工作地点、现任任职者的姓名、该职位的职位等级、该职位的薪点范围等。属于职位分析基本信息的有职位分析的时间、职位说明书的有效期、职位分析员人名或代码等。

（1）职位名称。职位名称反映了工作主要职责内容，并指明在组织中的等级。例如"人力资源部经理"这一职位名称包含两个方面的含义：一是工作职责内容是人力资源管理领域；二是职位在组织中的级别为部门经理级。职位名称在确定时不仅仅要能说明工作职责内容和职位级别，还要满足两个基本原则：一是要尽可能标准化，即符合行业约定俗成的称谓习惯。例如，一般的职员我们可称为"××专员"，具有管理职能的可称为"××部长"、"××主管"或者"××经理"。二是要进行美化处理。例如，理发工作人员的名称在管理实践中就发生了较大变化，从剃头匠到理发师，再到美发师，最后到发型设计师。

（2）职位代码。一般的组织中每一个岗位都有一个编码,称为工作代码或者职位代码。代码在编制时,既可以借鉴《中国职业大辞典》中的编码,也可以根据组织自身特点和需求进行编码。例如,人力资源副总可用代码"H0003",人力资源部经理可用"M0003",代表了高层和中层管理人员的差别。代码也可用汉语拼音和数字组合。例如,行政部部长可用"XZ001"。数字位数取决于岗位数量的多少。

（3）所在部门和直接上级。所在部门表达了该职位所属部门,直接上级明确了职位的隶属关系。需要注意的是,直接上级是指直接上级职位,而非职位的任职者。例如,招聘专员这一职位所属部门为"人力资源部",直接上级为"招聘主管"。同时,需要注意的是,这里所指的是"直接上级",必须是在职位体系中直接位于该职位上一级的职位,即适用于直线型管理模式下的界定范围;但是在人力资源管理实践中,可能会存在多头领导,而直接上级非单一的情况,因此需要梳理组织结构和职位体系。

（4）工作地点和场所。工作地点和场所表达了该职位任职者在工作时通常所处的地理位置和场所。需要注意的是,这里的"工作地点和场所"只是表达通常的地理位置和工作场所,而不是指工作环境中可能会提到的特殊工作场所。例如,工作场所为"×××公司海淀区店",而不是"高空"、"井下"、"户外"等情况。

（5）工作关系。这里的工作关系是指该职位在职位体系上所处的位置,以及因工作需要和公司内外部人员所发生的工作关系。一般包括四个方面,即直接上级、直接下级、内部沟通和外部沟通。直接上下级根据该职位在职位体系中的位置进行陈述即可,上级一般只有一个,而下级可以有一个以上。内部沟通一般是指由于工作原因和公司内部其他部门人员需要发生的工作联系;外部沟通是指需要和公司外部其他机构或者企业发生的工作联系。需要注意的是,内部联系对象是职位,外部联系对象则是机构、组织。

其他识别标志:职位等级、目前任职者、职位分析人员及时间。

表1-4列举了某公司招聘配置主管的标识信息,包括职位名称、所属部门、直接上级、职位等级、内外部联系、工作代码、工作地点等内容。

表 1-4　招聘配置主管标识信息

基本信息	
职位名称:招聘配置主管	工作代码:HR006
所在部门:人力资源部	工作地点:×××公司总部
直接上级:人力资源部经理	直接下级:招聘专员、配置专员
职位等级:高级主管级	目前任职者:黄　某
职位分析员:×××咨询公司	分析时间:2009 年 9 月
内部联系:公司其他各部门各职位	
外部联系:人力资源和社会保障局、×××人才中介公司、××人才网	

2.工作概要

工作概要即工作的概括性陈述,描述的是工作的基本任务和目标。通过工作概要可以让职位说明书的阅读者了解和掌握工作的基本信息,可以熟悉职位的主要工作内容和意义是什么。

工作概要如何陈述,才能表达工作的基本任务和目标,这就涉及工作概要编写的格式。在人力资源管理实践中,工作概要的编写格式有很大的自由度。美国劳工部出版的工作概要是在职能工作分析系统(FJA)基础上编写的,表达了职位在数据、人员和事务三个方面工作中发挥的作用是什么。美国制造业的工作概要是按照"是什么(What)和为什么要做(Why)"格式编写的。一般的,可以采用如下格式编写:工作依据+工作行动(或包括工作对象)+工作目的。

工作目的表达的是工作最终要实现什么。例如,"实现公司人力资源价值的充分发挥"、"确保公司生产任务的完成"、"提高公司不断创新能力"等。工作行动(或包括工作对象)则要表达要想实现工作目的,需要实施什么样的行为。例如,"进行人力资源合理配置"、"制订生产计划并监督生产过程"、"整合研发团队"等。工作依据要表达的是工作行为实施的依据。例如,"根据公司业务运营调整和发展要求"、"根据产品生产总量和质量要求"等。

例如,销售部经理的工作概要可按如下陈述:"根据公司的销售战略定位,利用和调动销售资源,整合销售组织和监管销售过程,维护和开拓客户与市场,以促进公司经营目标和销售目标的实现。"

在编写工作概要时要注意以下几个问题:

第一,工作概要编写要简洁明了,通常用一句话来表达。

第二,工作概要必须能表达工作的基本任务和目标,因此对于非主要内容可省略。

第三,工作概要要概括性地表达工作行为,因此动词选择要准确。

第四,工作概要中工作依据可表达为工作联系,亦即该工作输出为另一工作输入时。

第五,工作内容相对简单的工作,可省略工作依据和目标,而直接表达工作任务即可。

3. 工作职责

工作职责是指工作的职能和责任,是工作描述中最为重要的内容,详细表达了该工作的内容,是对该工作深入介绍的关键性内容。

工作职责一般包括以下项目:

(1)日常工作,是指那些经常性的、周期性的、稳定性的工作任务。

(2)上级分配任务的质量和数量。

(3)与组织内、外部人员的工作联系。

(4)对于经营记录、利润的责任。

(5)与上级和下级的权责关系。

(6)所有使用的设备与机器。

有些工作职责中还包括每项工作的时间比重。

作为一项工作职责进行表述时,工作职责必须具备以下五项基本特征:

(1)完备性。职责的完备性特征是指职责表述能包括该职位所要取得的所有关键成果,因此在进行职责描述时,要将职位所有的直接工作成果予以再现,不能遗漏。

(2)成果导向性。职责的成果导向特征是指职责的描述是以成果为导向,而非以过程为导向。也就是说,职责要表达的是该职位要完成什么工作,以及为什么要完成这些工作,而非如何完成这些工作。

（3）稳定性。职责的稳定性特征是指工作职责仅仅包含该职位相对稳定的工作内容，而不包含上级那些临时性或者偶然性授予或指派的工作内容。

（4）独立性。职责的独立性特征是指职位的每一项工作职责都直接指向一个唯一的工作成果，不允许职责与职责之间的交叉与重叠。

（5）系统性。职责的系统性特征是指同一职位的若干项工作职责之间必然存在着某种逻辑关系，而非各项任务的简单拼凑与组合。

职责编写时应该注意以下几个关键问题：

（1）职责编写格式。在陈述工作职责时，可采用"动词＋名词＋目标"或者"工作依据＋动词＋名词＋目标"的编写规则。例如，"启动计算机"，"分析数据资料"，"演示课件"等。

（2）关于动词使用。职责里的动词一般是指具有实际动作含义的词语，例如起草、搬运、操作等，所以必须尽量避免采用模糊性的动词，如"负责"、"管理"、"领导"等。表1-5所示是常见的工作职责表述不准确的一些实际案例。表1-6列举了部分工作职责表述中用到的动词。

表1-5　工作职责表述对比

职责项目	工作职责错误表达	工作职责正确表达
负责类	负责预算工作	编制预算
	负责培训工作	制订计划，并组织实施
管理类	管理人事配置工作	诊断和调整人事配置
	管理 MIS 系统	维护和更新 MIS 系统
其他	无条件完成领导交办的其他工作	完成领导临时交办的其他工作

表1-6　工作职责表述中常用动词

类　型	举　例
1.对计划、制度、方案等	编制、制订、拟定、起草、审定、审核、审查、转呈、转交、提交、呈报、下达、备案、存档、提出意见
2.针对信息、资料	调查、研究、收集、整理、分析、归纳、总结、提供、汇报、反馈、转达、通知、发布、维护管理
3.某项工作（上级）	主持、组织、指导、安排、协调、指示、监督、分配、控制、牵头负责、审批、审定、签发、批准、评估
4.思考行为	研究、分析、评估、发展、建议、倡议、参与、推荐、计划
5.直接行动	组织、实行、执行、指导、带领、控制、监管、采用、生产、参加、阐明、解释
6.上级行为	许可、批准、定义、确定、指导、确立、规划、监督、决定
7.管理行为	达到、评估、控制、协调、确保、鉴定、保持、监督
8.专家行为	分析、协助、促使、联络、建议、推荐、支持、评估、评价
9.下级行为	检查、核对、收集、获得、提交、制作
10.其他	维持、保持、建立、开发、准备、处理、执行、接待、安排、监控、汇报、经营、确认、概念化、合作、协作、获得、核对、检查、联络、设计、测试、建造、修改、执笔、起草、引导、传递、翻译、操作、保证、预防、解决、介绍、支付、计算、修订、承担、谈判、商议、面谈、拒绝、否决、监视、预测、比较、删除、运用

（3）关于名词使用。职责里的名词一般是动作的对象，在对动作对象的数量进行表达时，必须尽量避免采用模糊性的数量词，如"许多"、"一些"等，而尽可能地表达为准确的数量。

（4）关于用词。职责编写时，必需尽量避免采用任职者或其上级所不熟悉的专业化术语，尤其要尽量避免采用管理学专业的冷僻术语；如果确实有采用术语的必要，必需在职位说明书的附件中予以解释。

（5）当其存在着多个行动和多个对象时，如果在行动动词和对象之间的关系会引起歧义，则需要进行分别表述。

另外，如果用"动词＋名词"的格式表达有悖汉语习惯，可以转换为"名词＋的＋动词"，或者"对＋名词＋进行＋动词"。例如，"答辩论文"就没有"论文的答辩"更符合汉语习惯；"对会议进行记录"要比"记录会议"表达更贴切。

在对工作职责进行陈述时，要将各项职责按照某种逻辑关系进行排列。一般地可以选用工作职责重要性排序、工作职责时间占用排序、工作流程排序等。

4. 工作绩效标准

工作绩效标准是对工作输出进行评价的一系列指标，对于工作输出的评价指标可用于对任职者的绩效进行评价。为了能对任职者的工作输出作出更客观、准确的评价，选择的绩效标准评价指标应具备以下特征：

（1）关键性。工作绩效标准的关键性特征是指绩效标准变量对该职责的最终完成效果的影响程度是关键性的。影响程度越大，则该绩效标准变量越可取有效。因此，最终结果性标准比从关键控制点中寻找出来的过程性标准更好。

（2）可操作性。绩效标准可操作性特征是指绩效标准是否可以转化为实际能够衡量的指标。包括：是否可以收集到准确的数据或事实来作为考核该标准的依据；是否可以量化，如果不能量化，则是否可以细化，以避免单纯凭感觉打分的现象发生。

（3）可控性。绩效标准的可控性特征是指该绩效标准变量所指向的绩效成果，受到任职者工作行为的影响有多大。绩效结果是更多受到任职者的控制，是更多受到主管人员控制，是更多受组织文化和制度控制，还是更多受到外部环境的控制。一般认为，如果任职者对该绩效成果的控制程度小于 70％，则认为该变量必须舍弃。

（4）上级职位的认可。业绩变量的选取还必须得到该职位的上级的认可，因为他们更懂得如何更准确和客观地去评价下属的绩效。

绩效标准既可以采用量化的指标，也可以采用非量化的指标，即定性的指标。但定性指标操作难度较大；定性指标可以通过分解成二级指标，甚至三级指标，使之可以被量化，从而更加容易操作使用。但是在选取指标时应充分考虑指标的质量。表1-7列举了对某公司客户服务部经理进行绩效评价时所选取的量化指标体系。

表 1-7　客户服务部经理基本职责业绩考核指标

关键业绩指标	要求目标			绩效	远超目标	超过目标	达到目标	未达目标	权重	得分
	月度	季度	年度		100～90	90～70	70～60	60～0		
服务费用率	0.92	0.92	0.92						20	
保修期服务平均次数	3 次/台								15	
保修处理及时率	0.95								15	
调试及时率	—								5	
零配件销售及时率	0.95								8	
发货差错率	1.00								8	
安装调试维修满意率	0.99								10	
客户拜访完成率	—								6	
客户投诉量	0								6	
投诉处理满意率	1.00								5	
报表上交及时准确率	1.00								2	

　　非量化的衡量指标的选取相对较难,同时进行评价也存在很多困难,但是当无法选取量化指标的时候可以考虑通过非量化指标来进行评价。如果能对非量化指标进行等级划分将能很好地解决测量准确性和客观性的问题。关于如何进行等级划分,可以借鉴关键时间法,详见第三章第三节。表 1-8 列举了部分常用的绩效标准定性指标。

表 1-8　绩效标准定性指标(节选)

指标类别	指标举例
"及时"类	计划制订的及时和准确,实施及时和有效,及时汇报,信息收集及时、全面、完整,方案及时与可行,统计准确、及时,及时协调处理出现的问题,及时组织各阶段评审,工作任务书及时提交,及时反馈信息
"程序"类	符合国家政策,符合国家法律、法规,遵循国家有关规定,符合公司战略、规划,符合费用计划,符合文书处理程序,符合档案管理标准,达到规定标准,手续符合招聘人员规定,符合公司的档案管理规定,符合集团发展战略,符合集团公司实际,符合集团直属机关党委要求,符合国家劳动法规,符合人力资源总部的年度工作计划
"管理"类	制度健全、可行、有效,××工作制度健全,标准制定规范、及时,人员工作饱满,人员职责明确,任务分解清楚、明确,人员调整合理有效,考核结果准确、公正,文件审核无差错,目标切合公司实际,分析报告客观、有深度,报告客观、准确、全面,工作总结客观反映工作内容和工作结果,发现问题并调整,建议可行,评判真实可靠,招聘计划符合实际,招聘计划完成,办法具有可操作性,方案可操作性强,职位设置科学、合理,工作流程便于控制,建立良好的合作关系,准确批分文件,员工满意,受训者满意,领导满意

续 表

指标类别	指标举例
"事务"类	消除安全隐患,建议数量,建议采纳数,手续齐全,会议通知及时、准确,热情接待、灵活机动处理某些突然来访,数据准确,服务规范、零投诉,资料分类准确,保存状态安全、可靠,资料查找方便,资料的去向受控,资料使用状态受控,登记准确,登记、发文及时、无遗漏,填报及时、准确,准备充分,统计准确、无遗漏,保证××会议按时召开和进行,会议纪要准确、完整地反映会议情况,格式、体例及文字表述符合行文规范要求,党组会后一个工作日内完成会议纪要及相关决议或文件的起草工作,保证准确、完整地反映会议情况,各类重要文件安全、高效流转,无外事事故,保障职工的福利需求,调配人员符合职位要求,调入调出手续完备,情况反映客观、真实,保证公章和重要资料的安全
"财务"类	计算准确、发放及时,库存合理、差错率为零,档案完整,分析准确,账务处理及时、准确,账实相符、账表相符、账证相符、账款相符,摘要清晰、金额正确、大小写一致,单据真实有效,台账建立及时、准确,费用报销无误,各项费用实时监控,测算无偏差,确保各项业务资金需要,降低财务费用,符合会计准则,符合工商税务等部门的政策法规,协议书条款的完整性

5. 工作权限

工作权限表达的是职位任职者对资源分配的影响力,匹配的权限是工作职责完成的保障,亦即确保权责对等。一般的工作权限包括人事权、财务权、信息权等方面。这几方面的工作权限具体又可以分为不同的权力级别。

人事权主要是关于人事任命、免职、调动、工作安排、工作监管、请假批准等方面的职位权力;人事权具体分为人事任免决定权、人事任免讨论决定权、人事任免提请权等,这也和职位级别有一致性。财务权主要是财务上可使用资金、可支配资金的权力;一般不同职位级别在财务支配权上会有不同的额度差别,职位级别越高可支配和使用的额度越大,反之就越小。信息权是关于公司内部信息获取的权力和发布的权力,这也和职位级别有一致性;职位级别越高越可获得和可发布更为重要的信息。

从工作权限与相互关系上看,主要涉及工作链条上的权力级别。表 1-9 列举了通常情况下人力资源部工作任务及权限分配一览表的部分内容。

表 1-9 人力资源部工作任务及权限分配(节选)

职责领域	职责	职权				
		职员	主管	经理	总监	总经理
01. 组织管理	1. 根据公司长期战略,设计组织结构		议案	承办	审核	核决
	6. 组织规程的解释说明	议案	承办	承办		
05. 招募选拔	23. 制订公司招聘录用计划	承办	审核	审核	核决	
	24. 编制招聘工作的费用预算		承办	审核	审核	核决
08. 薪资管理	66. 新进员工的薪资定级	承办	审核	审核	核决	
	73. 拟订薪资管理体系调整方案	承办	审核	审核	审核	核决

6.工作环境

工作环境是工作者工作时所处的外部环境,一般包括物理环境和心理环境。物理环境受自然条件影响较大,心理环境则受社会条件影响较大。

物理环境一般包括以下两个方面:

(1)工作环境中含有对人体有毒、有害物质或其他伤害因素。例如温度、湿度、噪音、粉尘、异味、污秽、放射、腐蚀等有毒有害物质。

(2)特殊工作环境。例如高空、野外、水下、地下、封闭等工作环境。

一般地,通过工作环境测定(或称劳动环境测定)来确定工作环境状况,通常重点关注的是劳动环境中各种有害因素和不良环境条件。这是设计劳动保护的重要基础,也是工作评价要素的重要依据。

劳动环境测定的工作步骤如下:

(1)调查受测岗位的基本情况,包括生产工艺流程、原材料和产品、有害因素接触情况、作业位置和所处工序。

(2)确定有害因素的接触范围、测定点、测定的技术方法和仪器。

(3)制订有害因素监测计划。

(4)制定有害因素接触时间和接触率。

(5)测定有害因素浓度或强度。

(6)对测定数据进行计算处理,按标准分级,作出评价。

表1-10介绍了中华人民共和国劳动人事部颁布的《高温作业分级 GB4200－84》,对高温作业级别进行了界定。

表 1-10　高温作业分级

地区类别	劳动时间率(%)	高温作业分级温差(℃)						
		2	3	4	5	6	7	8
温度小于30度的地区	<25	I	I	I	II	II	III	III
	25~50	I	I	II	II	III	III	IV
	50~75	I	II	II	III	III	IV	IV
	>75	I	II	II	III	IV	IV	IV
温度等于或高于30度的地区	<25	I	II	II	II	II	III	IV
	25~50	I	II	II	II	III	IV	IV
	50~75	I	II	III	III	IV	IV	IV
	>75	I	II	II	IV	IV	IV	IV

工作环境中的社会心理环境,即人文环境,主要是公司文化、办公室氛围等,此处不再介绍。

7.工作压力

在工作描述中,对于工作压力的研究也是非常重要的。工作压力表达了工作者工作的饱满程度、波动程度、应对变化的适应程度等信息,是工作设计、工作评价、劳动保护设计以及招聘中重要的信息依据。一般地,可以从工作时间的波动性、出差时间比重和工作负荷等方面进行描述。工作时间的波动性越大,给员工带来的身体和心理调适难度就越大,工作压力也就越大;出差时间越多,给员工带来的适应陌生环境的压力就越大,工作压力也就越大;工作负荷,亦即工作饱满度越高,给员工带来的身体和心理的复原难度越大,员工所承受的工作压力也就越大。表1-11列举了工作压力维度和程度。

表 1-11   工作压力维度和程度

维　度	程　度	具体界定
工作时间 波动性	定时制	一个工作周期内(管理人员一般为一个月,或者更长)工作量基本没有太大的变化,比如出纳员
	适度波动	一个工作周期内,出现以天计的工作忙闲不均的情况。比如工资发放的主管,在月末比较忙,而平时比较空闲
	周期性	在长期的工作过程中,出现强烈的反差,比如市场人员,在投标前期工作极其紧张,但交接工程部门后,相对轻松
出差时间 比重	经常出差	占总时间的 40% 以上
	出差较为频繁	占总时间的 20%～40%
	出差时间不多	占总时间的 10%～20%
	很少出差	占总时间的 6%～10%
	偶尔出差	占总时间的 0～5%
工作负荷	轻松	工作的节奏、时限自己可以掌握,没有紧迫感
	正常	大部分时间的工作节奏、时限可以自己掌握,有时比较紧张,但持续时间不长,一般没有加班情况
	满负荷	工作的节奏、时限自己无法控制,明显感到紧张,出现少量加班
	超负荷	要完成每日工作必须加快工作节奏,持续保持注意力的高度集中,经常感到疲劳,有经常的加班情况

二、工作规范

工作规范,又称为资格说明书,或工作者说明书,是工作分析结果的另一种表现形式,主要说明任职者需要具备什么样的资格条件及相关素质,才能胜任某一岗位的工作。这里的任职资格是对岗位任职者的最低要求,亦即任职者不具备此任职资格将无法完成其工作。

工作规范的编写对于人力资源管理具有重要意义。人力资源管理系统的运行,需要两个基础工作的支持:一是工作描述;二是工作规范。工作描述强调工作本身性质和特点的介绍;工作规范强调工作者素质和特征的介绍。人力资源管理实质就是如何将工作与人进行高效配置,因此工作描述和工作规范的有效结合才保证了人力资源管理系统的高效运行。

一般地,工作规范包括知识、技能、能力、经验等。

1.体能条件

体能(Physical Fitness)一词最早源于美国,是指人体适应外界环境的能力;德国人将之称为工作能力,法国人称之为身体适性,日本人称之为体力,中国香港地区、台湾地区将之翻译为"体适能"。我国学者认为体能包括力量、速度、耐力、柔韧和灵敏等几个方面,具体可以分为 9 项基本体能。

(1)动态力量:在一段时间内重复或持续运用肌肉的能力。

(2)躯干力量:运用躯干部肌肉(尤其)腹部肌肉以达到一定肌肉强度的能力。

(3)静态力量:产生阻止外部物体力量的能力。

(4)爆发力:在一项或一系列爆发性活动中产生最大能量的能力。

(5)广度灵活性:尽可能远地移动躯干和背部肌肉的能力。

(6)动态灵活性:进行快速、重复的关节活动的能力。

(7)躯体协调性:躯体不同部位同时活动时相互协调的能力。

(8)平衡性:受到外力作用时,依然保持躯体平衡的能力。

(9)耐力:当需要延长努力时间时,保持最高持续性的能力。

感知感觉能力是人体的感觉器官对客观事物的反映。感觉器官包括视觉、听觉、味觉、嗅觉、触觉。视觉是感知外界物体的大小、明暗、颜色、动静;听觉感知声音的响度(俗称音量)、音调(声音高低)和音色(又称音品);味觉感知四种基本味道,即酸、甜、苦、咸,是通过味蕾受到刺激而感知到的;嗅觉是嗅神经系统和鼻三叉神经系统共同参与感知气味的,是一种远感;触觉是接触、滑动、压觉等机械刺激的总称,是通过体表感知外界机械接触(接触刺激)的。

特定的工作岗位需要工作者具备必需的体能条件,例如体育工作者对九种基本体能有较高的要求,音乐工作者对听觉具有很高的要求。另外有些工作对身高、性别、体重、健康状况(即是否患有疾病,尤其是传染性疾病)、外貌等有特殊要求。

2. 智力条件

智力(Intelligence)是指生物一般性的精神能力,指人认识、理解客观事物并运用知识、经验等解决问题的能力,包括观察力、注意力、记忆力、思维力和想象力等。

(1)观察力。是对观察到的事物进行汇总分析,并获得认识上的提升的一种智力能力;通过观察力的发挥可以辨别事物的差异性和一致性。

(2)注意力。是指人的心理活动指向和集中于某种事物的能力,注意力的五大品质为注意力的稳定性、注意力的集中性、注意力的范围、注意力的分配、注意力的转移。

(3)记忆力。是识记、保持、再认识和重现客观事物所反映的内容和经验的能力,包括形象记忆型、抽象记忆型、情绪记忆型和动作记忆型。

(4)思维力。是人脑对客观事物间接的、概括的反映能力,通过多维立体的思考找出一类事物共同的、本质的属性和事物间内在的、必然的联系方法的能力,属于理性认识。

(5)想象力。是人在已有形象的基础上,在头脑中创造出新形象的能力。想象一般是在掌握一定知识面的基础上完成的,是人类创新的源泉。

3. 知识与经验

知识是固化的经验,是人类的认识成果的不断沉淀和积累,其初级形态是经验知识,高级形态是系统科学理论。心理学上的知识界定为个体通过与环境相互作用后获得的信息及其组织。个人知识的获得主要是通过学习,所以其知识含量可以通过对其学习过程、接受教育的程度或者最后学历来测量。

受教育程度可以通过其接受教育的年限来判定,但是年限未必真实地反映其知识获得水平,所以用学历更为准确。学历是个人在教育机构中接受教育的学习经历,在我国,学历包括小学、初中、高中(包括高中、职高、中专和技校)、大专(大学专科)、大本(大学本科)、研究生(包括硕士研究生和博士研究生)等六个层次,学历证书(毕业证书)代表其学历的获得。与学历证书相关的还有学位证书。学位是标志授予者的教育程度和学术水平达到规定标准的学术称号,包括学士学位、硕士学位和博士学位三种。需要注意的是,取得学士学位证书的,必须首先获得大学本科毕业证书;而取得硕士学位或博士学位证书的,却不一定能够获得硕士研究生或博士研究生毕业证书。

知识具有专业领域特征。所谓专业,就是指高等学校或中等专业学校根据社会职业分工、学科分类、科学技术和文化发展状况及经济建设与社会发展需要设立的学业类别。表1-12所示的是我国现行的本科专业分类。

表1-12 我国现行专业分类

学 科	门类及专业名称
哲学	1.哲学、逻辑学、宗教学
历史学	2.历史学类:历史学、世界历史、考古学、博物馆学、民族学
经济学	3.经济学类:经济学、国际经济与贸易、财政学、金融学
管理学	4.管理科学与工程类:管理科学、信息管理与信息系统、工业工程、工程管理 5.工商管理类:工商管理、市场营销、会计学、财务管理、人力资源管理、旅游管理 6.公共管理类:行政管理、公共事业管理、劳动与社会保障、土地资源管理 7.农业经济管理类:农林经济管理、农村区域发展;图书档案学类:图书馆学、档案学
教育学	8.教育学类:教育学、学前教育、特殊教育、教育技术学 9.体育学类:体育教育、运动训练、社会体育、运动人体科学、民族传统体育
法学	10.法学类:法学 11.马克思主义理论类:科学社会主义与国际共产主义运动、中国革命史与中国共产党党史 12.社会学类:社会学、社会工作 13.政治学类:政治学与行政学、国际政治、外交学、思想政治教育 14.公安学类:治安学、侦查学、边防管理
文学	15.中国语言文学类:汉语言文学、汉语言、对外汉语、中国少数民族语言文学、古典文献 16.外国语言文学类:外语 17.新闻传播学类:新闻学、广播电视新闻学、广告学、编辑出版学 18.艺术类:音乐学、作曲与作曲技术理论、音乐表演、绘画、雕塑、美术学、艺术设计学、艺术设计、舞蹈学、舞蹈编导、戏剧学、表演、导演、戏剧影视文学、戏剧影视美术设计、摄影、录音艺术、动画、播音与主持艺术、广播电视编导

续　表

学　科	门类及专业名称
理学	19.数学类:数学与应用数学、信息与计算科学 20.物理学类:物理学、应用物理学 21.化学类:化学、应用化学 22.生物科学类:生物科学、生物技术 23.天文学类:天文学 24.地质学类:地质学、地球化学 25.地理科学类:地理科学、资源环境与城市规划管理、地理信息系统 26.地球物理学类:地球物理学 27.大气科学类:大气科学、应用气象学 28.海洋科学类:海洋科学、海洋技术 29.力学:理论与应用力学 30.电子信息科学类:电子信息科学与技术、微电子学、光信息科学与技术 31.材料科学类:材料物理、材料化学 32.环境科学类:环境科学、生态学 33.心理学类:心理学、应用心理学 34.统计学类:统计学
工学	35.地矿类:采矿工程、石油工程、矿物加工工程、勘察技术与工程、资源勘察工程 36.材料类:冶金工程、金属材料工程、无机非金属材料工程、高分子材料与工程 37.机械类:机械设计制造及其自动化、材料成型及控制工程、工业设计、过程装备与控制工程 38.仪器仪表类:测控技术与仪器 39.能源动力类:热能与动力工程、核工程与核技术 40.电气信息类:电气工程及其自动化、自动化、电子信息工程、通信工程、计算机科学与技术、电子科学与技术、生物医学工程 41.土建类:建筑学、城市规划、土木工程、建筑环境与设备工程、给水排水工程 42.水利类:水利水电工程、水文与水资源工程、港口航道与海岸工程 43.测绘类:测绘工程 44.环境与安全类:环境工程、安全工程 45.化学与制药类:化学工程与工艺、制药工程;交通运输类:交通运输、交通工程、油气储运工程、飞行技术、航海技术、轮机工程;海洋工程类:船舶与海洋工程;轻工纺织食品类:食品科学与工程、轻化工程、包装工程、印刷工程、纺织工程、服装设计与工程 46.航空航天类:飞行器设计与工程、飞行器动力工程、飞行器制造与工程、飞行器环境与生命保障工程;武器:武器系统与发射工程、探测指导与控制技术、弹药工程与爆炸技术、特种能源工程与烟火技术、地面武器机动工程、信息对抗技术 47.农业工程类:农业机械化及其自动化、农业电气化与自动化、农业建筑环境与能源工程、农业水利工程 48.林业工程类:森林工程、木材科学与工程、林产化工 49.公安技术类:刑事科学技术、消防工程 50.工程力学类:工程力学 51.生物工程类:生物工程

续　表

学　科	门类及专业名称
农学	52. 植物生产类：农学、园艺、植物保护、茶学 53. 草业科学类：草业科学 54. 森林资源类：林学、森林资源保护与游憩、野生动物与自然保护区管理 55. 森林生产类：园林、水土保持与荒漠化防治、农业资源与环境 56. 动物生产类：动物科学、蚕学 57. 动物医学类：动物医学 58. 水产类：产养殖学、海洋渔业科学与技术
医学	59. 基础医学类：基础医学 60. 预防医学类：预防医学 61. 临床医学与医学技术类：临床医学、麻醉学、医学影像学、医学检验 62. 口腔医学类：口腔医学 63. 中医学类：中医学、针灸推拿学、蒙医学、藏医学 64. 法医学类：法医学 65. 护理学类：护理学 66. 药学类：药学、中药学、药物制剂

从工作分析角度看，知识可分为一般了解性知识、熟练掌握性知识和精通性知识。一般了解性知识是辅助性的知识，属于外围的知识；熟练掌握性知识是保障性的知识，属于专业领域的知识；精通性知识是核心性的知识，属于工作创新必需的知识。例如，可可咖啡事业部总监的知识构成：一般了解性知识有可可咖啡商品知识，熟练掌握性知识有国际贸易规则，精通性知识有市场营销、谈判技巧、企业管理。

经验是从已发生的事件中获取的知识，一般概念包括知识和技巧。经验是体验或观察某一事物或某一事件后所获得的心得并应用于后续作业；而这些以前获取的知识技巧，对于工作的开展具有极其重要的作用。

从工作分析角度看，工作经验可分为一般工作经验、专业工作经验和管理工作经验。一般工作经验是指参加工作就会获取和积累的，具有一般性的工作经历和感受，强调一般性操作和问题解决的经验掌握；专业工作经验是指工作经验与专业工作相联系的，从事专门工作、能够进行专业操作和解决专业问题的经验；管理工作经验则是指工作者担任管理职务，需要发挥管理技能和能力的工作经历和体会。例如，可可咖啡事业部总监的经验构成：一般工作经验为 10 年，专业工作经验为 5 年，国际贸易经验、管理工作经验为 3 年部门管理相关经验。

4. 技能

技能是指掌握和运用专门技术的能力，是通过练习获得的能够完成一定任务的动作系统。教育心理学中的"技能"一般认为是通过练习而形成的合乎法则的活动方式。

工作者所需具备的技能，即技巧和操作准确性，一般要通过特定技能鉴定部门鉴定来确定其技能等级的。目前，国资委（全称国务院国有资产监督管理委员会）商业技能鉴定与饮食服务发展中心,主要是颁发商业领域内特有工种的认证,譬如运营管理师、金融服务师、会展形象设计师、咖啡师、调酒师、公共健康师、私人形象设计师、婚庆形象设计师、婚庆服务师、餐饮服务师、家政服务师、电子信息服务师、电子商务师等 70 多种认证。人力资源和社会保障部(2008 年 3 月由原来的人事部与劳动和社会保障部合并而成)确定了实行就业准入的包括车工、铣工、磨工、镗工、组合机床操作工等 66 个职业目录。另外,针对不同职业类,实行全国统一鉴定和全省统一鉴定的分类鉴定模式,详见表 1-13。

表 1-13 我国职业鉴定分类模式

鉴定类型	职业数量	职业类型
全国统一鉴定	11	秘书(国家职业资格二级)、营销师(国家职业资格二级和一级)、项目管理师、物业管理员、心理咨询师、企业人力资源管理师、企业信息管理师、理财规划师、广告设计师、网络编辑员、企业文化师
全省统一鉴定	13	秘书(国家职业资格五级、四级、三级)、营销师(国家职业资格五级、四级、三级)、公关员(国家职业资格五级、四级、三级)、物流师、职业经理人、职业培训师、电子商务师、公共营养师、广告设计师、计算机辅助设计绘图员(电子、建筑、机械)、网络管理员

人力资源管理师职业资格共设四个等级,分别为:四级企业人力资源管理师(国家职业资格四级)、三级企业人力资源管理师(国家职业资格三级)、二级企业人力资源管理师(国家职业资格二级)、一级企业人力资源管理师(国家职业资格一级)。2004 年人力资源职业资格鉴定二、三、四级纳入全国统考职业,全年举行两次考试。全国统一鉴定工作按照统一标准、统一教材、统一命题、统一考务管理和统一证书核发的原则进行。

从工作分析角度看,可将技能分为一般性技能、特殊性技能和适应性技能。一般性技能是指参加工作者应该具备基本的计算、语言和操作技能;特殊性技能是指工作时所使用的技能具有特定性,亦即专业性很强;适应性技能是指工作环境、方法或模式发生变化时,工作者所具备的可通过调整来适应变化的技能。从另一角度看,对于三个层次的技能在深度和广度上的要求也存在较大差异。对于一般性技能和适应性技能来讲,更强调其技能广度;而对于特殊性技能来讲,则更强调其技能深度。这里的技能广度是指工作者所掌握的技能项目更多;技能深度是指工作者所掌握的技能级别更高。

5.心理素质

心理素质是以人的自我意识发展为核心,由积极地与社会发展相统一的价值观所导向的,包括认知能力、需要、兴趣、动机、情感、意志、性格等智力和非智力因素有机结合的复杂整体。

认知能力是指人脑加工、储存和提取信息的能力,即人们对事物的构成、性能与他物的关系、发展的动力、发展方向以及基本规律的把握能力。它是人们成功地完成活动所必需的最重要的心理条件。知觉、记忆、注意、思维和想象的能力都被认为是认知能力。美国心理学家加涅(R. M. Gagne)提出三种认知能力:言语信息(回答世界是什么的问题的能力);智慧技能(回答为什么和怎么办的问题的能力);认知策略(有意识地调节与监控自己的认知加工过程的能力)。

需要就是有机体在内外条件刺激下,对某些事物希望得到满足时的一种心理紧张状态,是人脑对生理需求和社会需求的反映。需要可分为自然性需要和社会性需要,物质需要和精神需要。马斯洛把需要分为五个层次,即生理需要、安全需要、社交需要、自尊需要和自我实现的需要。

兴趣就是对事物喜好或关切的情绪,个人兴趣是个体以特定的事物、活动以及人为对象所产生的积极的和带有倾向性、选择性的态度和情绪。兴趣是一种无形的动力,当个体对某件事情或某项活动感兴趣时,就会很投入,而且印象深刻。任何一种兴趣都是由于获得这方面的知识或参与这种活动而使人体验到情绪上的满足而产生的。

动机在心理学上一般被认为涉及行为的发端、方向、强度和持续性。动机在作为动词用时则多称为"激励"。在组织行为学中,激励主要是指激发人的动机的心理过程。通过激发和鼓励,使人们产生一种内在驱动力,使之朝着其所期望的目标前进的过程。根据动机的性质可分为生理性动机和社会性动机。生理性动机有饥饿、渴、性、睡眠等,社会性动机有兴趣、成就动机、权力动机、交往动机等。

情感是个体对客观事物是否满足自己的需要而产生的态度体验。根据价值的正负变化方向的不同,情感可分为正向情感与负向情感。正向情感是指人对正向价值的增加或负向价值的减少所产生的情感,如愉快、信任、感激、庆幸等;负向情感是指人对正向价值的减少或负向价值的增加所产生的情感,如痛苦、鄙视、仇恨、嫉妒等。根据价值的强度和持续时间的不同,情感可分为心境、热情与激情。根据事物基本价值类型的不同,情感可分为真感、善感和美感三种。

人的全部认识活动可分解为知、情、意三种相对独立的心理活动;人的综合心理素质也相应地分解为三种相对独立的心理素质:认知素质(或智力素质)、情感素质和意志素质,它们分别用以反映人对于事实关系、价值关系和实践关系的认识能力。意志素质的高低取决于人对于实践关系的主观反映(设想、计划、方案、措施、毅力等)与实际情况相吻合的程度,它包括意志的果断性、自觉性、自制性、坚韧性等,具体体现为形成创造性设想、准确性判断、果断性决策、周密性计划、灵活性方案、有效性措施、坚定性行为等方面的能力。

性格是指表现在人对现实的态度和相应的行为方式中的比较稳定的、具有核心意义的个性心理特征,是一种与社会相关最密切的人格特征,在性格中包含有许多社会道德含义。性格表现了人们对现实和周围世界的态度,并表现在他的行为举止中。性格主要体现在对自己、对别人、对事物的态度和所采取的言行上。美国职业指导专家霍兰德认为性格有六种类型,即现实型、探索型、艺术型、社会型、管理型、常规型。斯普兰格根据人们不同的价值观,把人的性格分为理论型、经济型、权力型、社会型、审美型、宗教型。另外,从心理机能上看,性格可分为理智型、情感型和意志型;从心理活动倾向性上看,性格可分为内倾型和外倾型;从个体独立性上看,性格分为独立型、顺从型和反抗型。

6.非工作行为条件

这部分内容不直接涉及工作的责任和质量,通常由政策决定,例如相关证书、婚姻状况、国籍、政治面貌、年龄、着装等。

工作规范有三种编写方法,即计分法、文字法和表格法。

(1)计分法。计分法一般把工作活动所涉及的任职资格归纳为 25~30 种,然后通过谈话和问卷等方法,对每种能力用 5 点表计分。可根据具体情况采用 7 点或者 11 点计分法。

具体操作步骤有以下两大步:

首先确定计划计分的分值,并对各个分值进行定义。表 1-14 列举了计分分值及其标准定义,"1"分就是"不需要这种能力","2"分就是"不大需要这种能力","5"分就是"非常需要这种能力"等。

表 1-14　计分操作标准

计　分	含　义
1	不需要这种能力
2	不大需要这种能力
3	可以考虑这种能力
4	比较需要这种能力
5	非常需要这种能力

然后通过对工作的分析来确定工作对各项心理素质的需要程度,详见图 1-2 所示的建筑工人必备的心理素质。

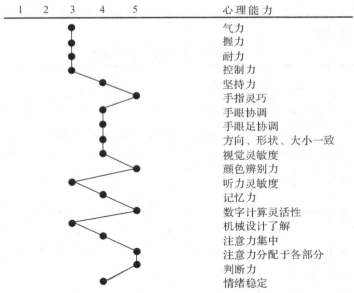

图 1-2　建筑工人心理素质

(2)文字法。文字法亦即通过文字表达来描述工作岗位对于任职者任职条件的具体要求。文字法能够突出重点,细致分析,但是在定量分析上不够充分。表 1-15 列举了电话铃调整工人的任职资格要求。

表 1-15　电话铃调整工人任职资格说明书(节选)

编号	任职资格	主要用途
1	对物体差别的感受(小于 1mm)	用于发现铃盖的缺口压痕飞边和砂眼
2	对很小距离的目测(1mm 或小于 1mm)	用于确定铃钟在铃盖开槽上的位置、铃轴的抛光和磁铁标的大小是否一样
3	音色的差别感受性	用于确定铃声的音质
4	在 0.1 秒内声音长度的差别感受性	用于倾听铃钟敲打的单位数,以确定钟的位置是否正确
9	音色、音长、音高、音强和打击速度差别的听觉记忆	用于迅速把握和记忆优质的和有缺陷的铃声
10	对应力细微差别的感受	用于确定接触片自然转动的程度,在消除间隙时是否拧开支撑轮缘

(3)表格法。表格法是用表格的形式来描述任职资格,表达工作岗位对任职者的要求。表格法能够突出重点,对任职者核心能力和素质进行分析,并定量处理。表 1-16 列举了纺织工人的任职资格说明书。

表 1-16　纺织工人任职资格说明书(节选)

任职资格	程度								对何种操作必要
	必要性			需要		训练			
	很有必要	必要	有帮助	希望	经常	有时	高度	低度	不需	
认出不引人注意的东西或在照明很差的情况下能辨别事物		×			×			×		发现结头断线及织物上的小孔
用触觉发现不明显的不平滑处				×	×			×		用手觉检查织线是否平滑
认出或区别主要颜色				×		×	×			织彩色布料时用
估计很短的时间间隔			×			×			×	织机停止,在纱管尽头找纬纱线时间

　　在对任职资格进行确认时,可以采用关键项目任职资格需求分析法。具体而言,首先进行任职资格的分析,从每一项工作职责上判断其对任职者的要求;然后进行汇总,要求最高的就是该职位任职者的最低要求,没有交叉的要求则取并集。表 1-17 分析了如何确认任职资格。

表 1-17 关键工作项目任职资格分析

关键工作项目	任职资格要求					
	学 历	知识/专业	经 验	技 能	能 力	其 他
项目1	专科	会计知识	1年	计算机二级	沟通能力二级	
项目2	本科	会计知识	2年	计算机二级	沟通能力二级	
…	…	…	…	…	…	
任职资格要求确认	本科	会计	2年	计算机二级	沟通能力二级	

三、工作流程

上面介绍了工作描述和工作规范的内容和编写方法,值得一提的是,工作描述、工作规范和工作流程并不是割裂的,更多的情况下是综合考虑、统一分析、相互衔接和相互融合的。例如,在进行工作职责分析时就需要同时考虑工作流程的问题,而进行工作规范的分析又离不开工作职责和工作流程的分析。

1.工作流程的概念与特点

对于流程(Process),不同的学者和专家给出了不同的解释。

麦克·汉默(Michael Hammer)认为,流程是指把一个或多个输入转化为对顾客有用的输出的一系列活动的集合。

德福帕特(Davenpart)认为,流程是为达到某一个具体的输出而进行的一系列逻辑相关的任务的集合,它接受某一输入,经处理后产生的输出对接收者来说更加有用和有效。

戴维·A.加文(D. A. Garvin)认为,流程的本质就是做事情的方法。

叶夫根尼·H.米兰(Eugene H. Melan)认为,从操作的观点来看,流程是一组密切联系的、相互作用的活动,每一个流程都有内容明确的输入和输出,都有定义明确的开始和结束。

总之,流程就是为完成某一目标(或任务)而进行的一系列有序的活动集合。流程由6个要素构成,即资源、过程、过程中的相互作用(即结构)、结果、对象和价值。流程有如下6个特点。

(1)目标性。流程有明确的输出(目标或任务),这个目的可以是一次满意的客户服务,也可以是一次及时的产品送达,等等。

(2)内在性。流程包含于任何事物或行为之中。所有事物与行为,我们都可以用这样的句式来描述,"输入的是什么资源,输出了什么结果,中间的一系列活动是怎样的,流程为谁创造了怎样的价值"。

(3)整体性。流程至少由两个活动组成。流程有"流转"的意思,至少需有两个活动,才能建立结构或者关系,才能进行流转。

(4)动态性。流程是从一个活动到另一个活动。流程不是一个静态的概念,它按照一定的时序关系而缓慢展开。

(5)层次性。组成流程的活动本身也可以是一个流程。流程是一个嵌套的概念,流程中的若干活动也可以看做是"子流程",可以继续分解为若干活动。

(6)结构性。流程的结构可以有多种表现形式,如串联、并联、反馈等。由于这些表现形式的不同,给流程的输出效果带来了很大的影响。

工作流程由于连接方式不同、完成活动方式的多样性以及活动的承担者不同，呈现多种多样的形式。按照不同的划分标准，可将流程进行如下分类。

按照流程的处理对象划分，流程可分为实物流程、信息流程；按照流程跨越组织的范围划分，流程可分为个人间流程、部门间流程和组织间流程。

此外，流程还可以分为经营流程和管理流程。经营流程又可分为作业流程和支持流程。其中，作业流程包括订单完成流程、产品生产流程、库存管理流程、原料采购流程等直接与企业主价值链相关的流程；而支持流程则包括研究发展流程、资金筹措流程、人事考评流程等与企业次价值链相关的流程。管理流程较之经营流程要复杂得多，通常包括为完成目标而进行的一系列活动，如计划、组织、人力资源、领导、控制和创新等，这些紧密联系的活动有机结合构成了企业的管理流程。

企业组织是以业务部门和职能部门来划分的，但实际上起作用的是流程。没有一个部门单独地活动能够创造价值，只有将所有活动一起放在一个整体框架里进行才能创造价值，这个框架就是流程。通过流程管理，使流程能够适应行业经营环境，能够体现先进实用的管理思想，能够借鉴标杆企业的做法，能够有效融入公司战略要素，能够引入跨部门的协调机制，使公司降低成本、缩减时间、提高质量、方便客户，进而提升综合竞争力。

2. 工作流程的描述方法

流程一般是通过流程图来描述的。流程图是利用一些既定的抽象符号表达流经一个系统的信息流、人员流和事物流的图形。在组织中，流程图主要用来说明某一工作或者业务活动开展的过程，这一过程既可以是生产线上的工艺流程，也可以是完成一项任务所需的管理过程。

在流程图绘制中会使用许多既定的抽象符号，每一种符号按照惯例代表不同的含义，在流程图中表达不同的内容。表 1-18 列出了常用绘制流程图的符号。

表 1-18　流程图绘制中符号的使用

符　号	符号名称	含义和作用
椭圆形	椭圆	开始与结束标志，是个椭圆形符号。用来表示一个过程的开始或结束。"开始"或"结束"写在符号内
矩形	矩形	活动标志。表示过程中的一个单独的步骤。活动的简要说明写在矩形内
菱形	菱形	判定标志。用来表示过程中的一项判定或一个分岔点，判定或分岔的说明写在菱形内，常以问题的形式出现。对该问题的回答决定了判定符号之外引出的路线，每条路线标上相应的回答
箭头	箭头	流线标志。用来表示步骤在顺序中的进展。流线的箭头表示一个过程的流程方向
梯形	梯形	文件标志。用来表示属于该过程的书面信息。文件的题目或说明写在符号内
圆	圆	连接标志，是个圆圈符号。用来表示流程图的待续。圈内有一个字母或数字。在相互联系的流程图内，连接符号使用同样的字母或数字，以表示各个过程是如何连接的

例如，"海水提镁"作业的流程包括五步：第一步，煅烧贝壳制得石灰乳（氢氧化钙）；第二

步,在盛有石灰乳的容器中注入海水,使海水中的氯化镁变为氢氧化镁沉淀;第三步,过滤氢氧化镁,将滤出的氢氧化镁与盐酸反应生成氯化镁;第四步,将氯化镁溶液进行煮沸、浓缩、脱水处理,制成无水氯化镁;第五步,最后经电解制得金属镁。

"海水提镁"流程图可绘制为如图 1-3 所示。

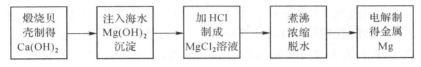

图 1-3 "海水提镁"流程

图 1-4 描述了某公司"代销商将未实现销售的商品退回分公司"的业务流程。

流程的描述除了采用常用的流程图来描述外,还可以通过文字法和表格法来描述。

业务流程编号	0351	业务流程名称	代销未实现销售商品退回
业务流程简述	代销商将未实现销售的商品退回分公司		

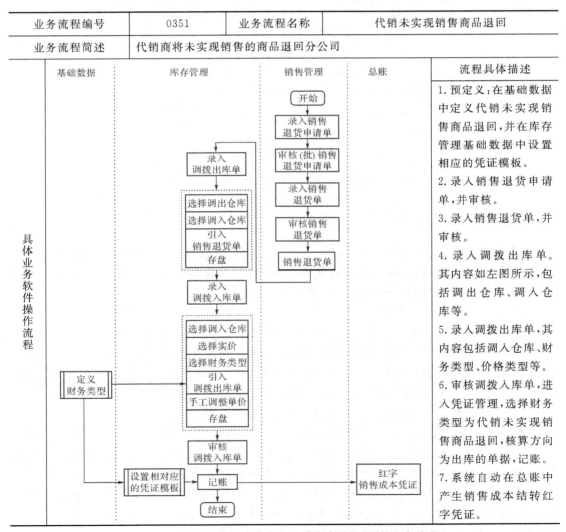

图 1-4 某公司"代销商将未实现销售商品退回"的业务流程

第三节　工作分析在人力资源管理中的地位和作用

　　人力资源管理系统主要包括工作与组织设计、人力资源规划、人员流动管理、培训与发展管理、绩效管理、薪酬管理和劳动关系管理等。工作分析在整个人力资源系统中起着基础性的作用,主要表现在为人力资源管理各个环节提供信息依据。图 1-5 描述了工作分析在人力资源管理系统中的地位与作用。

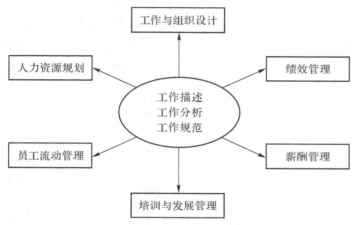

图 1-5　工作分析在人力资源管理系统中的地位与作用

一、工作分析在工作设计中的作用

　　组织的构建是以一定目标为导向的,这一目标的实现就需要组织的各个部门通过职能设计与作用发挥来实现,而部门作用的发挥依赖于部门内各个职位工作的完成,因此各个职位工作的设计就成为组织目标实现的关键环节。

　　1. 工作设计的含义与作用

　　工作设计是建立在对工作的研究基础之上的,工作分析能够为工作研究提供基础信息。

　　工作设计是指为了有效地达到组织目标而采取与满足工作者个人需要有关的工作内容、工作职能和工作关系的设计。工作设计分为两类:一是对企业中新设置的工作岗位进行设计;二是对已经存在的缺乏激励效应的工作按照该理论进行重新设计,也称为工作再设计。

　　工作设计的作用主要体现在以下几个方面。

　　(1)工作设计改变了工人与职务之间的基本关系定位。科学管理者更加强调工作本身,把工作职务的物质要求与工人的生活特征相结合,然后剔除那些不符合要求的人。行为科学家则把重点放在工作者上,职务被看做是不可改变的固定物,试图通过对工人的挑选和培训来完善这个过程。科学的工作设计在考虑工作本身特征的同时,也充分考虑工作者的工作感受,两者有机地结合才能更确保工作被有效地执行。这就要求通过工作分析把握工作特征、把握工作者特征和把握两者的有机结合。

　　(2)工作设计使得工作岗位职责分明。工作设计必须能够将组织目标准确定位于各个不同的岗位,同时又要在管理机制上保障这一目标的实现能够得到其他各个工作环节上工作者的有效支持。这就需要各个岗位的职责务必是清晰的、具体的和明确的。工作设计就是要利用工作分析方法,通过对工作输入、转换和输出各个环节的深入研究和分析来准确界定各个岗位的工作边界。

(3)工作设计推进了工作者积极的工作态度。由于在工作设计中充分考虑了工作者的工作感受,工作本身使得工作者会产生一种工作满足感,这就可以对工作者改变态度、提高生产率和实现对工作者激励起到积极影响。尤其是在新的经济背景和工作特征条件下,工作丰富化、工作扩大化和工作轮换等模式在工作设计中被广泛采用。因此,如何在新时期通过工作分析手段深入把握工作者的社会心理需求就显得尤为重要。

(4)工作设计有利于改变工作关系。工作执行中会涉及与组织内其他岗位工作者的工作联系,有效的工作设计可以通过对工作合作和协作链条的整合,改善人际关系,进而促进对工作者的激励和工作效率的提高。在这里各个岗位间工作目标既有差异性又有一致性,这种差异性确保了分工,这种一致性确保了合作。工作分析通过对工作系统的梳理,更加明确了工作的开始点和结束点,明确了工作的关键控制环节,保证了对分工与合作的有机结合。

2.工作设计的影响因素和遵循的原则

工作设计的有效性受到诸多因素的影响,主要表现在以下三个方面:

(1)环境因素。包括社会经济、政治和文化等因素。

(2)组织因素。包括组织文化、组织行业特征、组织管理模式、专业化程度、组织所处的人力资源市场供求状况等因素。

(3)工作者行为因素。包括工作压力期望、工作弹性期望、工作自主性期望和工作习惯等因素。

工作设计应遵循以下原则:

(1)目标原则。目标原则强调工作总目标、分目标的有效传递。既要有分目标上的差异性,又要有总目标上的一致性。总目标能否传递到组织的各级、各领域的责任体系上关乎组织的成败。

(2)效率原则。效率原则既强调工作输入与输出的配比关系,也强调工作转换中的执行效率关系。有效的工作设计会更多地获得工作输出,而更少地投入工作输入,同时确保工作执行中的顺畅。

(3)适应性原则。适应性原则强调工作职责与工作者任职资格的匹配问题,以及工作者与工作环境的匹配问题。工作者能否有足够的工作知识、技能、经验和心理条件承担工作任务、工作职能和工作压力,工作环境能否有效保障工作的开展和执行,这最终关系到工作的效率问题。

(4)一致性原则。一致性原则强调工作职权与职责的对等。工作职责表达了工作者需要承担的内容,工作职权表达了工作者可以支配的资源。职权与职责的对等既保证了职责的最终完成,也保证了资源的最小消耗。

3.工作设计方法

(1)工作扩大化。工作扩大化能使员工有更多的工作可做,扩大其工作范围。通常是在员工原有工作基础上,增加与原先工作非常相似的工作。增加相似工作会使得员工可以开展工作,同时又需要在工作知识和技能上有所提高,从而提高了员工的工作兴趣,也提高了员工的工作效率。工作扩大化主要有两个途径,即"纵向工作装载"和"横向工作装载"。"装载"是指将某种任务和要求纳入工作职位的结构中。通过"纵向工作装载"来扩大一个工作职位,是指增加较高层次上的工作内容需要更多责任、更多权利、更多裁量权或自主权的任务和职责。"横向工作装载"是指增加属于同层次责任的工作内容,以及增加目前包含在工作职责中的权力。

(2)工作丰富化。工作丰富化是指使员工有更多的工作可做,进而深化其工作内容。其关键是将员工个人的工作与组织使命的完成紧密联系起来。具体地讲,通过满足以下六个方面的条件来实现:第一,增加员工责任心,使其感到有责任地去完成一项完整工作中的一小部分;第二,赋予员工一定的工作自主权和自由度,给员工充分表现自己的机会;第三,将员工绩效及时反馈其本人,使其认识到自己工作的价值和贡献;第四,对员工进行客观、准确的考评,并和报酬与奖励紧密联系起来;第五,为员工提供更多的学习机会,满足其成长和发展的需要;第六,通过提高员工的责任心和决策的自主权来提高其工作的成就感。

(3)工作轮换。工作轮换是为了减轻对工作的厌烦感而把员工从一个岗位换到另一岗位。工作轮换的优点表现在四个方面:第一,能使员工比日复一日地重复同样的工作更能保持对工作的兴趣;第二,能使员工个人增加对自己的最终成果的认识;第三,为员工提供了一个个人行为适应总体工作流的前景;第四,能使员工从原先能做一项工作的专业人员转变为能做多项工作的多面手。

(4)综合模式。在综合模式下进行工作设计,必须对影响组织系统的各种因素进行分析研究,测定其影响程度,进而优化工作模式。图1-6描述了工作设计的综合模式。

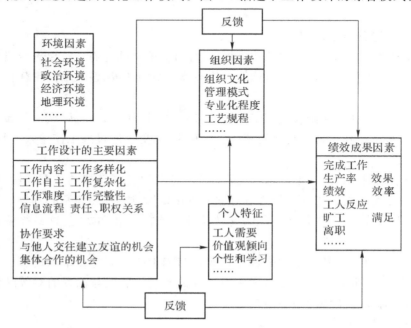

图1-6　工作设计的综合模式

二、工作分析在人力资源规划中的作用

人力资源规划是组织人力资源管理的初始性活动,是人力资源管理的开端。在进行人力资源规划时会用到大量关于工作和工作者的信息,这些信息来自于工作分析。

1.人力资源规划的含义和意义

人力资源规划(Human Resource Plan)是指根据组织的发展战略、目标及组织内外部环境的变化,通过对人力资源供给和需求的预测,规划未来人力资源管理的活动。人力资源规划既包括数量上的、素质上的,又包括结构上的。

根据定义可知,人力资源规划的概念包括以下四层含义:

(1)人力资源规划的制订必须依据组织的发展战略、目标。

(2)人力资源规划要适应组织内外部环境的变化。

(3)人力资源供给与需求预测成为极其重要的关键活动。

(4)人力资源规划的目的是使人力资源供需平衡,保证组织和员工个人长期持续发展。

因此,人力资源规划对人力资源管理有着重要的意义。

(1)有利于组织制订战略目标和发展规划。人力资源规划既是组织发展战略的重要组成部分,也是实现组织战略目标的重要保证。

(2)确保组织生存发展过程中对人力资源的需求。人力资源部门必须分析组织人力资源的需求和供给之间的差距,制订各种规划来满足对人力资源的需求。

(3)有利于人力资源管理活动的有序化。人力资源规划是企业人力资源管理的基础,它由总体规划和各种业务计划构成,为各种管理活动(如确定人员的需求量、供给量、调整职务和任务、培训等)提供可靠的信息和依据,进而保证管理活动的有序性。

(4)有利于调动员工的积极性和创造性。人力资源管理要求在实现组织目标的同时,也要满足员工的个人需要(包括物质需要和精神需要),这样才能激发员工持久的积极性,只有在人力资源规划的条件下,员工对自己可满足的东西和满足的水平才是可知的。

(5)有利于控制人力资源成本。人力资源规划有助于检查和测算出人力资源规划方案的实施成本及其带来的效益。要通过人力资源规划预测组织人员的变化,调整组织的人员结构,把人工成本控制在合理的水平上,这是组织持续发展不可缺少的环节。

2.人力资源规划的内容

人力资源规划的内容包括三个方面:人力资源数量规划、人力资源素质规划和人力资源结构规划。

(1)人力资源数量规划。人力资源数量规划是要确定组织未来人力资源的总数,实质就是确定组织的人员编制。编制设计是依据工作设计来确定工作单元数量、岗位数量以及人员配比数量的,通常称为"定岗定编"。与此相对应的人力资源管理活动主要是人力资源流动管理。

(2)人力资源素质规划。人力资源素质规划是要确定组织未来人力资源的素质,实质就是确定组织的任职资格。任职资格的确定是依据与工作设计所匹配的素质模型。素质模型表达了组织对人员的知识、技能、经验、个性特征和价值观要求,包括素质广度和素质深度。与此相对应的人力资源管理活动主要是人力资源培训与发展管理。

（3）人力资源结构规划。人力资源机构规划是要确定组织未来人力资源的结构，实质是确定组织各类人员的配比关系。人员配比关系的确定是依据工作和组织设计中所确定的职能结构、部门结构、管理层级结构和主辅岗位结构。与此相对应的人力资源管理活动既包括人力资源流动管理，也包括人力资源培训与发展管理。

3. 人力资源规划的操作程序

人力资源规划的操作程序，即人力资源规划的过程，一般可分为以下几个步骤：收集有关信息资料、人力资源需求预测、人力资源供给预测、确定人力资源净需求、编制人力资源规划、实施人力资源规划、人力资源规划评估、人力资源规划反馈与修正。

（1）收集有关信息资料。人力资源规划所需信息包括组织内部信息和组织外部环境信息。组织内部信息主要包括企业的战略计划、战术计划、行动方案、本企业各部门的计划、人力资源现状等。组织外部环境信息主要包括宏观经济形势和行业经济形势、技术的发展情况、行业的竞争性、劳动力市场、人口和社会发展趋势、政府的有关政策等。

（2）人力资源需求预测。人力资源需求预测包括短期预测和长期预测，总量预测和各个岗位需求预测。人力资源需求预测的典型步骤包括现实人力资源需求预测、未来人力资源需求预测、未来人力资源变动情况预测，并最终确定出人力资源需求预测结果。人力资源需求预测技术主要包括经验预测法、微观集成法、德尔菲法、回归分析法、趋势外推法、生产函数法等。

（3）人力资源供给预测。人力资源供给预测包括组织内部供给预测和外部供给预测。人力资源供给预测的典型步骤包括内部人力资源供给预测、外部人力资源供给预测、汇总组织内部和外部人力资源供给预测数据，并最终确定出组织人力资源供给总体数据。人力资源供给预测技术主要包括人力资源盘点法、替换单法、马尔科夫模型等。

（4）确定人力资源净需求。在对员工未来的需求与供给预测数据的基础上，将本组织人力资源需求的预测数与在同期内组织本身可供给的人力资源预测数进行对比分析，从比较分析中可测算出各类人员的净需求数。

（5）编制人力资源规划。根据组织战略目标及本组织员工的净需求量，编制人力资源规划，包括总体规划和各项业务计划，例如人员补充计划、管理人才储备计划、接替晋升计划、素质提升计划和退休解聘计划等。编制规划时要注意总体规划和各项业务计划及各项业务计划之间的衔接和平衡，提出调整供给和需求的具体政策和措施。典型的人力资源规划应包括规划的时间段、计划达到的目标、情景分析、具体内容、制订者和制订时间。规划时间要具体列出从何时开始，到何时结束。若是长期的人力资源规划，可以长达5年以上；若是短期的人力资源规划，如年度人力资源规划，则为1年。确定达到的规划目标要与组织的目标紧密联系起来，最好有具体的数据，同时要简明扼要。

（6）实施人力资源规划。人力资源规划的实施，是人力资源规划的实际操作过程，要注意协调好各部门、各环节之间的关系，在实施过程中需要注意以下几点：一是必须要有专人负责既定方案的实施，要赋予负责人拥有保证人力资源规划方案实现的权利和资源；二是要确保不折不扣地按规划执行；三是在实施前要做好准备；四是实施时要全力以赴；五是要有关于实施进展状况的定期报告，以确保规划能够与环境、组织的目标保持一致。

（7）人力资源规划评估。在实施人力资源规划的同时，要进行定期与不定期的评估。主要从是否忠实执行了本规划、人力资源规划本身是否合理以及实施的结果与人力资源规划是否一致三个方面进行。

(8)人力资源规划反馈与修正。对人力资源规划实施后的反馈与修正是人力资源规划过程中不可缺少的步骤。评估结果出来后,应进行及时反馈,进而对原规划的内容进行适时的修正,使其更符合实际,更好地促进组织目标的实现。

三、工作分析在员工流动管理中的作用

组织中员工的流动是形成内部竞争的主要途径,也是提升组织活力的重要手段。员工流动主要包括四个方向:内外流动、上下流动、平行流动和斜向流动。员工流动管理在设计和实施中需要大量工作和工作者的相关信息,这些信息的获取则依赖于有效的工作分析。

1. 员工流动管理的内容

员工流动主要包括:内外流动、上下流动、平行流动和斜向流动。

(1)内外流动。由内向外的流动,包括辞退、辞职、退休、借调外出、死亡等;由外向内的流动,包括招聘和借调等。

(2)上下流动。由上向下的流动是降职,由下向上的流动是晋升。

(3)平行流动。平行流动是指平行岗位或部门间流动,例如轮岗。

(4)斜向流动。斜向流动是指跨职能、跨部门晋升或降职等。

因此,主要的员工流动管理包括:员工招聘管理、员工晋升管理、员工退出管理、员工轮岗管理和员工降职管理等。

2. 员工招聘管理的操作程序

员工招聘包括准备阶段、实施阶段和评估阶段三个环节。

(1)准备阶段。在准备阶段需要确定招聘职位和人数,组成招聘团队,确定招聘市场,选择信息发布媒体,准备招聘所需的各种材料、场所和设施等。

(2)实施阶段。在实施阶段需要发布招聘信息,接受简历,筛选简历,组织初试、复试和测试,办理录用手续等。

(3)评估阶段。在评估阶段需要进行录用人员跟踪调查和考查,招聘效果评估,招聘成本效益分析等。

3. 员工晋升管理和竞聘上岗的操作程序

(1)员工晋升管理的操作程序。员工晋升管理包括以下 7 个关键控制环节。

第一,部门主管根据绩效考核结果提出职位晋升候选人申请表;

第二,人力资源部门审核晋升候选人资格;

第三,人力资源部门根据人力资源规划以及职位空缺情况确定职位晋升计划;

第四,对晋升候选人进行任职资格培训;

第五,进行任职资格评价;

第六,职位晋升决策;

第七,办理职位晋升手续和入职。

(2)竞聘上岗的操作程序。竞聘上岗是指全体人员,不论职务高低、贡献大小,都站在同一起跑线上,重新接受组织的挑选和任用。一般包括以下 10 个关键控制环节。

第一，成立组织内部竞聘上岗专职领导机构；

第二，组织对目标职位进行分析；

第三，持续对竞聘上岗进行内部宣传和引导；

第四，发布空缺职位竞聘要求和《竞聘上岗须知》；

第五，竞聘上岗辅导；

第六，候选人资格初审；

第七，召开竞聘大会；

第八，评审小组对候选人竞聘表现进行评价；

第九，与目标职位直接上级主管沟通意见；

第十，发布竞聘上岗结果。

四、工作分析在员工培训管理中的作用

员工培训是指组织为开展业务及培育人才的需要，采用各种方式对员工进行有目的、有计划的培养和训练的管理活动。员工培训管理是提高员工工作技能和能力的主要途径，是提升组织发展核心竞争力的关键手段，也是实现员工自身职业发展的有效方法。员工培训需要依据组织发展战略，深入分析员工就职岗位的特点，确定培训目标、内容和方法。这些工作无一不需要利用工作分析所获得的关于工作和工作者的相关信息。

1. 员工培训的操作程序

员工培训管理包括三个阶段的工作，即培训需求分析、培训方案设计和培训效果评估。

（1）培训需求分析。培训需求分析是要回答谁需要培训、为什么要培训和需要培训什么的问题，亦即确定受训人、培训目标和培训内容。进行培训需求分析就要进行组织分析、工作分析和人员分析。组织分析包括组织环境分析、组织战略分析和组织资源分析。工作分析是确定受训人、培训内容和培训方法的依据，主要是明确工作者需要具备的工作能力。人员分析是要明确工作者具备的现实工作能力与组织期望的工作能力之间的差距；同时也要从员工个人角度出发，明确员工个人发展现状与发展期望之间的差距。

（2）培训方案设计。在设计培训方案时，要针对受训人和培训内容来确定培训时间安排、地点安排、方式方法安排，其关键是选择何种培训方式。目前主要的培训方式有课堂培训、专题讲座、视听技术法、网络培训法、学徒式培训、角色扮演法、案例研究法和头脑风暴法等。在讲授式培训中，需要注意的是培训师的选择；在传帮带式培训中，需要注意的是师傅或导师的选择；在讨论式培训中，需要注意的是讨论气氛的营造和讨论主题的引导；在远程式培训中，需要注意的是终端受训者的有效监控。

（3）培训效果评估。培训效果评估是要回答培训目标是否达到，培训方式选择是否合理，培训组织是否高效等问题。培训效果评估时需要考虑四个效度，即培训效度、迁移效度、组织内效度和组织间效度；需要从反应层面、学习层面、行为层面和结果层面展开，还需要进行培训投资回报率的分析。培训效果评估指标选择时可以考虑定量指标和定性指标的结合，前者例如产量、质量、成本和时间等；后者如工作习惯、新技能、氛围、满意度和主动性等。

2. 管理人员培训问题

管理人员是企业管理中的核心力量，决定着组织的现实能力和发展潜力，针对管理人员

的培训尤其显得重要。管理人员的培训需要注意以下两个关键问题。

（1）不同层次的管理人员在培训内容和方式上要进行区分。管理人员可分为高层管理者（包括副总裁以上的企业领导）、中层管理者（包括职能经理和业务经理）和基层管理者（包括一线经理和项目经理）。针对高层管理人员的培训更多是宏观经济、区域经济、国家政策、行业发展、组织战略发展、变革管理、企业文化和领导力等方面的培训，培训方式可以选择讲座和交流等；针对中层管理人员的培训更多是企业文化、企业管理、职能管理、目标管理、业务模式、团队管理、客户意识等方面的培训，培训方式可以有更多选择；针对基层管理者的培训更多是现场管理、操作技能、目标管理、团队协作、沟通与影响力、学习与创新等方面的培训，培训方式也要以面授为主。

（2）针对管理人员的培训可以选择以下方式。第一，指导计划，亦即受训者作为被指导者可以通过向指导者学习来获得技能的提高，同时指导者也从知道别人的过程中获得满足和个人关系上的回报；第二，工作轮换，是通过让受训者到各个部门去学习以扩大其对整个企业各个环节工作的了解，有利于其丰富经验，找到合适的管理方式和管理领域；第三，敏感性训练，是在培训教师指导下进行的旨在提高参加者对自己行为以及他人行为洞察力的训练，以增强其作为团队一员与其他人和睦相处、协调工作的意识和能力；第四，多样化培训，即通过多元化的培训项目，提高管理者的知觉性、知识、理解力，以引起其态度的转变和技能的提高；第五，评价中心技术，是用以测量和提升管理人员能力的一种结构化的培训，包括公文筐练习、商业游戏、无领导小组讨论等。

五、工作分析在员工绩效管理中的作用

绩效管理是人力资源价值实现的关键环节，在整个人力资源管理系统中有着举足轻重的地位。绩效管理作为一个子系统又包含着几个关键阶段，每一阶段都需要大量关于工作岗位的相关信息，这就需要工作分析的有效开展作支持。

1.绩效管理的操作程序

绩效管理包括以下关键阶段：

（1）绩效目标的确定。此阶段，在组织战略指导下，管理者要完成组织总目标到各部门、各职位分目标的分解和落实。绩效目标的达成是委托代理双方沟通与谈判的结果，最终形成绩效合同或者目标责任书。在绩效合同中要明确表达绩效目标的测量指标，既要采用量化指标也要采用定性指标；要明确表达绩效达成的奖励与惩罚条款，既包括经济上的也包括荣誉上的。

（2）绩效计划的制订。此阶段，绩效责任人要在主管领导的指导下，制订绩效达成计划，明确绩效达成的阶段性安排，最好能制订年度计划、半年度计划、季度计划、月度计划乃至周计划。同时，还要确保各阶段计划的顺畅与合理连接，并进行应对内外部环境变化的弹性处理。

（3）绩效实施与辅导。此阶段，一方面绩效责任人通过工作行为来实现绩效目标，另一方面作为绩效责任人主管领导要给予资源上的支持和经验上的指导。同时，一方面绩效责任人要及时向主管领导汇报工作进度，另一方面绩效责任人的主管领导要及时对下属绩效达成状况进行监控，及时发现问题、解决问题。

（4）绩效评价与反馈。此阶段，依据预先制定的绩效评价指标体系，对绩效责任人绩效达成情况进行综合评定。需要注意的是，在进行绩效评定时，既要关注工作结果，也要关注工作行为；还需要注意的是，绩效评价主体的选择、绩效评价周期和频度的确定要能够确保绩效评价的客观性、公平性和准确性。因此，与被评价人的沟通就显得尤为重要。

（5）绩效改进计划的制订。绩效评价结束后，要根据评价结果进行绩效分析，总结工作执行中的经验和教训，找到绩效达成的有利因素、绩效未达成的原因所在，并针对存在的问题有针对性地制订绩效改进计划。这里有一个观念问题，绩效评价不是目的，而是为了改进和提高绩效。

（6）绩效评价结果的应用。此阶段，主要是将绩效评价结果和对绩效责任人的奖励与惩罚联系起来。一般而言，这种奖励和惩罚措施在绩效合同或者绩效薪酬制度中有了明确的表达。

2.绩效管理的经典技术

在绩效管理中，尤为重要的环节是绩效评价，这里主要涉及用什么样的指标体系进行绩效评价。针对这一主题，人力资源专家开发了几种经典技术，例如 KPI、BSC、EVA 等。

（1）KPI。KPI(Key Performance Indicators)即关键绩效指标，是通过对组织内部流程的输入端、输出端的关键参数进行设置、取样、计算、分析，衡量流程绩效的一种目标式量化管理指标，是把企业的战略目标分解为可操作的工作目标的工具，是企业绩效管理的基础。确定关键绩效指标要遵循 SMART 原则，即具体（Specific）、可度量（Measurable）、可实现（Attainable）、现实性（Realistic）和有时限（Time Bound）。三类常见的关键绩效指标包括发展性指标，即基于企业战略发展的关键绩效指标；改善性指标，即基于企业经营改善的关键绩效指标；监控性指标，即基于企业经营保障的关键绩效指标。

（2）BSC。BSC(Balanced Score Card)即平衡计分卡，是一种全新企业综合评价体系，代表了国际上最前沿的管理思想，其最为突出的特点就是集评价、管理与交流功能于一体。围绕企业的战略目标，利用 BSC 可以从财务、顾客、内部过程、学习与创新这四个方面对企业进行全面评价，在使用时对每一个方面建立相应的目标以及衡量该目标是否实现的指标。设计 BSC 可遵循以下几个步骤：第一，定义企业战略；第二，就战略目标取得一致意见；第三，选择和设计测评指标；第四，制订实施计划；第五，监测和反馈。

（3）EVA。EVA(Economic Value Added)即经济增加值，是以经济增加值理念为基础的财务管理系统、决策机制及激励报酬制度。它是基于税后营业净利润和产生这些利润所需资本投入总成本的一种企业绩效财务评价方法。公司每年创造的经济增加值等于税后净营业利润与全部资本成本之间的差额。其中，资本成本既包括债务资本的成本，也包括股本资本的成本。EVA 体系的 4M′s 分别是指评价指标（Measurement）、管理体系（Management）、激励制度（Motivation）和理念体系（Mindset）。

六、工作分析在员工薪酬管理中的作用

薪酬管理作为激励系统之一，在人力资源管理系统中发挥着重要作用。在人力资源价值链管理中，价值创造、价值评价和价值分配这三个环节中价值分配既是终点也是起点。价值创造的源泉在于能有效地激励员工，能在价值分配中充分回报员工。在薪酬体系设计中，

不论是传统的职位薪酬,还是相对于知识性工作者设计的能力薪酬,或者针对员工工作业绩设计的绩效薪酬,都要实现内部公平性、外部竞争性、激励性和易于管理性相结合。而要满足这些目的和原则,就需要进行深入的工作分析,获取足够的工作信息和工作者信息,尤其是体现在工作评价中和能力模型设计中。

1. 薪酬系统有效性四原则

薪酬系统有效性的四个基本原则是内部公平性、外部竞争性、激励性和易于管理性。

(1)内部公平性。内部公平性是指在组织内部工作任务轻重、职务责任大小、能力要求高低相同的岗位应该获得相同的报酬,而不同岗位应该获得有差异的报酬。要想实现这一目标,就要对组织内部各个岗位进行评价,称为职位评价、岗位评价或工作评价。通过职位评价就可以判定各个职位的价值大小,进而形成按照价值大小排列的职位序列,也就是职位的内部价值。这是设计薪酬的基础性工作。

(2)外部竞争性。外部竞争性是指组织的各个职位在与外部市场同类职位进行薪酬水平比较时,要具有竞争优势,即薪酬水平要高于外部市场水平。要想实现这一目标,就要进行市场薪酬调查。通过市场薪酬调查,获取市场上同类职位的薪酬水平,根据组织自身特点确定自己的薪酬政策线。在实际操作中,就是要将职位评价的数据与市场薪酬调查的数据进行回归分析,从而得到每一评价点数所对应的薪酬水平,再根据组织情况确定高出水平。

(3)激励性。内部公平性和外部竞争性仅仅是保障性功能的发挥,其实也就是解决了员工满意度的问题;而要让员工真正产生满意感,就需要从员工自身出发,有针对性地进行薪酬设计,通过薪酬形式和内容来实现对员工的激励。从薪酬形式来讲,主要有职位薪酬、能力薪酬、绩效薪酬等形式。另外,还包括长期薪酬和短期薪酬、固定薪酬和可变薪酬、货币薪酬和非货币薪酬等不同类型的划分。

(4)易于管理性。易于管理性主要是指薪酬体系的设计要便于管理,主要包括操作的复杂程度控制、成本控制、合法性等。要想实现对员工的激励,薪酬体系越个性化越好,但要以能够驾驭和不易出现漏洞作为基本原则;要实现对员工的激励,薪酬水平越高越好,但要以行业平均成本作为基准,进行适当调整,亦即"产品市场的竞争决定薪酬的上限,劳动力市场的竞争决定薪酬的下限";要想控制成本,薪酬水平越低越好,但要以国家相关法律作为基本框架,例如最低工资水平规制、加班加点薪酬规制、五险一金规制等。

2. 三种典型的薪酬制度及设计思路

(1)职位薪酬。职位薪酬是指以职位价值为支付依据的薪酬形式。薪酬的增长基于职位的晋升。职位薪酬设计分为以下四个步骤:第一步,职位分析(即获取工作相关信息);第二步,职位评价(即对职位的价值进行评估,建立组织的职位价值序列);第三步,薪酬水平选择(根据市场薪酬调查数据信息及组织薪酬策略确定薪酬政策线,选择薪酬水平,如领先型、跟随型、滞后型和混合型);第四步,薪酬结构设计(即薪酬水平排列形式,包括薪酬等级确定、薪级的浮动范围和相邻薪级的交叉和重叠)。

(2)能力薪酬。能力薪酬是以工作者所具有的知识、技能及能力作为薪酬支付依据的薪酬形式。能力薪酬按照支付依据可分为技能薪酬、知识薪酬和胜任力薪酬三种类型。薪酬的增长基于工作者能力广度和深度的强化。能力薪酬设计分为以下四个步骤:第一步,工作分析和能力模型的构建(即能力的定义和能力等级的划分);第二步,能力定价(即每一项能力及每一等级所对应的薪酬水平);第三步,工作者能力的鉴定(即确定工作者所具备的能力深度和广度);第四步,工作者能力薪酬的确定。

(3)绩效薪酬。绩效薪酬是以工作者的工作绩效作为薪酬支付依据的薪酬形式。绩效薪酬按照绩效责任主体可以分为三种类型,即个人绩效薪酬、团体绩效薪酬和组织绩效薪酬。薪酬的增长基于绩效提升。个人绩效薪酬有计件工资、计时工资、短期奖励和长期奖励等形式;团体绩效薪酬有班组奖励计划、斯坎隆计划、所得分享计划等形式;组织奖励有利润分享计划、员工持股计划等形式。绩效薪酬设计时的关键点是根据绩效评价结果确定薪酬奖励的范围和水平。

第四节　工作分析实践的历史沿革与发展趋势

工作分析的思想由何而来?工作分析实践是如何发展的?目前工作分析现状如何?将来工作分析会有什么样的发展?本节主要回答以上这些问题。

一、中外早期工作分析思想与实践

工作分析思想源远流长,工作分析实践随着人类的社会生产活动的开始而开始,随着社会分工和专业程度的发展而加强。尤其是管理这一生产"第四要素"的出现,工作分析活动被更广泛地认识和开展。

1. 中国早期工作分析思想与实践

中国古代已经有了工作分析思想与应用的历史,与西方国家相比,我国学者的研究和实践更为系统全面,而且比西方早 1000 多年。

公元前 700 年,春秋时期政治家管仲(约公元前 723 年或前 716 年—公元前 645 年)最早论述分工,提出"四民分业定居论",主张将国人划分为"士、农、工、商"四大行业并按行业分别聚居在固定的区域。呈现出"处商就市井,处农就田野"的景象,客观上有利于同一职业从业人员之间的交流,提高技术水平,促进职业的发展。

在 2500 年前的《春秋·谷梁传》中写道:"古者立国家,百官具,农工皆有职以事上。古者有四民,有士民,有商民,有农民,有工民。"记录了当时的职业和职业活动。《周礼》更像一部古代的职业分类大辞典,尤其是其中的《周礼·冬官考工记》写道:"国有六职,百工与居一焉。或坐而论道,或作而行之。"通篇论述了王公、士大夫、百工、商旅、农夫和妇功等不同职业的分工和职责,分类之精细和描述之详尽令人叹为观止。那时,职业分工还有很强的世袭性,一代一代传下去,甚至以自己的职业作为自己的姓氏(如姓屠、师、桑、陶、卜、贾等),反映了人们有很强的职业归属感。中国古代先进的职业分类是构筑中国古代灿烂文明的重要制度支柱,也为我们留下了丰富的文化遗产。

汉代思想家王符(85—162 年)在《潜夫论·忠贵》中写道,"德不称其任,其祸必酷;能不称其位,其殃比大",论述了德与才的关系,指出统帅与被统帅的关系,提出了"由工作挑选人"的思想。

三国时期杰出的政治家、外交家、发明家、军事家诸葛亮(181 年—234 年)提出,"有温良而伪诈者,有外恭而内欺者,有外勇而内怯者,有尽力而不忠者"。怎样去伪存真,正确识人呢?诸葛亮提出了"七观法":"一曰,问之以是非而观其志;二曰,告之以祸难而观其勇……五曰,醉之以酒而观其性;六曰,临之以利而观其廉;七曰,期之以事而观其信。"(《将苑·知人性》)就是说,为了考察人的素质,可以人为地制造一些矛盾,在矛盾中考察他(她)。

北宋发明家毕昇(970—1051年),运用观察、体察等工作分析方法,对原雕版印刷技术进行了方法分析,经过试验,成功研制了胶泥活字印刷术,改变了原来的抄写法,是印刷史上的一次伟大革命,是我国古代四大发明之一,它为我国文化经济的发展开辟了广阔的道路,也为推动世界文明的发展作出了重大贡献。北宋建筑工程学家李诫(1035—1110年)编写了《营造法式》,用释名、制度、功限、料例和图样五个部分共34卷来分析建筑工程工作,包括各工种操作规程、技术要领及各种建筑物构件的形制、加工方法。它揭示了北宋统治者的宫殿、寺庙、官署、府第等木构建筑建造时所使用的方法。

元代初期棉纺织家黄道婆(1245—1330年),通过自我操作、体察的方法取得了有关黎族人民的棉织技术资料,加以分析后对黎族的棉纺织工艺技术进行了系统改革,为我国棉纺织技术作出了卓越贡献。黄道婆对棉纺织技术的巨大贡献,赢得了当地劳动人民深情的热爱和永久的纪念,有歌谣称"黄婆婆,黄婆婆,教我纱,教我布,二只筒子,两匹布"。元代农学家王祯(1271—1368年),用木活字代替泥活字,发明了"转轮排字盘";还用200个条幅图样和简明的文字,描述了各种农业生产工具和手工业生产工具的构造和用法,即简单的"工作说明书"。

明代科学家宋应星(1587—1661年)撰写了《天工开物》一书,全面系统地描述了我国古代各种农业、手工业的生产技术和操作程序,详细叙述了各种农作物和工业原料的种类、产地、生产技术、工艺装备以及一些生产组织经验,不但有大量确切的数据,还绘制了123幅插图。全书分上、中、下三卷,又细分为18卷。上卷记载了谷物、豆麻的栽培和加工方法,蚕丝、棉苎的纺织和染色技术,以及制盐、制糖工艺。中卷内容包括砖瓦、陶瓷的制作,车船的建造,金属的铸锻,煤炭、石灰、硫黄、白矾的开采和烧制,以及榨油、造纸方法等。下卷记述了金属矿物的开采和冶炼,兵器的制造,颜料、酒曲的生产,以及珠玉的采集加工等。

2.外国早期工作分析思想与实践

古代希腊哲学家柏拉图(Plato,约公元前427年—前347年)在《理想国》中,以苏格拉底与学生对话的形式,详细论述了社会职业的分工。他认为国家起源于劳动分工,因而他将理想国中的公民分为治国者、武士、劳动者三个等级,分别代表智慧、勇敢和欲望三种品性。三个等级各司其职,各安其位。在这样的国家中,治国者均是德高望重的哲学家。因为只有哲学家才能认识理念,具有完美的德行和高超的智慧,明了正义之所在,按理性的指引去公正地治理国家。治国者和武士没有私产和家庭,因为私产和家庭是一切私心邪念的根源。劳动者也绝不允许拥有奢华的物品。他认为,要求建筑工匠、农民、鞋匠、纺织工人和其他工人适当的专门化,做他们力所能及的工作,并尽心竭力地为社会服务,这种由特定的工人从事特定的工作的社会分工方法将大大提高社会的生产率,可以为社会作出更大的贡献。

英国经济学创始人亚当·斯密(Adam Smith,1723—1790年)在《国民财富的性质和原因研究》一书中提出分工理论。他认为,分工的起源是由于人的才能具有自然差异,起因于人类独有的交换与易货倾向。交换及易货系属私利行为,其利益决定于分工,假定个人乐于专业化及提高生产力,经由剩余产品之交换行为,促使个人增加财富,此等过程将扩大社会生产,促进社会繁荣,并达到私利与公益之调和。就拿制针业来说明。"如果他们各自独立工作,不专习一种特殊业务,那么不论是谁,绝对不能一日制造20枚针,说不定一天连1枚也制造不出来。他们不但不能制出今日由适当分工合作而制成的数量的1/240,就连这数量的1/4800,恐怕也制造不出来。"他认为,分工促进劳动生产力的原因有三:第一,劳动者的技巧因专业而日进;第二,由一种工作转到另一种工作,通常需浪费不少时间,有了分工,就可以免除这种损失;第三,许多简化劳动和缩减劳动的机械发明,只有在分工的基础上方才可能。

英国数学家、发明家、现代自动计算机的创始人、科学管理的先驱查尔斯·巴贝奇(Charles Babbage,1792—1871年)在《论机械和制造业的经济》一书中进一步发展了亚当·斯密关于"劳动分工的利益"的思想,分析了分工能提高劳动生产率的原因。他指出,这些原因是:节省了学习所需要的时间,节省了学习中所耗费的材料,节省了从一道工序转变到另一道工序所耗费的时间,节省了改变工具所耗费的时间。而且,由于分工后经常做某一项作业,肌肉得到了锻炼,就更不易疲劳;由于经常重复同一操作,技术熟练,工作速度可以加快;分工后注意力集中于比较单纯的作业,能改进工具和机器,设计出更精致合用的工具和机器,从而提高劳动生产率。巴贝奇还指出,脑力劳动同体力劳动一样可以进行分工。他指出,法国桥梁和道路学校校长普隆尼把他的工作人员分成技术性、半技术性、非技术性三类,把复杂的工作交给有高度能力的数学家去做,把简单的工作交给只能从事加减运算的人去做,从而大大提高了整个工作的效率。他进行了有关工作时间问题的研究。在研究中,他征得同意后引用了法国库伦布的观察材料,这是在管理问题上国际合作的最早范例。他制定了一种"观察制造业的方法",同后来别人提出的"作业研究的科学的、系统的方法"非常相似。观察者用这种方法进行观察时利用一种印好的标准提问表,表中包括的项目有生产所用的材料,正常的耗费、费用、工具、价格,最终市场,工人、工资、需要的技术,工作周期的长度等。

二、第一次世界大战前工作分析实践与研究成果

在第一次世界大战以前,工作分析实践活动经历了几次重要的发展历程,包括美国的内政改革,泰勒、明斯特伯格以及吉尔布雷斯夫妇的贡献。

1.美国政府机构改革中的工作分析实践与贡献

林肯(Abraham Lincoln)任职美国总统期间,卡尔·舒尔茨(Carl Schurz)组织了政府机构改革委员会,主要工作是对政府机构的职位进行调查,目的在于明确任职者所应该具备的技能。纽约港务局局长塞拉斯·伯特(Silas Burt)作为政府机构改革委员会负责人之一,设计了一个从正反两方面分析职员工作绩效标准的工作分析方案,并得到了广泛的支持与采用。因采用这次工作分析的有关成果,市政局每年节约开支30万美元;印刷局在1885—1888年的三年间人员从1166人缩减到874人,工作效率大大提高。

2.泰勒科学管理中的工作分析研究与贡献

美国伟大的管理学家泰勒(Frederick Winslow Taylor)在工作分析方面的贡献,就是将工程师的效率目标与心理学家的研究目标结合起来,并应用到员工的选拔、培训和奖励上。

泰勒将一项工作分解为若干个组成部分,然后用秒表精确测量出完成每一部分工作所需时间,以此来进行工作时间和工作效率的调查。在《商店管理》一书中,通过以铁块搬运工为例专门讨论了工作效率问题,他认为,通过对工作时间严格的调查分析并在此基础上规定适当的工作绩效标准,可以大大提高员工的工作效率。在《科学管理》一书中,泰勒再度讨论了铁块搬运案例,着重介绍了工作心理和工作效率的问题,他认为,工作耐心对工作效率的发挥起着十分重要的作用。

3. 明斯特伯格的工作分析研究与贡献

被称为"工业心理学之父"的德国心理学家明斯特伯格(Hugo Munsterberg)设计出了有关验证结果有效性的研究方法,他认为工作分析只是关于工作分析的一种研究假设,是可以被验证的。结果他发现,工作分析中最为重要的工作是从"内行人"那里获取真实而准确的信息,而不是依据自己的操作体验。作为一个心理学家只能很外行地观察到某项工作的心理素质要求,而该工作的从业人员或者领导却能够更精确地分析工作相关的心理因素。

4. 吉尔布雷思夫妇的工作分析研究与贡献

美国工程师"动作研究之父"吉尔布雷思(Frank Bunker Gilbreth)设计了一种实验室条件下的程序来分析工作,减少多余动作从而提高劳动生产率;其理论特点是,工作分析研究的出发点应该是工人本身。其妻子心理学家莉莲·吉尔布雷思(Lillian M. Gilbreth)进一步发展完善了弗兰克的理论,她认为,社会科学中的相关理论应该运用到工业管理中。吉尔布雷思夫妇进而认为,对不同特点的工人在从事同样工作的时候应该采用不同的工作方法以达到提高劳动生产率的目的。

三、两次世界大战时期的工作分析实践与研究成果

第一次世界大战的爆发极大地推动了工业心理学的发展,尤其是促进了心理学在人员分类和人员安置中的应用。为了增强军事人员的管理水平,提高测评选拔、培训及工作分析的效果,工业心理学家展开了空前的分析研究活动。

1. 宾汉的工作分析研究与贡献

美国应用心理学先驱宾汉(Walter Van Dyke Bingham)将工作分析作为工业心理学的分支来研究。第一次世界大战期间,宾汉担任美军人员分类委员会的执行秘书,进行了以解决人员配置为目的的工作分析方法论的研究。之后,宾汉组建研究所,通过收集各类数据资料来指导职业介绍和培训课程。战争后期,宾汉在陆军总参谋部的人事部门担任中校,作为设计军队智力测验的小组成员之一,从事军队人员分类研究和实践工作。第二次世界大战期间,他担任军队人事分类的咨询委员会主席,该委员会的形成是为了适应军队分类与训练的需求。该委员会最早的作业之一是完善一个测验,根据新募兵的学习士兵职责的能力将他们分成五类,最后得到的测验就是《陆军普通分类测验》(AGCT),这是团体测验史的一个里程碑,有1200万名士兵依据这个测验被分派执行不同的军事工作。宾汉著有《能力和能力测验》一书,是该领域的一部经典著作。

2. 斯科特的工作分析研究与贡献

美国人斯科特(W. D. Scott)在工作分析研究上,主要有以下四个方面的贡献。第一,斯科特通过工作分析的研究,成功制定了军衔资格标准。他将同一等级的军官按工作中所表

现出来的能力进行排列,再就这一级别的军衔资格条件进行工作分析。这一新的标准得到了部队首长的赞同,也受到了大多数军官的欢迎。第二,斯科特领导人员测评委员会,根据各地区人事专管员的实地调研,通过工作分析,编制了"军官任职技能说明"、"入伍申请表"与"人员调查表"。"入伍申请表"和"人员调查表"的设计,使入伍新兵分类工作的效率大大提高。第三,斯科特领导人员测评委员会,促进了军队针对士兵技能的面谈考评的科学化,亦即要求在设计军人考评之前必须进行工作分析。第四,斯科特创立了斯科特公司,把军队中的研究成果广泛应用于企业和政府部门。他与克罗希尔合著有《人事管理》一书,详尽介绍了如何把在军队中的研究成果应用到工业生产经营中。

3.社会科学研究会的工作分析研究与贡献

美国社会科学研究会(SSRC)对工作分析研究的贡献在于,通过工作分析,对美国各行业的职业技能标准做出了明确规定,并划分为共有部分和特定部分。1931年,社会科学研究会设立了失业问题委员会,以研究当时经济大萧条对就业的影响。委员会的一项重要任务是制定各种工作所需的工作技能标准,以供公共就业交流中心参考使用。他们研究了各种工作中的"共有部分",以方便工人在各项工作中的相互过渡和更好地发挥各自的技能。

4.国家研究会的工作分析研究与贡献

美国国家研究会(NRC)的贡献在于,通过工作分析,为美国职业能力评价提出了一套生理指数体系。研究会成员之一莫里斯·威特立斯(Morris Viteles)与1922年提出了有关工作能力的指标体系。第一项为"体能",划分为五个等级;重体力劳动所要求的体能是最高的五级,轻体力劳动动者所要求的体能是最低的一级。第二项为"能量消耗的速率",划分为五个等级,并绘制于工作心理图表中。

5.职位研究会的工作分析研究与贡献

美国职位研究会(ORP)是罗斯福总统任职期间在国家就业局设立的专门委员会,重点研究当时严重的失业问题。委员会的工作分析工作和主要贡献有以下三项:第一,编写了《就业指导辞典》和《职位编码表》,表达了各种工作所需要的共同技能,并对工作特征进行了编号。《职位编码表》就是后来《职业名称辞典》的前身。第二,编写了《职业大辞典》(DOT),按照工作对工人知识与技能要求,对国民经济中各项工作予以准确定义和职位等级划分。第三,设计了《人员配置表》,表达了某一工作所需知识和工作经验,为人事部门编写退伍人员的择业方案提供支持。

四、第二次世界大战后工作分析的发展与应用

第二次世界大战后,诸多理论对工作分析的发展和完善作出了很大贡献。20世纪70年代,工作分析成为西方发达国家人力资源管理现代化的标志之一,并被人力资源管理专家视为人力资源管理最基本的职能。

1.工作分析方法的开发和探索

在这一阶段,各种系统的工作分析方法被开发出来,并得到了广泛应用。尤其具有代表性的工作分析系统有 PAQ(职位分析问卷)、TI/CODAP(任务清单/综合职业数据分析)、ARS(能力需求尺度分析)、BCM(行为一致性分析方法)、FJA(职能工作分析)、HSMS(健康委员会动机研究)、JEM(工作要素法)、TTA(临界特质分析)、VER-JAS(综合性工作分析系

统)、WPSS(工作执行调查系统)和 OMS(职业测定系统)等。

2.工作评价中工作分析的应用

工作分析的研究结果相当大一部分用作工作评价的基础和标准。在杰伊·奥蒂斯与伦卡特合著的《工作评价》一书中,就强调工作评价是将工作分析价值提高到一个新层次的关键。工作评价中职位相对价值的确定依赖于工作分析提供的关于职位特征的信息。为此,西方发达国家一些专业组织和大型管理咨询公司在传统工作评价方法基础上,开发了更具定量分析特点的评价技术。几种著名的方法有 Hay-MSL 指导图像表象法、尤威科欧尔形象法、直接统一意见法、传递评价法和要素评价法等。

3.劳动纠纷处理中工作分析的应用

20 世纪 60 年代以后,立法也对工作分析的发展产生了意义深远的影响。美国《公民权利法案》的颁布,强调了每个公民均有平等的就业机会,严禁雇主在雇佣中出现种族与性别歧视现象;其中有一节详尽论述了工作分析是今后效度研究基础的问题。它指出,除了建立在诸如生产率等客观准则基础上的效度研究外,有关工作的信息分析还应包括工作分析。此外,《公平劳动标准法》、《同工同酬法》、《职业安全与健康法》等法律都在客观上要求组织进行有效的工作分析。为了避免劳动雇佣中的法律纠纷,各组织比以前更加重视工作分析的研究与应用。

4.人员录用生理条件确定中工作分析的应用

残疾人就业问题和人体工程学都促进了工作分析方法的发展。工作设计、工具和设备设计、工作方法设计和工作流程设计等领域的问题,既依赖于工作分析也促进了工作分析的发展。沙特尔利用吉尔布雷思夫妇的研究成果,进行了"残疾员工求职与工作"的研究,设计了工作目标与任职者生理资格的评估清单,与后来设计的工作环境清单完善了医疗人员分析系统(USES),并成为整个工作分析过程的必要组成部分。按照这一系统,对求职者的医学检查,只需按照评估清单罗列的项目和要求来考察即可,这要比进行全面的体检更为有效。

5.绩效考评中工作分析的应用

许多心理学家运用工作分析技术,提出了收集工作绩效资料的方法,并进行了工作绩效要求和工作任务行为之间的相关研究,开发出了"弗莱希曼工作分析系统"。弗莱希曼工作分析系统把"能力"定义为"引起个体绩效差异的持久性的个人特性",并将能力分为 52 种能力类型,代表与工作有关的各种能力,包括认知能力、精神运动能力、身体能力以及感觉能力等。

五、工作分析的现实挑战和发展趋势

工作分析在人力资源管理中的全面应用已有百余年历史,但由于工作分析技术的推广应用以及组织人力资源管理的个性化特点,使得工作分析这一活动的开展仍然存在诸多问题。面临这些问题,如何去应对和发展,成为当代管理学术界专家和学者,以及实践界人力资源管理工作人员的重要课题。

1.工作分析面临的现实挑战

在人类社会步入 21 世纪之际,伴随着高科技企业的崛起,知识经济在全球范围内初露端倪。在知识创新型企业中,其竞争环境和运营模式发生了根本性变化,同时也对企业的战略、组织与人力资源管理产生了巨大冲击。而职位分析作为现代组织与人力资源管理的基础,在知识经济时代面临着更为巨大的挑战。知识经济时代给人力资源管理带来的最大挑战,是使知识型工作与知识型员工成为企业价值创造的主体,进而成为人力资源管理必须把握的重心和关键点。

(1)职位本身的不确性增加。职位分析以职位为研究与分析的对象,并且以职位内容本身的确定性、可重复性为其研究的前提。职位说明书则是将职位中稳定的、确定性的内容加以规范化、标准化的描述。但是,随着工作本身从确定性向不确定性的转变,从重复性向创新性的转变,职位内容本身的变异程度将大大增加,职位说明书中可以加以规范和标准化的内容将变得越来越少。因此,职位分析本身的存在价值将会面临严峻的挑战。

(2)更加宽泛的职位界定。职位分析的目标是寻找工作之间的内在差异,而诸多差异的核心则在于职位的目标与职责之间的不同,正是在这一前提下,传统的职位分析都强调对职位职责的明确界定,通过理清职位之间的职责、权限的边界来为组织与管理的规范化提供基础。但是,随着工作本身从重复性向创新性的变化,知识型工作不再强调这一点,而是允许甚至鼓励职位之间的职责与权限的重叠,以打破组织内部的本位主义与局限思考,激发员工的创新能力与意识。那么,在边界模糊的条件之下,什么样的工作内容应该包含于职位说明书中,什么样的工作内容不应该包含于职位说明书中,将成为难以确定的问题。同时,对职责的明确界定,是否会进一步加深任职者的视野固化?是否会抑制员工的创造性与活力?这些问题都将对职位说明书本身的存在价值与意义提出挑战。

(3)团队工作和项目工作取代传统的个人职位。一方面,从个人工作向团队工作、从职能型工作向项目型工作的转变,使得知识型员工对组织所作的贡献不再仅仅取决于其个人的、直接的工作成果,而是依赖于其所在团队的整体工作业绩。这种状况使得知识工作的过程难以监控,成果难以衡量。另一方面,团队成员都是按照角色界定来开展工作的,团队成员的工作交叉、职能互动,团队之间的成员交换与互动,是团队创造力的根源之一。因此,在团队中将不再存在着固定的、稳定的职位,即传统的职位分析也就失去了研究与分析的对象。

(4)传统的职位分析方法难以收集知识工作的信息。从传统的非专业工作向以知识为基础的工作的转变,工作的外显行为特征逐步被任职者的内在思维过程和思维创新所取代。而传统的观察法、访谈法和问卷法等职位分析方法,都是以对任职者的行为特征和外在工作活动信息进行收集为基础来展开的。这些方法在运用于对知识型工作进行分析时,将难以收集到职位内在的、本质的、核心的信息。因此,传统的职位分析将面临着方法失效的危险。

(5)现代的职位分析方法需要扩大职位信息的来源。从上司权力向顾客权力、从上级协调向同级协调的转移,使得传统的以对任职者本人及其上级进行调查来收集职位信息的方法,已不能全面把握职位的工作内容与任职要求,因此,职位分析发展的一大趋势是,将该职位的内在顾客与外在顾客、业务流程的上下游环节都纳入职位分析的信息来源之中,形成对职位全面的信息收集与判断。

2.工作分析的发展趋势

工作分析在人力资源管理中的全面应用虽然已经有百余年历史,但是因为其中存在着技术上和实施上的诸多问题,所以仍有较大的改进和发展空间。本节将从工作分析思想发展趋势、工作分析方法发展趋势和工作分析技术发展趋势三个方面进行阐述。

(1)工作分析思想的发展趋势。作为社会结构中最基本的经济活动单元的组织,正经受着社会高速变革所带来的冲击,组织中最小的构成单位——职位或岗位也应适应内外部环境而发生变革。如表1-19中所述,现代管理中职责的扩大化和交叉性、管理层与员工距离的缩小、工作职责和任职资格的持续变动、团队工作与自我管理的强化等,都要求工作分析者要拓宽视野、更新观念,在新的管理理念指引下开展工作分析活动。

表 1-19 传统工作分析与现代工作分析比较

比较项目	传统工作分析	现代管理发展趋势	现代工作分析	
			功用特点	应用建议
内容范围	单个的、事前确定的职责	扩大职责交叉职责	对职责范围广阔的工作进行设计时,工作分析应有利于加强员工的适应性	分析工作行为以明确工作流程和相应工作设计;评估任务差别及其相互依赖关系以合理设计工作
人员关系	员工和管理层之间保持较大距离	管理层与员工之间的差别逐渐缩小	在设计技能工资体系时,工作分析应该有利于改善管理层与员工之间的关系	技能要求较高的工作应当在工资方面得到补偿;运用任务细分信息判断技能的相对重要性;使用任务与技能方面相关的信息设计资格测评表
分析对象	静态工作与KSAO	持续变动中的职责和KSAO	定位于未来的现代工作分析,应当能提高组织快速解决突发事件的能力	开发"要是……就……"情境以确定未来的KSAO;由于新工作未确定KSAO需求,要求相关人员描述他们的未来工作;对比目前和未来定位的岗位标准等级
效果问题	缺乏竞争和较大的市场份额	全球化竞争,自由贸易,政府干预最小化	在使用现代工作分析确定工作所需的特殊资格时,应当能够产生竞争性资本优势,再加之分析中使用工作分析应当可以导致竞争性成本优势	建立团队学习岗位标准信息以确定与之联系的KSAO;对比组织所要求的和员工所具备的KSAO,判断员工的附加价值;根据岗位标准信息判断一项活动所需时间和成本;修订岗位活动与KSAO连锁关系,剔除不再适合的资格要求
团队问题	孤立的岗位、最少的员工反馈	团队工作和自我管理小组	在确定任务间的相互依存和工作流程时,工作分析应有利于增强团队工作绩效	在任务调查问卷中加入写作项目一栏;研究工作流程以判断产品和服务的改变及其对团队的要求

(2)工作分析方法的发展趋势。工作分析方法发展变化表现出以下趋势:

第一,从孤立的工作分析到系统的工作分析。现代组织中,由于员工工作成就感和工作挑战性的要求,工作扩大化和工作丰富化的实施,各工作岗位之间的分工界限正逐渐消失,变得不那么清晰,从而要求工作分析不能只分析一个孤立的工作岗位,而应该分析一个岗位族类,分析该岗位与其他岗位之间的联系,包括信息联系、产品联系、人员联系等。

第二,从描述性工作分析到预测性工作分析。战略性工作分析的步骤包括五步:第一,如果此工作还不存在,则需要工作分析者(SMEs)和此工作所服务的主要顾客共同确定构成该工作的职责任务;第二,在职者和工作分析者共同讨论工作的变化,如新技术或者外部顾客更加紧密联系等,探讨如何改变现存工作的职责任务以及如何履行工作;第三,工作分析者和其他熟悉该工作及其预期变动的人员,共同制订为成功履行该工作所需要的职责任务及 KSAO 的详细描述;第四,对比所预测的未来工作和现存工作的分析结果,确定它们在职责任务和 KSAO 方面的区别;最后,这些对比结果可以用于确定绩效水平、培训内容、人员甄选时所需要的 KSAO,确定应有的监督和管理需要以及工作之间的联系方面。

(3)工作分析技术的发展趋势。工作分析领域也引入了许多新技术和方法,尤其是计算机网络化技术等高科技技术,在工作分析领域也成为必不可少的一部分,使得工作分析更为快捷、客观、完善和准确。

计算机网络技术在工作分析各个阶段的应用如下所述。首先,在工作分析准备阶段,工作分析小组可以利用计算机进行资料查阅、资料准备、计划进度和人员安排等;其次,在工作分析实施阶段,工作分析小组可以利用计算机网络及数据库,查找同行业其他组织的工作相关信息,传递相关工作信息数据,进行远程面谈等;再次,在工作分析结果检验阶段,通过计算机的统计分析技术的有效使用,可以排除工作分析中的潜在歧视和偏见,使分析结果更为客观准确;最后,在工作分析成果修改、维护和试用阶段,计算机和网络技术也同样发挥着重要作用。

【本章小结】

工作就是指工作者在一段时间内从事的一系列活动。从工作者角度来看,工作就是工作者在组织内全部角色的总和。每一工作构成组织大系统的一个子系统,这一系统由四个要素构成,分别是工作输入、工作输出、工作转换和关联要素。

工作分析就是通过一定的技术方法,对目标工作的性质、特点等进行分析,从而为企业管理,尤其是人力资源管理提供基础信息,包括工作任务与职责、工作环境以及任职资格等。工作分析方法又可分为静态的分析方法和动态的分析方法,前者包括工作(任务)导向性的工作分析系统和人员(工作者)导向性的工作分析系统;后者是流程导向性的工作分析系统。

工作描述,又称为工作说明书,是工作分析的直接结果,是对工作本身相关信息的描述,主要包括工作标识项目、工作概要、工作职责和绩效标准、工作职权、工作环境、工作压力与负荷等项目,具体又分为核心项目和可选项目两种。工作规范,又称为资格说明书,或者工作者说明书,是工作分析结果的另一种表现形式,主要说明任职者需要具备什么样的资格条件及相关素质,才能胜任某一岗位的工作,主要包括知识、技能、能力、经验等。工作流程就是为完成某一工作(或任务)而开展的一系列有序的活动集合,由六个要素构成,即资源、过程、过程中的相互作用(即结构)、结果、对象和价值。流程一般是通过流程图来描述的,流程图是利用一些既定的抽象符号表达流经一个系统的信息流、人员流和事物流的图形。

人力资源管理系统主要包括工作与组织设计、人力资源规划、人员流动管理、培训与发展管理、绩效管理、薪酬管理和劳动关系管理等。工作分析在整个人力资源系统中起着基础性的作用,主要表现在为人力资源管理各个环节提供信息依据。

工作分析思想源远流长,工作分析实践随着人类社会生产活动的开始而开始,随着社会分工和专业程度的发展而加强。尤其是管理这一生产"第四要素"的出现,工作分析活动被更广泛地认识和开展。工作分析在人力资源管理中的全面应用已有百余年历史,但由于工作分析技术的推广应用以及组织人力资源管理的个性化特点,使得工作分析这一活动的开展仍然存在诸多问题。面临这些问题,如何去应对和发展,成为当代管理学术界专家和学者,以及实践界人力资源管理工作人员的重要课题。

【复习思考题】

1.什么是工作?相关术语有哪些?

2.工作的输入、输出、转化和关联特征分别是什么?如何根据具体工作进行描述?

3.什么是工作分析?有哪几类工作分析系统?它们有何异同?

4.工作描述包括哪些项目?这些项目如何编写?

5.工作规范包括哪些项目?这些项目如何编写?

6.工作分析在人力资源管理中有何意义?

7.了解工作分析的历史沿革、现状和发展趋势。

【案例分析】

案例一:试对某公司人力资源部经理职位说明书进行点评,如表 1-20 所示。

表 1-20 ×××公司人力资源部经理职位说明书

职务名称:人力资源部	职务编码:AR-01
隶属部门:人力资源部	直接上级:人事行政总监
职级:	薪资幅度:
批准人:	批准日期:

工作描述

一、工作概要

在公司经营方针政策和人事行政总监的领导下,根据相关管理制度和业务流程要求,通过履行下列工作职责,对公司的人力资源管理活动进行计划、组织、指挥、协调、控制与监督。

二、组织中的位置

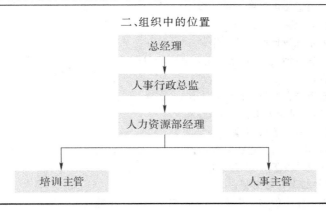

续　表

三、工作职责描述

1. 根据公司中长期计划,拟订本部门工作计划;

2. 编制部门工作计划的具体实施方案;

3. 编制部门财务预算提请人事行政总监审核;

4. 核决人事主管与培训主管拟订的短期工作计划;

5. 指导下属员工处理重要的、困难的管理或转型问题;

6. 对下属人员进行必要的培训;

7. 激励下属员工提高工作效率;

8. 根据公司绩效管理制度,考核人事主管与培训主管的工作业绩,并协助其指定绩效改进计划;

9. 根据绩效考核结果,向人事行政总监提出人事主管和培训主管的奖惩建议;

10. 核决、监察人事主管和培训主管提出的一般员工的奖惩建议;

11. 在人事行政总监的指导下,协调本部门或部门之间的工作;

12. 将本部门工作中对公司或其他部门有重大影响的事项向人事行政总监汇报;

13. 提出本部门人事安排的调整建议,并呈报人事行政总监审批;

14. 贯彻实施公司的各项规章制度;

15. 编写有关工作执行和完成情况的报告,并呈交人事行政总监;

16. 根据公司长期战略,设计组织结构并划分部门职责,并呈交人事行政总监;

17. 进行工作设计与人员编制,并呈交人事行政总监审核;

18. 拟定与调整组织规程,并呈交人事行政总监审核;

19. 监察组织规程实施情况;

20. 审核下属员工拟定的公司人事制度及规章;

21. 负责组织规程与人事制度的解释说明;

22. 监督并指导下属进行工作分析、工作评价,并审核其编制的职务说明书;

23. 根据公司战略与组织机构,预测公司的中长期与年度人力资源需求;

24. 根据有关分析与预测,制订公司的人力资源规划;

25. 审核招聘与培训经费预算,并呈交人事行政总监审核;

26. 审核下属制订的公司招聘计划、整体培训开发计划、绩效考核计划;

27. 核决培训主管提交的培训科目;

28. 管理公司员工外培与进修申请的复核工作;

29. 与本部门人员研究,提炼、宣传公司的企业文化;

30. 审核公司员工职业生涯设计的管理工作;

31. 监察并协助各部门进行绩效考核、制订绩效改进计划;

32. 核决员工奖惩事宜;

33. 审核新进员工的定资与在职员工的调资工作;

34. 审核薪资调整方案,并呈交人事行政总监;

35. 监督与指导下属处理劳动争议问题;

36. 与异动员工(主管及以上人员)进行异动面谈;

37. 管理员工合理化建议的搜集、反馈与奖励工作;

38. 负责重要、敏感文件的保管与控制;

39. 负责核决档案管理工作中的重大事宜,如人事档案的转交和销毁;

40. 审核或核决公司人力资源管理中形成的报告与报表,如薪资调查报告、薪资与福利报表、人工成本分析报告、外来培训师授课效果的调查等;

续　表

41.核决人事与培训主管的工作总结；

42.负责与外部人才机构、培训机构、高等院校、政府和法律部门保持联系；

43.搜集、整理、分析各部门及员工对人力资源管理工作的意见和建议；

44.完成人事行政布置的其他任务。

基本任职资格

一、普通教育程度

13～16 年

	推理能力	数学能力	语文能力
具体描述	①应用逻辑或科学的方法思考问题、界定概念、搜集数据、确定实施，并做出有效的结论； ②阐释在书籍、文本中以数学或图标形式表述的各类技术型指标； ③能够处理一些抽象和具体的变量。	①应用高等数学和统计技术； ②运用许多与本职业相关的数学概念； ③能够应用数学方法解决问题。	①撰写报告、文章或编审文献； ②起草契约或合同； ③能够为各类人员提供咨询意见。

二、职业培训要求

6 年以上相关工作经验

三、精力要求

类别	等级
精神努力程度	（低）　5　　4　　3　　2　　1　（高）
工作压力	（低）　5　　4　　3　　2　　1　（高）
繁重程度	（低）　5　　4　　3　　2　　1　（高）

从业人员职能

类别	程度	说　明
数据	协调	以数据分析为基础，确定操作或行动的时间、地点、顺序，执行决定和/或报告发生的事件。
人	交涉	与他人交流思想、信息和意见，以制定方针政策、工作计划及共同决定、结论或解决办法。

四、职业能力倾向

代号	能力名称	能力等级	分级说明
G	智力	5　4　3　2　1	
V	语言表达能力	5　4　3　2　1	1. 最高的 10%；
N	数学计算能力	5　4　3　2　1	2. 较高的 1/3，但不包括最高
S	空间能力	5　4　3　2　1	的 10%；
P	形体感	5　4　3　2　1	3. 中间的 1/3；
Q	文书处理能力	5　4　3　2　1	4. 较低的 1/3，不包括最低的 10%；
K	动作协调	5　4　3　2　1	5. 最低的 10%；
F	手指灵活性	5　4　3　2　1	6. 百分比表示在从业人口中所达到
M	手工灵巧性	5　4　3　2　1	的相应水平人口比例。
E	眼、手、足配合	5　4　3　2　1	
C	颜色辨别能力	5　4　3　2　1	

续　表

五、职业兴趣因素

①与相关人员进行业务接触；

②与他人交往并交流思想；

③谋求享有威望和受人尊重的工作。

六、职业性格因素

①指导、控制和规划自己或下属的工作；

②在职责范围内与相关人员打交道，而不只限于发出和接受指示；

③对他人在思想或事务方面的意见、态度或判断施加影响；

④根据感觉或判断标准，对信息进行评价（作出归纳、判断或决策等）；

⑤职责多种多样，往往变换频繁。

七、职业能力要求

①学习能力：理解组织规程、人事制度和实际操作办法，并具有成功的指挥人力资源部活动所必需的专门知识；

②语言表达能力：能够有效地与人交往，并与不同背景、不同层次的人明确无误地交换意见；

③数学计算能力：能够估计财务预算，预测人力需求，并能够有效地审查本部门活动以保证资源有效地分配；

④办公（文书事务）能力：能够掌握语言或数字资料中的重要内容，并发现文电或报告中的错误；

⑤电脑操作能力：能够熟练使用电脑和常用办公软件。

八、培训与录用要求

大学毕业（相关专业），并有 4 年以上相关工作经验；

高中毕业，并有 6 年以上相关工作经验。

九、晋升、职务轮换可能性

晋升：可以晋升为人事行政总监或其他需要类似任职条件、责任更重、报酬更高的经理职位。

职务轮换：可以调任行政或总务部经理，但需具有必要的教育程度、培训和经历。

十、备注

案例二：试对某公司总工程师职位说明书进行点评。

总工程师说明书

一、职位标识信息

职位名称：总工程师

隶属部门：新产品开发部

职位编码：

直接上级：总经理

工资等级：

直接下级：新品项目组长、新品开发工程师

可轮换职位：无

分析日期：

二、职位工作概述

在公司质量方针指导下，全面负责公司新产品与新技术的研究与开发工作，全面负责新设备的引进工作,参与解决公司生产和技术方面的重大疑难问题。

三、工作职责与任务

(一)负责公司新产品和新技术的开发

1.根据公司总体规划和生产需要提出开发立项;

2.组织人员进行可行性论证;

3.撰写可行性报告,并提交领导决策;

4.指定负责人实施开发项目,指导、监督、审核项目负责人的工作;

5.组织项目验收小组对项目的验收工作;

6.提交整套工艺性文件,指导、帮助生产系统人员掌握新产品的生产工艺。

(二)负责公司大型设备的采购与改造

1.根据公司总体规划和生产需要提出购买计划;

2.针对设备的产能、价格等指标,组织相关人员进行分析与论证;

3.审核、确定设备购买前期的技术、价格指标;

4.负责供应商的选择或推荐、寻价等工作;

5.负责签订设备购买合同;

6.负责向公司采购部门移交前期工作,并提供相关指导;

7.负责设备的安装与调试,并评估设备的性能。

(三)参与公司重大生产或技术问题的解决过程,并承担相应的责任

(四)参与公司的持续改进工作,批准立项,主持成果的评估

(五)负责制定、完善与审核本部门的规章制度与工作流程

(六)监督、管理、指导部门下属职位员工的工作

(七)完成上级委派的其他任务

四、工作绩效标准

(一)新品和技术的开发要符合公司战略的总体安排,研制的产品必须达到规范的技术成熟度;

(二)及时对要采购的设备进行前期调研与分析,并随时为采购部门提供技术支持与指导;

(三)合理制定部门内部的工作流程与制度,合理分派任务;

(四)及时监控下属员工的工作业绩与工作能力。

五、职位工作关系

(一)内部关系

1.所受监督:在公司总体规划、重大决策及重要文件审批方面,接受总经理的指示和监督。

2.所施监督:在向部门内部人员下达工作任务和文件审批方面,对新品开发工程师和设备改造工程师实施监督。

3.合作关系:在新技术与新产品开发、设备采购等方面与制造系统副总经理发生协作关系;在获取市场需求信息等方面与市场系统副总经理发生协作关系;在对设备的采购提供前期技术支持方面与采购部发生协作关系;后期安装和调试、使用等方面与行政、制造、品保等部门发生协作关系。

（二）外部关系

1.在收集采购前期信息、签订设备采购合同等方面,与相关设备供应商发生联系;

2.在获取信息、参加学术会议和进行技术交流等方面,与全国电路板行业协会发生联系;

3.在产品与技术相互交流方面,与同业竞争者发生联系。

六、职位工作权限

（一）对部门内部人员的任免提请审议权;

（二）对部门日常业务活动的支配指导权;

（三）相关文件的审批权;

（四）供应商的选择建议权;

（五）对整个公司设备使用管理状态的监督权。

七、职位工作时间

在公司制度规定时间内工作,偶尔需要加班加点;加班加点一般发生在购买设备或产品开发的紧要阶段。

八、职位工作环境

大部分时间在室内工作,温度、湿度适宜,无噪音、无粉尘等污染,照明条件良好,一般无相关职业病发生;工作时有时需要到车间工作,会接触到酸碱等有刺激性的气体。

九、知识及教育水平要求

（一）化工工艺,如电镀等方面的基本知识;

（二）公司产品及生产工艺技术应用方面的知识;

（三）行业相关产品及技术发展方面的知识;

（四）公司生产设备方面的知识,如设备的产能与价格比等;

（五）经济合同知识;

（六）管理知识;

（七）计算机基础知识及常用软件知识;

（八）英语知识。

十、职位技能要求

（一）熟悉公司的工艺工序、工作原理与机理,具备亲自动手操作的能力;

（二）迅速排解生产工艺问题的能力;

（三）良好的英文阅读与理解能力,英文听说能力强者更佳;

（四）较强的口头表达能力和组织协调能力;

（五）较强的分析能力、应变能力和决策能力;

（六）较强的管理技能和人际关系技能。

十一、专业与工作经验要求

大学本科毕业,化工、电子专业,机械专业也可以;

业绩优秀者至少具备5年以上相关工作经验。

十二、其他素质要求

任职者需具有健康的体魄、充沛的精力;强烈的责任心与开拓创新精神;无特殊性别与年龄要求。

　　案例三：根据工作系统四个要素的知识，对下面案例进行评述，如表1-21所示。

表 1-21

四个特征＼工作名称	输　出	输　入	转　换	关联要素
做、卖糖葫芦	糖葫芦的数量和质量。为顾客提供买东西的服务	1.物力：白糖、山楂、香蕉等水果原料，签子、锅、煤气灶、勺子、铁板、三轮车、喇叭 2.人力：投入的时间，脑力、体力 3.信息：顾客的需要，如"老板给我两串"	1.生产程序：(1)将水果原料清洗干净、切好形状 (2)点火熬糖 (3)蘸糖，凝固 (4)推车外卖 2.规范：(1)每串的大小差异不超过5% (2)保证卫生质量	1.工作对环境的要求：买糖葫芦时，外界温度不能使之化掉 2.对工作人员的要求：熟练掌握制作过程，个人卫生要整洁
某影楼的发单员	发单时间及数量，为公司招揽顾客的人数	1.物力：宣传材料的印刷品、笔、统一的工作外套、宣传展牌等 2.人力：投入的时间，脑力，体力（主要是声音） 3.信息：培训时介绍的公司产品概况、需跟顾客讲解的相关信息	1.程序：(1)早上到公司领取宣传材料 (2)到指定地点发放材料，并为路人讲解影楼情况 (3)带顾客到影楼交给内部人员 2.规范：不能强拉顾客，要微笑服务	1.对环境的要求：不能在室外温度低于零下25℃或高于40℃的环境下工作 2.对工作人员的要求：掌握相应的沟通技巧，要有耐心、责任心 3.组织中位置：使顾客认识公司，使公司有更多的生意
网管	每天上班的时间，每月出勤率。为顾客提供技术上的服务	1.物力：电脑维护的相关软件，一台总机 2.人力：投入的时间，脑力，少量体力 3.信息：上网者的需要，例如，网管我的电脑怎么了	1.程序：每天处理顾客上网时的突发情况，负责电脑的简单维修。定期为电脑杀毒，补丁软件故障。维持网吧营业秩序，照应店内生意 2.规范：对电脑的维修符合正常的技术规范	1.对环境的要求：因电脑多，散热大，要求排风系统好。因电线多，功率大，要求防火措施健全 2.对员工的要求：要求员工上班时间不准睡觉，尽职尽责，不打游戏 3.组织中位置：分担老板日常管理，电脑维修的后勤，与顾客接触时间最长的人

续　表

四个特征 工作名称	输　出	输　入	转　换	关联要素
幼儿园老师	上课时间,所教课程门数,传授的知识。照顾小朋友	1.物力:教室,活动室,玩具,教学用具 2.人力:投入的时间,知识,陪孩子玩的体力 3.信息:备课时所用的参考书籍,各个孩子的不同情况	1.程序:每天上课教孩子们幼儿园阶段的知识。照看小朋友活动。陪他们玩。中午照顾他们睡觉。每日两餐帮忙后勤开饭。注重孩子的安全,待家长来接 2.规范:不得打骂儿童,传授正确思想,穿着要符合幼师的标准	1.对环境的要求:室内教学要保证供热温度,夏季有空调。有正规的教室 2.对人员的要求:教师的职业素质,对待孩子友善 3.工作责权:看管孩子,教授知识 4.工作中位置:与家长和孩子接触
无人售票公交车司机	上班的时间,来回开车的次数。为旅客提供乘车的服务	1.物力:一辆公交车、手套、水、工作服 2.人力:投入的时间,脑力,体力 3.信息:天气预报、路状、运行时间、油量、乘客人数	1.程序:交接班后,检查车内设施。认真开车,有人上车时监督交钱。逢站必停,每次交接做好签到,车到站后简单打扫车内卫生。维持车内秩序 2.规范:不得酒后驾车,不得随意改道,遵守交通规则	1.对环境的要求:车内有风扇,冬天做好密封。遇到重大不良天气情况,不予行车 2.对员工的要求:始终保持高度认真状态,有应急的能力。开车时不能与顾客进行交谈 3.工作责权:开车,禁止危险品携带上车等 4.组织中位置:公交队的形象,直接提供服务的人

第二章　工作分析流程

【学习目标】

1. 掌握开展工作分析的必要性与可行性分析；
2. 掌握能够根据工作分析的目的确定信息收集的范围和内容；
3. 掌握工作分析的几种常用方法；
4. 掌握工作分析小组成员的构成；
5. 掌握工作信息收集、分析和标准化的操作方法；
6. 掌握职位说明书的内容和编写方法。

工作分析是通过采用特定方法获取工作相关信息的过程，这一过程包括三个阶段：准备阶段、实施阶段以及评价与应用阶段。准备阶段主要是针对工作分析项目开展应该在人力、物力、方法技术等方面做出的准备；实施阶段是信息的收集、分析、标准化以及编写职位说明书的过程；评价与应用阶段则是对工作分析过程进行评价，对工作分析所获得的信息质量进行鉴定，以及将所获得的有用信息应用于人力资源管理各个环节中。

第一节　准备阶段

在准备阶段要为整个工作分析工作的顺利开展进行思想上、资源上、行动上的准备，主要开展以下工作：开展工作分析的必要性与可能性分析、工作分析目的的确定、信息范围与内容的确定、信息收集方法的确定、工作分析人员的确定等。

一、开展工作分析的必要性与可行性分析

工作分析有两种类型：一是持续性的、常规性的、小范围的和小规模的工作分析；二是阶段性的、特殊性的、整体性的和大规模的工作分析。对于一个组织来讲，第一种工作分析是人力资源工作人员日常性的工作，其必要性是显而易见的，操作难度也相对不大；但是组织大规模的工作分析活动，则要充分考虑其必要性，开展的条件是否具备，时机是否成熟。

1.工作分析的必要性分析

工作分析的必要性分析就是要明确组织有没有必要,或者说需不需要开展工作分析,尤其是大规模整体性的工作分析。一般来讲,当组织出现以下征兆时,说明组织已经急需通过工作分析的有效开展来尽快解决存在的问题。

(1)组织战略空置,缺乏有效的职能和业务管理支持,战略目标定位难以和员工实际工作行动联系起来,急需解决"想到却做不到"的问题。

(2)组织管理体系和业务流程运行不畅,组织运行关键点无人负责和控制,人浮于事、职责不明,分工不明确,合作不到位,急需理顺各种工作关系。

(3)组织发生较大变革,引进了新理念、新模式、新流程和新技术,原有思想体系、文化体系、制度体系和行为体系被打破,急需构建新的组织体系。

(4)其他人力资源管理工作(如薪酬、招聘、培训、考核等)缺乏基本的信息基础,工作特征不清晰,任职资格不具体,工作价值不明确,急需通过工作分析获取相关工作与工作者的信息。

2.工作分析的可行性分析

尽管工作分析是组织管理,尤其是人力资源管理基础性的和保障性的工作,但同时工作分析又是非常复杂、繁琐和具有挑战性的工作。开展不仅仅需要具备各种条件,还需选择成熟的机会。因此,必须对此进行深入分析和准确定位,以免工作无效果,甚至中途被阻断,难以开展下去。主要包括以下几点:

(1)组织战略目标是否相对明确、清晰和稳定;

(2)组织业务模式和管理模式是否相对明确、清晰和稳定;

(3)组织结构和工作流程是否相对明确、清晰和稳定;

(4)工作职责是否相对明确、清晰和稳定;

(5)组织是否有充分地开展工作分析的人力资源支持,既包括思想上的,也包括技术上的。

二、确定工作分析的目的

在组织管理,尤其是人力资源管理中,需要解决的管理问题不同,所需要获取的关于工作和工作者的信息也不相同,因此需要明确工作分析的具体目的。从人力资源管理信息需求的角度看,工作分析的目的主要包括以下两个方面。

1.正确认识工作,科学设计工作,并编写工作说明书表达工作特征

在人力资源管理中,不论是招聘管理与培训管理,绩效管理与薪酬管理,还是其他人力资源管理模块,都需要明确工作的各项特征;这些工作特征方面的信息是人力资源管理各个环节顺利和有效开展的基础和保障。

正确认识工作就是对工作职责、工作内容、工作范围、工作边界和工作流程,进行准确把握和界定,并通过工作描述对各种工作进行如实表达,尤其是对特定的工作。对于常规性的和稳定性的工作而言,其职责、内容、范围、边界和流程是相对清晰的;而对于特定的工作而言,其特征则相对模糊。因此,对这些特定的工作,如何来准确定位和清晰描述,就需要进行有效的工作分析的开展来实现。

为了实现组织目标,就要将组织目标落实到具体工作单元上,这就需要对工作进行设计,包括对新工作的设计和对原有工作的再设计。新工作的设计需要通过工作分析,在既定的工作目标定位上,设计其工作职责、工作内容、工作范围、工作边界和工作流程;原有工作的再设计则需要通过工作分析,在新的工作目标定位上,改变原有在工作职责、工作内容、工作范围、工作边界和工作流程各个方面的界定,重新设定其相关特征。

尤其要明确各项工作的职责与职权是否对等,要明确各项工作之间工作关系是否清晰和明确,以杜绝在工作执行中出现争权和推诿责任的现象,以实现科学的分工与合作。

最终,通过工作分析、工作说明书的编写或者修订原有工作说明书来表达工作的相关特征,包括工作标识信息、工作职责、工作关系、工作权限和工作环境等。

2. 分析和确定工作者任职资格,并编写工作者说明书表达工作者特征

在人力资源管理中,不论是招聘管理与培训管理,绩效管理与薪酬管理,还是其他人力资源管理模块,都需要工作者的各项特征;这些工作者任职资格信息,是人力资源管理各个环节顺利和有效开展的基础和保障。

在招聘与选拔管理中,需要明确工作者必备的知识、技能、能力和经验要求,以确定招聘和选拔的方式和途径,选择合格的工作任职者;在培训和职业生涯管理中,需要明确工作者缺乏的知识、技能、能力和经验项目,以制订工作者的培训计划,提高培训的针对性和培训的效果。

三、确定信息收集的范围和内容

确定工作分析的目的就是要明确为什么开展工作分析,而确定了工作分析的目的就能确定收集什么样的信息,亦即收集信息的内容和范围。

1. 工作分析所需信息的主要类型

工作分析所需要的信息主要包括以下四个方面:

(1)工作活动方面,主要包括为什么要执行这项工作任务,什么时候执行这项工作任务,工作任务如何完成,与他人工作关系如何等。

(2)工作设施和材料方面,主要包括工作中使用的机器、设备、装备、工具、辅助设施、材料和能源等。

(3)工作条件方面,包括工作环境、工作劳动强度、工作背景、工作进度安排、工作报酬和工作权限等。

(4)工作任职者方面,包括与工作有关的任职者的身体特征、教育和培训背景、技能和能力、工作经验、工作态度和心理素质等。

2. 工作分析所需信息的内容

工作分析所需信息主要包括以下这些内容。

(1)工作基本标识信息,包括工作名称、工作所属部门等。

(2)工作的范围和主要内容,包括工作领域、工作边界和工作任务等。

(3)工作的具体职责,包括工作的业绩责任、财务责任、人事责任等。

(4)工作职责的绩效标准,包括定量绩效测量指标和定性绩效测量指标等。

(5)工作关系,包括与上级、下级、同级以及外部机构的关系。

(6)工作者所需知识与经验,包括一般知识与经验、专业知识与经验等。

(7)工作者所需技能、能力、心理品质以及专业技能培训或学徒(见习期)要求等。

(8)工作者执行工作时所需的身体姿态、作业环境。

(9)工作者执行工作中的工作压力和劳动强度等。

四、确定信息收集的方法

明确需要收集的信息后就可以选择采用何种方式方法来收集信息了。一般地,收集信息的方法包括一般性方法和系统性方法两种,前者是通用的社会调查方法,后者是专门针对工作分析开发和设计的方法。

1.一般性方法

一般性的信息收集方法主要有访谈法、问卷法、观察法、工作日志法、参与法、文献法、专家讨论法等。

(1)访谈法。访谈法是调查者和被调查者面对面地通过口头交流而获取相关信息的一种社会调查方法。按照研究问题的性质、目的或对象的不同,访谈法具有不同的形式。根据访谈进程的标准化程度,可将访谈法分为结构化访谈和非结构化访谈。前者的特点是按既定的标准程序进行,通常是采用问卷或调查表;后者没有定向标准化程序的自由交谈,通常采用简单的访谈提纲。根据访员掌握主导性的程度,可分为指导性访谈和非指导性访谈。根据受访人的多少,可分为个人访谈和团体访谈。根据访谈内容的作用方向,可分为导出访谈(即从受访人那里引导出情况或意见)、注入访谈(即访员把情况和意见告知受访人)以及既有导出又有注入的商讨访谈。

访谈法在工作分析中使用非常广泛,一般适用于以脑力劳动为主、心理活动较多的工作,如程序设计人员、管理人员、研发人员等。

在采用访谈法进行调查的时候要注意以下几个问题:

第一,访谈前需明确以下信息和准备相关材料:调查对象及差异程度、访谈目的、需要获取的信息清单、需要的材料和工具清单等。

第二,访谈前需要明确采用的访谈方法,包括:是采用个别员工访谈法、群体员工访谈法还是主管人员访谈法,是采用标准化访谈还是非标准化访谈等。

第三,在访谈中要把握访谈技巧的合理应用,包括积极的倾听与沟通技巧、谈话引导和答案追问技巧、访谈内容准确记录的技巧等。

一般的标准化访谈会编制标准化的访谈提纲,而非标准化的访谈则只编写简单的框架结构性提纲。

(2)问卷法。问卷法就是通过编写问卷,由被调查者独立填写问卷而获取工作相关信息的方法。问卷法在工作分析中也被普遍采用,一般是针对具有一定阅读能力和文字理解能力的工作者进行设计的。

在采用问卷法进行信息调查的时候需要注意以下几个问题:

第一,事先征得答卷人的直接上级同意,尽量获取直接上级的支持,并且为答卷人提供安静的场所和充裕的时间,注意不要和答卷人正在进行的工作产生冲突。

第二,向答卷人简单介绍工作分析的意义,说明填写问卷需注意事项,并鼓励答卷人真实、客观地填写问卷,不要对表中填写的任何内容产生顾虑。

第三,工作分析人员能够随时或尽快地解答答卷人填写问卷时提出的问题,但是要尽量避免引导或者暗示答卷人填写,确保其独立思考和真实填写。

第四,答卷人填写完问卷后,工作分析人员要认真地进行检查,查看是否有漏填、误填现象,至少要在问卷末尾处提醒答卷人注意检查是否有漏填、误填等现象,如果对问卷填写有疑问,工作分析人员应该立即向答卷人进行提问澄清。

经典工作分析调查问卷有职务分析问卷(Position Analysis Questionnaire,PAQ)、临界特质分析系统(Threshold Traits Analysis System,TTAS)、管理职位描述问卷(Management Position Description Questionnaire,MPDQ)等,在第三章、第四章将会详细介绍。

(3)观察法。观察法是由工作分析人员亲自观察被调查工作的执行过程而获取工作相关信息的方法。观察法在工作分析中也得到了普遍应用,一般适用于相对简单、重复性高、外显性强和容易观察的工作。观察法可按照操作的差异性分为直接观察法、阶段观察法、工作表演法等三种方法。

采用观察法进行信息调查时需要注意以下几个问题:

第一,选取合适的观察法,包括直接观察法、阶段观察法、工作表演法等。

第二,观察者尽量不影响工作者正常的工作,同时要避免由于被观察而使得工作者改变原有的工作过程和方法。

第三,在进行观察时,要做好观察记录,并及时与引导人员沟通,以确保自己的理解真实地反映了工作过程。

(4)工作日志法。工作日志法是由工作者按要求填写工作日志,从而获得工作相关信息的方法。工作日志法一般适用于管理工作或随意性大、内容复杂的其他工作。

在实际操作中需要注意以下几个问题:

第一,工作分析人员要提前编写工作日志填写指南,并给被填写者做充分的培训,确保工作人员能真实再现其工作过程。

第二,工作日志的填写一般包括工作内容和工作持续时间,填写持续时间一般为 15 天或 30 天,以确保全面掌握工作者的工作。

第三,工作日志填写好后,工作分析人员要进行汇总统计,以明确整个工作周期中工作者的工作内容和工作时间占用等信息。

另外,工作分析方法还有参与法、文献法、专家讨论法。参与法是调查者亲自参加被调查者的工作过程,从而获取相关信息的方法,主要适用于专业性不是很强、相对比较独特的工作;文献法是通过查阅相关文献资料来获取工作相关信息的方法,主要适用于常见、正规和有历史的工作;专家讨论法是通过工作专家的讨论来明确工作的相关信息的方法,主要适用于工作职责还未明确的工作。

2. 系统性方法

专用的工作分析方法包括基于工作任务分析的职能工作分析(FJA)、任务清单法(TIA)和关键事件法(CIT),基于工作者任职资格分析的职务分析问卷法(PAQ)、工作要素法(JEM)、管理人员职务描述问卷(MPDQ)和临界特质分析系统(TTAS),以及基于工作流程分析的鱼刺图分析技术(Fishbone Diagram Techniques)、路径分析技术(Path Analysis

Techniques)、网络分析技术（Network Analysis Techniques）、程序优化技术（Program Optimization Techniques）和线性规划分析技术（Linear Programming Techniques）等。这些方法可划分为静态的分析方法和动态的分析方法。

静态工作分析系统包括工作导向性的分析系统和工作者导向性的工作分析系统。

工作（任务）导向性的工作分析系统主要是对工作要实现什么工作目标，要履行什么工作行为，要获得什么工作结果，即工作任务、工作职责等方面的分析。比较成熟的方法主要有职能工作分析法（FJA）、任务清单法（TIA）和关键事件法（CIT）等。职能工作分析主要是从如何界定和表述"任务"，如何确定任务目标，如何从事物职能、数据职能和人员职能三个方面进行等级的确定，如何确定任务绩效标准，以及如何确定任职者在通用技能、特定技能和适应性技能三个方面需要接受什么培训。任务清单法主要是通过构建任务清单、利用任务清单获取目标职位相关信息和利用计算机程序对信息进行量化处理等的操作实现对工作的分析。关键事件法是通过编写影响工作者工作绩效的"关键事件"，通过确定对关键事件评价的维度，来明确工作者什么样的工作方式、行为和什么样的工作绩效相联系。关于工作（任务）导向性的工作分析系统将会在第三章详细介绍。

工作者（人员）导向性的工作分析系统主要是对工作者实现工作目标、完成工作任务所需要什么样的任职资格的分析，包括知识、技能、能力、心理素质、工作经验等。比较成熟的方法主要有职务分析问卷法（PAQ）、工作要素法（JEM）、管理人员职务描述问卷（MPDQ）和临界特质分析系统（TTAS）。职务分析问卷法属于问卷法，是通过标准化的分析问卷获取工作的相关信息，并按照系统的数据分析程序获得相应的分析报告，包括工作维度得分统计分析报告、能力测试预测数据报告和职位评价点值报告。工作要素法是通过对选出的各项任职资格要素，进行 BSTP 四个指标的评价和统计分析，从而来确定哪些要素可以作为工作分析维度，哪些可以作为子维度，哪些是最低要求要素，哪些是选拔性最低要求要素，哪些是培训要素等。管理人员职务描述问卷也是问卷法，主要是针对管理性职位和人员，从 15 个方面分析工作者需要哪些工作行为和任职资格，最终获得管理职位描述报告、个体职位价值报告、个体职位任职资格报告、管理工作描述报告、团体工作价值报告、团体工作任职资格报告、团体比较报告、职位绩效评价报告等 8 个报告。关于工作者（人员）导向性的工作分析系统将会在第五章详细介绍。

动态工作分析系统就是流程导向性的工作分析系统。

流程导向性的工作分析系统主要是对工作者开展工作时需要按照什么样的过程执行，工艺流程和操作节点是什么，工作过程中各岗位的分工与协作是怎么样的，以及工作过程有没有不合理、不经济等问题的分析。比较成熟的方法主要有鱼刺图分析技术（Fishbone Diagram Techniques）、路径分析技术（Path Analysis Techniques）、网络分析技术（Network Analysis Techniques）、程序优化技术（Program Optimization Techniques）和线性规划分析技术（Linear Programming Techniques）等。鱼刺图分析技术是通过鱼刺图的绘制，来发现现有工作方法存在的问题、理清各影响因素的关系、找到问题产生的原因以及提出如果改进的措施的方法。网络分析技术是通过网络图的绘制，来确定关键线路、计算网络时间、进行网络图优化和进度控制的方法。程序优化技术是通过流向图的绘制，来检查各项工作任务安排是否最优、寻找最佳操作方法和最节约时间任务安排的方法。线性规划技术是通过对已知条件和限制性条件的逻辑关系进行梳理,来构建线性规划数学模型、运算求解和运用修正的数学方法。另外,流程分析技术还包括问题回答分析技术、有效工时利用率分析技术等。关于工作流程导向性的工作分析系统将会在第五章详细介绍。

在选取工作分析系统时,要根据具体的工作分析目的,同时也要考虑以下几个方面的影响。

一是工作的结构性。如果工作结构性高,职责范围和边界清晰,可考虑选用工作任务导向的分析方法;反之,如果工作结构性差,职责范围和边界模糊,可考虑选用人员导向的分析方法。如果是传统产业,以生产、加工制造为主的企业,可考虑选用工作任务导向的分析方法;反之,如果是新兴产业,以脑力劳动或者服务为主的企业,可考虑选用人员导向的分析方法。

二是工作的过程和结果一致性程度。如果工作过程和结果高度一致,工作的开展和结果的获得受工作者影响很小,可考虑选用工作任务导向的分析方法;反之,如果工作过程和结果需要更多的个性化发挥,工作的开展和结果的获得受工作者影响很大,可考虑选用人员导向的分析方法。

另外,在选用工作分析方法时,还要考虑组织文化、组织制度、组织中人员工作主动性、工作开展独立性与合作性以及工作创新需求等因素的影响。

五、确定工作分析的人员构成

组织的工作分析项目一般要由工作分析小组来对整个工作分析过程和结果负责。工作分析小组一般由组织高层领导、主管人员、任职者和工作分析专家构成。

工作分析小组要由组织高层领导担任组长,其主要的作用有三个:第一,作为组织的高层领导,通过对组织全员的充分动员,不仅使得全体员工能认识到工作分析的重要性,还使得他们能够从行动上支持工作分析项目的顺利开展,亦即人员保障;第二,作为组织的高层领导,要对工作分析项目给予政策上的大力保障,主要是确保组织正常工作的开展和工作分析项目开展能够高度协调,亦即政策保障;第三,作为组织高层领导,还要对工作分析项目给予资源上的大力支持,主要是确保工作分析项目进行中各种物质资源的及时配备,亦即物质保障。

1. 工作分析专家

领导高层要给予人员、政策和物质保障,而工作分析专家则是要给予技术保障。工作分析专家就是在工作分析领域具有专长和权威,能够从技术和经验上保障复杂的工作分析过程的顺利进行和高质量的工作分析结果最终获得。工作分析专家一般包括外部咨询专家和组织人力资源部门工作人员。

外部咨询专家相对来讲具有客观和公正的工作态度,具备专业和成熟的分析技术,能够高效和规范地开展工作,以及及时获得高质量的工作结果;但也会使得组织工作分析项目开展所应支付的顾问费用较为昂贵。

组织的工作分析是否聘用外部咨询专家可以从以下几个方面进行考虑。

第一,若工作分析只是一时之需,那么聘用外部专家可能要比使用内部资源开发工作分析能力更经济,企业往往会低估使用内部资源进行工作分析的成本。

第二，利用组织中不在行的工作分析人员，项目进展较慢、工作质量较差、出现错误较多；相对而言，内部工作人员进行的工作分析与外部专家相比，信度较低。

第三，基于法律考虑，外部专家的工作分析，更具合法性和技术标准化，可避免在招聘和甄选中的法律问题。

2.主管人员

主管人员一般包括各部门主管和目标工作任职者的上级主管。

部门主管通过给予政策、人员和物质上的支持，确保分析项目在本部门顺利开展；同时，通过对工作相关信息的把关，也是工作分析质量保证的重要支持者。

工作任职者的上级主管对目标工作的相关情况进行深入了解，既能确保收集信息的速度较快，也能确保工作信息的质量；但是工作分析项目会占用他们和属下大量时间，所以必须通过动员和深入沟通避免其产生抵触情绪，以提高其支持与配合的积极性。

3.任职者

目标工作的任职者由于是工作开展的主体，对工作内容和过程最为熟悉，因此通过和他们的接触收集信息的速度最快；但是由于任职者更多只是从本职工作出发考虑问题，会存在对职责的理解可能不完整，所收集到的信息的标准化程度较差等问题；同时，由于任职者对工作分析项目的认识问题、工作分析会花费他们大量时间而影响其正常工作，因此也必须通过动员和深入沟通避免其产生抵触情绪，提高其支持与配合的积极性。

最终在准备阶段要对工作分析项目的开展进行周密计划，制订工作分析项目开展计划书。如上所述，计划书中要表明工作分析项目开展的时间进度安排、人员构成安排，要说明需要使用的方法技术以及开发的责任人员，还要说明需要组织准备的设施设备与场地等。

第二节　实施阶段

在准备阶段，从思想上、行动上和资源上进行了充分准备，紧接着就可以开展工作分析了，亦即工作分析的实施阶段。在实施阶段，主要开展以下活动：收集工作信息、分析工作信息、对工作信息进行标准化处理和编写职位说明书。本节将就这些内容进行介绍。

一、工作信息的收集

工作信息收集阶段的主要工作有：召开动员大会、工作分析小组参与人员培训、信息收集与分析技术的开发与应用等活动。

1.动员大会的召开与小组成员的培训

在进行工作分析之前就要召开由组织高层领导主持的全员动员大会，提高全员对工作分析项目开展意义的认识、激发全员参与工作分析的积极性。由于部门主管人员对工作分析活动的开展有着很大的影响，有时候还需要专门针对部门主管级以上的管理人员召开动员大会，使得他们能够认识到工作分析项目开展对于组织管理的价值和作用，同时也要求他们对工作分析项目开展表达支持的态度。

工作分析小组其他成员的培训是重要的一环。通过对工作分析小组其他参与人员的培训,不仅再次让他们认识到工作分析的意义和价值,也让他们认识到他们在整个工作分析开展中的重要地位,还让他们了解和掌握在工作分析开展过程中需要完成哪些工作,需要如何去配合与协调。针对工作分析小组其他成员的培训,可能需要根据具体情况开展几次,直到达到以上目的。

2.信息收集技术的开发与应用

收集工作相关信息主要是通过各种信息收集方法的开发与应用来完成的,因此在收集信息前就需要将各种拟使用方法技术的资料和工具准备好。一般来讲,各种方法的使用没有前后顺序之分,不过在收集信息的不同阶段,方法使用会有所差异。

进行工作分析时,首先使用的是文献法。文献法主要是通过文献的检索、浏览和阅读来获得相关工作信息的。通过文献法可以了解目标工作的各种信息,包括职位在组织结构中的位置、组织中关于职位定位的文字材料、业内对此类职位的相关表述信息等。可查阅的文献主要来源于三个方面:国家行政主管部门公布的和职位相关的信息、业内非官方的和职位相关的信息以及组织内和职位相关的信息。国家和地方劳动与人事主管部门会定期公布相关的职位信息,例如《中国职业分类辞典》中对很多成熟的职位进行了界定和描述,通过查阅就可以获得目标职位的很多信息。但是,目前现有文献中能查阅到的职位信息,更多的是相对比较成熟和稳定的工作职位或工种。除了在工作分析开始的时候查阅文献外,在工作分析进行中也会经常通过文献的查阅来获得相关信息。

在使用文献法获得了目标职位的相关信息之后,就可以通过问卷法来获得更为具体的、组织化的信息。问卷法主要是通过被调查者的填答调查问卷来获得相关信息的方法。问卷法所采用的问卷有两种来源:一是现已开发的比较成熟的问卷;二是自己编写的问卷。目前比较成熟的问卷有管理人员职务描述问卷(MPDQ)、任务清单法(TIA)和职位分析问卷法(PAQ)等。

管理人员职务描述问卷(MPDQ),是专门针对管理岗位或者说管理人员而设计的工作分析系统。MPDQ是一种结构化、可量化分析的问卷,最早产生于1974年,到1984年形成最终版本。通过MPDQ问卷的回答,可以提供管理职位的多种信息,诸如工作行为、工作联系、工作范围、决策过程、素质要求以及上下级之间的汇报关系等。MPDQ问卷包括15个部分,总共设计了274道题目,其中属于工作行为的题目有215道,具体见表2-1。

表 2-1　MPDQ 问卷结构

MPDQ 问卷内容	解　释	题目数量	
		工作行为	其他
1. General Information	任职者、职责、下属数量、财政预算等	0	16
2. Decision Making	决策背景和决策活动	22	5
3. Planning and Organizing	计划制订和组织实施	27	0
4. Administering	文件处理和公文管理	21	0
5. Controlling	跟踪、控制和分析项目运作、财务、生产等	17	0
6. Supervising	监督、指导下属	24	0

续　表

MPDQ 问卷内容	解　释	题目数量	
		工作行为	其他
7. Consulting and Innovating	技术性专家的行为	20	0
8. Contacting	联系对象和目的,有内部和外部联系矩阵	16	0
9. Coordinating	内部合作行为	18	0
10. Representing	比如在谈判活动中的行为	21	0
11. Monitoring Business Indicators	监控财务、市场指标等	19	0
12. Overall Ratings	上述 10 种职能的重要性	10	0
13. Knowledge、Skill and Abilities	31 种素质的评定、培训	0	31
14. Organization Chart	下属、同级、上级	0	0
15. Comment and Reactions	对问卷看法的反馈	0	7
总计		215	59

　　任务清单法(TIA)是由美国空军(USAF)人力资源研究室开发的,TIA 的研究始于 20 世纪 50 年代,经历了 20 多年的时间逐渐趋于成熟,实质上是一种高度结构化的调查问卷,包括"背景信息"和"任务清单"。背景信息包括"传记性问题"和"清单性问题"。传记性问题是用于对调查对象进行分类的信息,如姓名、性别、职位序列号、职位名称、任职部门、受教育水平、职业通道等。清单性问题用于了解工作背景的信息,如使用的工具、设备、需要培训的课程、工作态度要求等。背景信息包括填答项目和选填项目。任务清单是按照一定标准排列的一系列任务单元,实质是一个高度结构化的调查问卷,包括任务描述和任务评价。任务描述包括"任务行动"和"任务目标"。任务评价的维度有:相对时间花费、执行的频率、重要性程度、困难程度。任务评价的尺度可以是 5 级、7 级和 9 级等。

　　职位分析问卷法(PAQ)是 1972 年由普渡大学教授麦考密克(E. J. McComick)开发出的一项基于计算机的、以人为基础的、结构化的系统性职位分析方法。最初设计理念是开发一种一般性、可量化的方法,用以准确确定工作的任职资格,以代替传统上的测试程序;开发一种量化的方法,用来估计每个工作的价值,进而为制定薪酬提供依据,以补充传统的、以主观判断为主的工作评价方法。此后,在 PAQ 运用中,研究者发现 PAQ 提供的数据同样可以作为其他人力资源功能板块的信息基础,例如工作分类、人职匹配、工作设计、职业生涯规划、培训、绩效测评以及职业咨询等。这些运用范围的扩展,表明 PAQ 可以运用于建设企业职位信息库,以整合基于战略的人力资源信息系统,事实上,在国外 PAQ 的这种战略用途已经得以证明,取得很好的效果。PAQ 是通过标准化、结构化的问卷形式来收集工作信息的。这些信息包含在工作中的"人的行为",例如感觉、知觉、智力、体力、人际活动等;样式 A 包括 187 个问题(工作要素),样式 B 包括 194 个问题(工作要素)。对每一工作元素进行衡量的 6 个标准,每一标准都由 6 个刻度(级别)来测量。

　　通过问卷法能够获得更为深入翔实的工作信息,但对信息的确认和补充则需要通过访谈法来实现。访谈法就是通过与任职者及其直接上级面对面的沟通来获得信息的方法。一般来讲,访谈法使用的目的有两个:一是对已获得信息的确认;二是获得更多的信息。对于前者而言,一般是将已获得信息进行整理后由任职者及其上级主管人员进行核实确认,以发现存在偏差和不正确的信息;对于后者来讲,则要通过编写访谈提纲来引导访谈的过程。根据访谈的标准化程度,可以将访谈分为结构化访谈和非结构化访谈,前者是指针对各个目标职位的任职者及其上级主管人员,访谈的提纲、方式都是同一性的;后者是指对各个目标职位的任职者及其上级主管人员的访谈是个性化的,非同一性的。表 2-2 是结构化访谈表,表 2-3 是非结构化访谈表。

表 2-2　工作分析访谈表——较高结构化和标准化

职位名称:

主管部门:

所属部门:

工作地点:

直接主管:

间接主管:

访谈人:

日期:

1. 职位设置的目的和对该职位功能的简要描述:

2. 工作职责:

　按顺序举例说明本职位的工作责任及其重要性,或按工作发生的频率高低来列出该职位所承担的工作任务。

例常性的工作	时间消耗与任务的相对重要程度 1、2、3、4、5 (1 为最少/最不重要,5 为最多/最重要)
偶然性的工作	时间消耗与任务的相对重要程度 1、2、3、4、5 (1 为最少/最不重要,5 为最多/最重要)

续　表

3.权限与相互关系：

权限：在本职工作中的关键工作上，工作者的权限是什么？

关键工作	权限（承办、审核、核准、复核、审批等）

相互关系：本职位有哪些内外部关系？

关键工作	相互关系（协作、通知、上报等）

4.教育和知识要求：

对于本职位的具体工作而言，所需要的一些教育与知识既可以从学校获得，也可以通过自学、在职培训或从以往的工作经验中获得。请确定下列教育或知识中哪些是必要的，或者指出胜任该工作所需要的教育要求是什么。

教育和知识要求	若是必需项目，请标示"√"
任职者能够读写并理解基本的口头或书面指令	
任职者能够理解并执行工作程序以及理解上下级的隶属关系，并能够进行简单的数学运算和办公室设备的操作	
任职者能够理解并完成交给的任务，具备每分钟至少输入 50 个汉字的能力	
具备相近专业领域的一般知识	
具备商业管理与财政等方面的基础知识与技能	
具备商业管理与财政等方面的高级知识与技能	

其他方面的具体要求：

5.经验要求：

本职位要求任职者具备哪些经验？请确定下列哪些经验是必要的，或者指出胜任该工作所需要的经验要求是什么。

等级	水　平
1	只需要短期的简单培训或实习即可

2	只需要 1 个月的工作实习或在职培训即可
3	只需要 1～3 个月的工作实习或在职培训即可
4	只需要 4～6 个月的工作实习或在职培训即可
5	只需要 7～12 个月的工作实习或在职培训即可
6	只需要 1～3 年的工作实习或在职培训即可
7	只需要 3～5 年的工作实习或在职培训即可
8	只需要 5～8 年的工作实习或在职培训即可
9	需要 8 年以上的工作实习或在职培训才可以胜任工作

6. 能力与技能要求：

请大致叙述顺利完成该职位工作所需要的关键能力或技能是什么。

能力或技能	掌握程度

7. 体力活动：

请简单叙述该职位对从业人员体力上的主要要求。

8. 环境条件：

请简单叙述表示从业人员主要的客观环境条件。

9. 工具与设备：

工具设备名称	使用程度		
	一直使用	经常使用	偶尔使用

10. 附加说明：

对本职位还有哪些需要补充说明的？

表 2-3　工作分析访谈表——较低结构化和标准化程度

访谈人：

访谈时间：

被访谈人：

职位：

在本公司任职时间：

在本职位任职时间：

工作地点：

联系电话：

工作输入：	工作行为：	工作输出：
所需资源：	技能和能力要求：	补充说明：

如果想要明确每一职位的各项工作任务所占时间的比重，则需要通过工作日志法的采用来获得。工作日志法就是通过任职者填写工作日志来获得工作项目及每一项目持续时间等相关信息的方法。

工作日志法首先需要对任职者进行工作日志填写培训，或者发放填写指南；然后由任职者在工作过程中根据实际情况填写日志。一般的工作日志的填写可以持续 15～30 天。表 2-4 列举了某公司工作日志填写指南。

表 2-4　某公司工作日志填写指南

各部门组织员工填写 15 个正常工作日的工作日志，即时记录员工的工作任务，提取相关工作信息。工作日志表的具体格式参见附表一，填写说明如下：

1. 工作日志表摆放在工作台上，每做完一件事情立即填写；

2. 各主管领导进行巡查，监督工作日志填写的完成情况；

3. 每日填写后由主管领导检查、签字，当日工作日志填写不合格的，需增加填写天数，直至完成 10 个工作日的合格工作日志；

4. 在填写期间，如果员工加班的(非工作日)，仍需要填写日志，视同工作日；

5. 在填写期间，如果员工请假造成不能填写工作日志的，需补填工作日志，直至完成 15 个工作日的合格工作日志；

6. 将填好的工作日志汇总，给人力资源部门审查、保管；

7. 根据工作日志填写中的问题，对填写不正确的给予指导，对填写不认真的要批评教育；

8. 每日工作日志填写的起、终时间以实际工作时间和下班时间为准，中间休息时间要分开；

9. 工作性质分为"例行"和"偶然"两种类型，本工作职责范围内重复发生的称为"例行"，属于本工作职责范围但极少发生的称为"偶然"；

10. 时间消耗：按每项活动单独计算；

11. 重要程度：根据在本职工作内对本人工作业绩影响的相对重要程度来判断；

12. 备注栏：对某一工作活动进行特殊说明，如填写："应属他人职责，但由于他人不在而替做的工作活动"；

13. 在工作日志的填写过程中，相同的工作任务应使用同一种表达方式进行描述。

进行工作日志填写培训或者发放填写日志指南后,就可以由任职者进行工作日志的填写。表 2-5 列举了某职位任职者填写的工作日志。

表 2-5 助理主任工作日志(节选)

2008 年 4 月 2 日
上午:8 时 10 分至 11 时 30 分
下午:12 时 30 分至 16 时 45 分
部门:集团办公室
职位:助理主任
姓名:汪小玲

序号	工作活动名称	工作性质 (例行/偶然)	时间消耗 (分钟)	重要程度 (一般/重要/非常重要)
1	给本部门人员分配临时任务	偶然	5	一般
2	会同集团人力资源部向集团各部门负责人征求关于 4 月份的生日方案	偶然	40	一般
3	到集团领导办公室检查办公设备是否正常	偶然	5	重要
4	收集集团领导审签文件交办秘书转达相关部门	例行	10	非常重要
5	与出版社张某签订集团认刊《××市道路交通图》合同	偶然	30	重要
6	通知相关部门到集团办取文件	例行	2	非常重要
7	审核车队司机支出证明单	例行	5	一般
8	新入职外勤秘书面试并签署"入职表"意见	例行	10	重要
9	阅投诉信转入人力资源部张经理	例行	5	重要
10	……	……	……	……

按照工作日志填写时间要求,任职者填写 15～30 天的工作日志后,将所有工作日志收集并进行汇总和统计,即可得到工作项目和持续时间的相关工作信息。表 2-6 列举了某公司助理主任工作日志汇总统计结果。

表 2-6　助理主任工作日志汇总

部门:集团办公室

职务:助理主任

姓名:汪小玲

自 2008 年 4 月 2 日至 4 月 16 日

序号	工作任务名称	时间消耗(分钟)	时间累计
1	给本部门人员分配临时工作任务	3＋1＋5＋3＋3＋2＋3＋5＋5＋10＋2＋2＋2＋5＋5＋4	60
2	会同集团人力资源部向集团各部门负责人征求关于 4 月份的生日方案	40	40
3	到集团领导办公室检查办公设备是否正常	5＋5＋5＋5＋5＋5＋5＋5＋5＋5＋5＋5	60
4	收集集团领导审签文件交办秘书转达相关部门	10＋8＋5＋10＋5＋10＋5＋8	61
5	与出版社张某签订集团认刊《东莞市道路交通图》合同	30	30
6	通知相关部门到集团办取文件	2＋3	5
7	审核车队司机支出证明单	5＋10	15
8	新入职外勤秘书面试并签署"入职表"意见	10	10
9	阅投诉信并转人力资源部张经理	5	5
10	审签本部门领料单	3	3
11	审核车队司机调休单	2＋2	4
12	审核总部宿舍用电情况统计表	10	10
13	请电脑工程师检查电脑排除故障	5	5
14	……	……	……

　　另外,针对特定工作还需要采用观察法、专家讨论法来获得相关信息。观察法主要是针对以外显性体力劳动为主的工作,通过观察可以获得关于工作过程、作业姿态、作业环境、所使用的工具、装备和机器等信息。专家讨论法主要针对新出现的、没有历史记载的工作,通过工作专家的讨论来确定其工作职责、工作流程和工作任职资格要求等信息。

　　通过文献法、问卷法、访谈法、工作日志法以及其他方法等各种信息收集方法的综合应用,就可以获得较为全面、深入和翔实的工作相关信息。

　　二、工作信息的分析和标准化

　　对工作信息的分析就是利用各种收集信息的方法将收集到的信息进行统计、分析、研究和归类的一个过程。工作信息的标准化就是对工作信息进行标准化处理,包括规范化、结构化和具体化等。

1.工作信息的分析

对工作信息进行分析是为了获得各种规范化的信息,如重点工作项目、任职资格要求等,并最终形成格式统一的职位说明书。在信息分析阶段除了利用所收集到的第一手资料外,还可以参照企业以前的工作分析资料和同行业相同职位的相关工作分析资料,以及国家劳动和人事部门公开发布的相关信息,以提高信息的可靠性。

在对工作信息进行分析之前,还需要将收集到的信息送交主管人员或领导进行审查确认,通过主管人员的审查避免出现较大的偏差。

工作信息的分析不仅仅就某一职位而言,而是要总体考虑各部门所有职位。通过对所有职位工作流程和工作逻辑顺序的梳理,更确保了部门工作的合理安排和有序进行。

针对某一职位而言,则要确定其重点工作项目和与之对应的任职资格要求。

重点项目的确定可以选择一些维度,如时间消耗、工作价值、工作影响等,在表 2-7 的例子中列举了确定重点工作项目的两个维度,分别为"重要程度"和"时间消耗"。在确定了评价维度后,要对评价维度进行等级划分或者分值确定,在表 2-7 中对"重要程度"和"时间消耗"都给予了 5 级划分,或者说 5 分制划分。最后根据对每一工作项目的分析研究,最终确定重点项目。详见表 2-7 某职位重点工作项目评定表。

表 2-7　某职位重点工作项目评定

工作项目		重要程度				
		5	4	3	2	1
时间消耗	5	项目 001				
	4				项目 003	
	3			项目 005		
	2	项目 004				项目 002
	1					

如表 2-7 所示,在所列的 5 个工作项目中,从重要性程度来看,项目 001 和 004 重要程度为 5 级;从时间消耗来看,项目 001 为 5 级;因此可以断定项目 001 即为重点工作项目。而项目 002 总得分为 3 分,项目 003 得分为 6 分,项目 004 为 7 分,项目 005 为 6 分。所以位于第二重点工作的为项目 004,项目 003 和 005 并列第三。

在确定了重点项目后,就可以针对重点工作项目来确定职位的任职资格,包括知识要求、技能要求、能力要求、经验要求等。在表 2-8 的例子中,重点工作项目任职资格要求包括 4 项内容,分别为"学历要求"、"专业要求"、"工作经验要求"和"能力水平要求",并列出了 5 个工作项目。在实际工作分析操作中要根据工作本身的特点选择需要确定的任职资格。

表 2-8　重点工作项目任职资格评定

重点工作项目	学历要求	专业要求	工作经验要求	能力水平要求
项目 001	专科			
项目 002	本科			
项目 003	本科			
项目 004	专科			
项目 005	专科			
最终任职资格要求	本科			

从表 2-8 可知,对于项目 001、004 和 005 来讲,需要的学历要求都是"专科",而项目 002 和 003 则要求"本科"学历,因此该职位的学历要求最低为"本科"。

在工作信息的分析中,除了对工作职责任务的分析外,还要对工作描述、工作规范和工作流程中所需要的其他内容的分析。例如,工作权限的分析就是一个很重要的内容。表 2-9 介绍了人力资源部工作任务及权限分析结果。

表 2-9　人力资源部工作任务及权限分配(节选)

项　目	职　责	权　限				
		职员	主管	经理	总监	总经理
01.组织管理	1. 根据公司长期战略,设计组织结构		议案	承办	审核	核决
	2. 划分部门职责		议案	承办	审核	核决
	3. 工作设计与人员编制		议案	承办	审核	核决
	4. 拟定组织规程		议案	承办	审核	核决
	5. 组织规程的公告通知		承办			
	6. 组织规程的解释说明	议案	承办	承办		
	7. 监察组织规程实施情况		承办	承办		承办
	8. 调整与修订组织规程		议案	承办	审核	核决
02.人事制度	9. 根据国家政策,拟定人事制度及规章	承办	审核	审核	审核	核决
	10. 人事制度的解释说明		承办	承办		
	11. 监督各部门人事制度的实施情况		承办	承办		
	12. 调整与修订人事制度	承办	审核	审核	审核	核决
03.工作分析评价	13. 进行工作分析与工作评价	议案	承办	审核	核决	
	14. 编制职位说明书	议案	承办	审核	审核	核决
	15. 负责职务说明书的解释说明		承办	承办		
	16. 调整与修订职务说明书	议案	承办	审核	审核	核决

续 表

项 目	职 责	权 限				
		职员	主管	经理	总监	总经理
04.人力资源规划	17. 预测公司中长期与年度人力资源需求		议案	承办	核决	
	18. 统计分析公司现有人力资源的情况	议案	承办			
	19. 预测组织内部人员流动及异动情况	议案	承办			
	20. 预测人力资源净需求		承办			
	21. 制订公司人力资源规划		议案	承办	审核	核决
05.招募选拔	22. 汇总各部门人才需求信息	承办	核决			
	23. 制订公司招聘录用计划	承办	审核	审核	核决	
	24. 编制招聘工作的费用预算		承办	审核	审核	核决
	25. 招聘准备	承办	核决			
	26. 组织招聘工作	承办				
	27. 组织新进员工的身体检查	承办				
	28. 办理新进员工聘用手续	承办				
	29. 新进员工的试用管理		承办			
	30. 建立、维护并分析求职人才信息库	承办				
	31. 临时人员的选拔录用		承办			
	32. 与外部人才机构保持长期联系	承办	承办	承办		
	33. 员工招聘资料的整理归档	承办				
06.培训与开发	34. 汇总各部门培训需求信息	议案	承办	核决		
	35. 研究制订公司整体的培训开发计划	议案	承办	审核	核决	
	36. 编制公司培训经费的预算		承办	审核	审核	核决
	37. 开发培训课程,拟定培训科目	承办	审核	核决		
	38. 准备培训所需资料与教材	承办				
	39. 备课	承办				
	40. 安排培训相关事宜	承办				
	41. 实施员工培训计划	承办				
	42. 培训器材的维护与管理	承办				
	43. 联系、接待外部培训、咨询机构人员		承办	承办		
	44. 跟踪调查外来培训师授课效果	议案	承办	审核		
	45. 搜集、整理培训工作的反馈意见	承办	承办			
	46. 撰写培训工作的总结报告	承办	审核	核决		

续　表

项目	职责	职员	主管	经理	总监	总经理
06.培训与开发	47. 普通员工外培、进修申请的汇总与复核	承办	审核	核决		
	48. 主管以上人员外培、进修申请的汇总与复核			承办	审核	核决
	49. 监察各部门在职培训情况		承办			
	50. 提炼并宣传公司的企业文化	议案	议案	承办	审核	核决
	51. 监察各部门员工个人职业生涯设计工作	议案	承办	审核	核决	
	52. 员工培训档案材料归档	承办				
07.奖惩考绩	53. 拟订绩效考核计划	议案	承办	审核	核决	
	54. 为直线经理提供相应的咨询、指导	承办	承办	承办		
	55. 监察各部门绩效考核的实施		承办	承办		
	56. 监察各部门绩效改进计划的实施		承办	承办		
	57. 汇总各部门考核结果	承办				
	58. 整理有关考核的反馈信息	承办				
	59. 汇总各部门奖惩人员名单	承办	审核	核决		
	60. 组织受奖励人员的表彰事宜	承办				
	61. 办理员工奖惩手续	承办	审核	核决		
	62. 奖惩事件的登记与统计分析	承办				
	63. 绩效管理工作的总结汇报	承办	审核	核决		
	64. 绩效管理、奖惩资料的归档	承办				
08.薪资管理	65. 薪资调查		承办	核决		
	66. 新进员工的薪资定级	承办	审核	审核	核决	
	67. 根据绩效考核与异动结果,调整员工薪资	承办	审核	审核	核决	
	68. 计算企业员工薪资、福利和社会保险费	承办	核决			
	69. 编制并核定薪资与福利报表	承办	审核	核决		
	70. 缴纳社会保险费	承办	审核	核决		
	71. 人工成本分析		承办	核决		
	72. 编写薪资管理工作的总结报告	承办	审核	核决		
	73. 拟订薪资管理体系调整方案	承办	审核	审核	审核	核决
	74. 监督薪资管理体系调整方案的实施	议案	承办	审核	核决	

项　目	职　责	权　限				
		职员	主管	经理	总监	总经理
09.员工异动管理	75. 汇总、复核公司各部门员工的异动申请	承办	核决			
	76. 与异动当事人进行异动面谈		承办	承办		
	77. 办理人员异动的相关手续	承办	核决			
	78. 员工异动的登记	承办	核决			
	79. 监督工作交接办法的实施	承办				
	80. 员工离职移交清册的审核、提报、保管	承办				
	81. 调查分析公司员工流动情况及原因	承办				
10.劳动关系	82. 劳动合同条款的解释说明	承办	承办			
	83. 劳动合同的管理	承办				
	84. 与工会协调沟通	承办	承办			
	85. 员工满意度调查	承办	审核	核决		
	86. 劳动争议的调查与处理	承办	审核	审核	核决	
	87. 员工合理化建议的搜集整理、反馈、奖励	承办	审核	核决		
	88. 联系并定期组织员工的身体检查	承办	核决			
	89. 编制员工健康情形调查分析及统计报告	承办	审核	核决		
	90. 与法律和劳动人事部门建立和谐关系	承办	承办	承办		
11.人事资料档案管理	91. 人事资料与报表的归档与日常管理	承办				
	92. 对人事资料进行统计分析	承办				
	93. 重要协议及敏感性文件的妥善保管和控制		承办			
	94. 建立并管理员工人事档案	承办				
	95. 办理人事档案的查询事宜	承办				
	96. 办理员工移动过程中的人事档案转交	承办	审核	核决		
	97. 负责废弃人事档案的销毁	承办	审核	核决		

　　2. 工作信息的标准化

　　工作信息的标准化就是将工作信息按照人力资源管理各个环节信息使用的要求进行标准化处理。通过标准化,工作信息就可以作为人力资源管理其他模块工作开展的现成有用的信息。例如,在进行职位评价时,在确定了评价职位的各个维度后,还需要确定该工作在某一维度上处于哪一级别,而这些信息就需要通过对原始信息的标准化处理而获得。

　　工作信息的标准化首先是要明确界定工作信息的各项内容,包括所涉及的名词、概念和要素等。例如,"工作强度"可以定义为"工作的繁重、紧张和密集程度";"设备责任"可以定义为"工作中使用的设备、仪器对工作任务完成的影响程度,以及任职者对其维护和保养的责任"。一般地,这些定义要采用学术界和行业内所共同认可和接受的定义。

在明确定义各种概念之后,还要对其进行等级划分,亦即根据该指标标志值的不同程度划分为不同的等级。例如,在表 2-10 的例子中对工作负荷的等级进行了 4 级划分,分别为"轻松"、"正常"、"满负荷"和"超负荷";并对各个等级的工作负荷进行了明确定义,例如"满负荷"定义为"工作的节奏、时限自己无法控制,明显感到紧张,出现少量加班"。

表 2-10　工作负荷的等级划分

等　级	等级名称	等级解释
1	轻松	工作的节奏、时限自己可以掌握,没有紧迫感
2	正常	大部分时间的工作节奏、时限可以自己掌握,有时比较紧张,但持续时间不长,一般没有加班情况
3	满负荷	工作的节奏、时限自己无法控制,明显感到紧张,出现少量加班
4	超负荷	完成每日工作必须加快工作节奏,持续保持注意力的高度集中,经常感到疲劳,有经常的加班现象

在确定了各个指标的等级之后,就可以根据具体工作的特点确定其所处的级别,这样就可以为不同的人力资源管理工作提供更为准确、现成的有用信息。例如,表 2-11 中列举了某公司开电梯工、记账员、打字员、修车工、护士、电工和电工师等 7 个岗位任职资格要求中对"知识"等级的要求。由表 2-11 可知,对于护士的知识要求级别为"7",定义为"需要初中文化水平,具备较丰富的专业知识"。

表 2-11　各岗位任职资格要求——知识

岗　位	开电梯工	记账员	打字员	修车工	护士	电工	电工师
知识级别	3	4	5	6	7	8	9
级别定义	需要一般知识	需要初中或相当于初中文化水平	需要初中或相当于初中文化水平,具备少量的专业知识	需要初中或相当于初中文化水平,具备一定的专业知识	需要初中文化水平,具备较丰富的专业知识	需要高中、中等技术或相当于高中、中等技术的文化水平	需要高中、中等技术或相当于高中、中等技术的文化水平,具备一定的专业知识

三、编写职位说明书

将各种信息进行有效分析和标准化后就可以编写职位说明书。职位说明书一般包括工作描述和工作规范两个部分。在人力资源管理实践中,可以根据组织具体的需要来确定职位说明书中所包含的内容,例如对于管理性职位可以更多地表述职位权限和责任方面的信息;对于以体力劳动为主的工人岗位在对能力要求方面可以少一些;对于以脑力劳动为主的知识性工作者可以更多地增加心理素质等方面的内容。工作流程和操作规范一般不列入职位说明书,而是在专门的工作流程和操作规范文件中表达;但对于特定的工作,如果需要列入也可以考虑将工作流程包含在职位说明书中。

　　表2-12是某公司财务副总裁的工作描述;表2-13是某公司数据处理操作监督员的工作描述;表2-14是某工厂备料车间主任任职资格;表2-15列举了某公司货款支付的工作流程;表2-16是某公司可可咖啡事业部总监的职位说明书。

表 2-12　某公司财务副总裁的工作描述

职位名称:财务副总裁	所在部门:集团总部
职位编码:xz—001	编制日期:2005 年 5 月 1 日

职位概要:负责集团财务方面的事务,为集团的正常运转提供有力保障。

主要关系

关系性质	关系对象
直接上级	总裁
直接下级	财务部经理、法律事务部经理
内部沟通	集团总部其他副总裁
外部沟通	企业主管单位的财务部门,物价局、银行、国资局、税务局、财政厅、经贸委等单位,关联企业的财务部门

职位职责

1. 制度规范
　　1.1 主持制定集团公司的所有财务管理制度,提交总裁。
　　1.2 审定财务实施细则,呈报总裁。
　　1.3 审定财务表格的标准格式,呈报总裁。
　　1.4 支持编制集团公司的内部法律事务管理制度,提出意见,提交总裁。
　　1.5 审定合同的标准范本,呈报总裁。
2. 财务规划
　　2.1 依据公司中长期规划,提供未来 3 年至 5 年的财务规划(增股、配股、拆股等),提交总裁。
　　2.2 拟订集团公司的经营计划和财务预算方针大纲,具体落实集团财务规划,并提交总裁。
　　2.3 组织建立健全集团公司财务规划监控体系。
　　2.4 提供集团公司资金运作建议,提交总裁。
3. 经营计划管理
　　3.1 依据公司发展战略和董事会确定的目标,审定经营计划指标,呈报总裁。
　　3.2 主持编制集团年度经营计划,提供指导支持。
　　3.3 审查集团公司年度经营计划,提出意见,提交总裁。

续　表

3.4 审查集团公司的经营计划调整方案,提出意见,提交总裁。

3.5 根据经营计划执行的信息,做出定夺和决策,提交总裁。

3.6 主持对集团各下属机构经营计划的复核事宜,提出复核意见,提交总裁。

4. 财务预决算管理

4.1 审定集团公司预算方针的具体内容,呈报总裁。

4.2 主持编制集团年度财务预算,提供指导和支持。

4.3 审查集团公司年度财务预算,提出意见,提交总裁。

4.4 审查财务预算调整方案,提出意见,提交总裁。

4.5 监督指导财务决算事宜。

5. 资金管理

5.1 组织拟订公司总部和各下属机构的年度资金计划,提交总裁。

5.2 审定下属机构阅读资金收支计划和追加资金计划,呈报总裁。

5.3 审查资金调拨方案,提出意见,提交总裁。

6. 信贷管理

6.1 制订集团公司融资规划,提交总裁。

6.2 审批各下属机构贷款、抵押担保的申请报告,提出意见,呈报总裁。

7. 财务核算和分析

7.1 主持编制集团公司财务报表和分析报告,提交总裁。

7.2 主持公司重大经营活动(资产重组、投资等)的可行性研究,提出意见,提交总裁。

8. 管理支持工作

8.1 制订和实施财务系统和法律系统的工作目标和计划,提交总裁。

8.2 指导、分派、激励、考核下属部门的工作。

9. 其他工作

9.1 沟通政府财务关系。

9.2 总裁交办的其他工作。

基本职责绩效指标(KPI)

1. 制度完备,切合实际

2. 资金上保证了企业的正常运转

3. 财务工作上没有发生重大问题

职位环境和条件

实行定时工作制

工作地点:集团总部办公室

表 2-13　某公司数据处理操作监督员工作描述

工作名称	数据处理操作监督员
工作地位	法律豁免
工作代码	012、168
填写日期	2008/12/1
填写人	阿瑟·艾伦
审核人	加尼塔·蒙特哥维
企业/分支机构	奥林匹克有限公司
部门/事业部	数据处理部
直接主管名称	信息系统经理
工资等级	12
薪点	736
工资范围	148000 美元～17760 美元～20720 美元
工作概要	指导所有的数据处理、进行数据控制及按要求进行数据准备
工作职责	1.接受广播指导 　　(1)独立操作； 　　(2)按照每周、每月及每季度的日程向信息系统经理报告自己的活动。 2.甄选、培训及指导下属人员 　　(1)在工作群体成员中培养合作与相互理解的精神； 　　(2)确保工作群体中的成员在机器、设备、系统、程序、数据处理的管理和方法等方面得到必要的特殊训练； 　　(3)对于生产方法的使用者进行培训,包括教育、说明、建议等,并指导与数据处理相关的有效信息的交流。 3.阅读分析各种指导材料和培训信息 　　(1)用最新的观念和思想来适应不断变化的要求； 　　(2)根据组织的需要和要求来帮助设计或修改手册、程序、说明书等； 　　(3)在说明书的准备以及支持性硬件和软件的相关评估中提供帮助。 4.对于5～7个下属人员的工作安排进行计划、指导和控制,同信息系统的其他管理人员、转业人员、技术人员以及其他需要数据的部门管理人员协同工作 　　(1)接受、解释、开发和发布从非常简单到非常复杂而且极具技术性的指导命令； 　　(2)制订并完成部门年度预算计划。 5.同代表着各个单位和组织的人进行接触和交流 　　(1)通过口头或书面的指示和备忘录,同相关的各方进行个人间和非个人间的信息交流； 　　(2)参加当地数据处理领域专业组织的会议。

表 2-14　某工厂备料车间主任任职资格

岗位名称	备料车间主任	所属部门	生产部	定员人数	1 人
岗位等级		岗位序列	生产管理	岗位代码	S-BL-01
批准日期				批 准 人	
工作概要	全面负责备料车间工作,组织本车间人员按时完成生产部下达的生产计划				

任职资格	学 历	初中、职高、中专、技工学校或以上学历		
	专业要求	机电及相关专业		
	经 验	熟悉生产工艺,熟悉设备性能,熟知质量标准,1 年以上代班长、班长工作经验		
	技 能	熟练使用本车间各种机电设备的技能		
	专业知识	生产管理知识、机电设备知识、生产工艺流程知识、质量标准及质量控制知识		
	资格证书	不要求		
	关键能力	要求程度 / 项 目	要求高	要求较高	要求一般
		决策能力			√
		创新能力		√	
		计划组织能力	√		
		协调沟通能力		√	
		应变能力		√	
		分析判断能力			√
		表达能力			√
		学习能力			√
	个性特征	严谨、果断、服务意识、协作精神			

表 2-15 某公司货款支付的工作流程

业务流程编号		业务流程名称	汇回总公司款（货款支付）		
业务流程简述	向沐林总公司打货款				

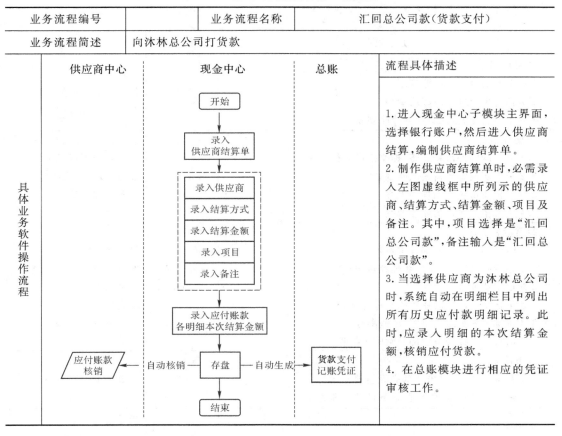

具体业务软件操作流程	供应商中心	现金中心	总账	流程具体描述

流程具体描述：

1. 进入现金中心子模块主界面，选择银行账户，然后进入供应商结算，编制供应商结算单。

2. 制作供应商结算单时，必需录入左图虚线框中所列示的供应商、结算方式、结算金额、项目及备注。其中，项目选择是"汇回总公司款"，备注输入是"汇回总公司款"。

3. 当选择供应商为沐林总公司时，系统自动在明细栏目中列出所有历史应付款明细记录。此时，应录入明细的本次结算金额，核销应付货款。

4. 在总账模块进行相应的凭证审核工作。

表 2-16 可可咖啡事业部总监职位说明书

基 本 信 息					
职位名称	事业部总监	所在部门	可可咖啡事业部	所在公司	中茶股份
职位编码		职位点值		编制日期	
工作概要	根据公司发展战略，组织实施事业部发展战略规划，并全面监控事业部的经营管理				
工 作 关 系					
直接上级	总经理				
直接下级	高级经理				
内部联系	中茶股份各职能部门				
外部联系	外经贸部、银行、外管局等；客户、同行业相关公司、相关协作单位				

续　表

工作内容		
工作职责	时间比重	绩效标准
1. 战略规划 　1.1 参与制订公司战略规划 　1.2 拟订事业部发展战略规划 　1.3 组织实施、监控事业部战略规划	20%	合理、可行 符合公司发展战略 及时发现、解决问题
2. 市场开拓 　2.1 分析国内外市场动态，提交市场分析报告 　2.2 组织实施海外营销战略规划 　2.3 审核新市场开拓规划方案 　2.4 主持重大客户的业务谈判	30%	分析报告及时、有深度 建议合理可行、被采纳 及时发现、解决问题 业务谈判高效 客户满意
3. 日常经营管理 　3.1 协调和领导事业部日常运行 　3.2 签署高级经理、业务经理经营任务书 　3.3 审定业务合同 　3.4 审核事业部内的业务收支和各项费用 　3.4 审批下属员工的出差、请假事宜 　3.5 向总经理提交事业部经营管理报告	20%	管理效率水平高 经营效益好 业务风险小 发展潜力大 员工满意
4. 人事决策 　4.1 提请任用/解聘事业部高级经理 　4.2 决定事业部业务经理、业务经理助理的任免	10%	人事决策失误最小
5. 员工管理 　指导、培训、考核、激励下属员工	10%	指导培训有效 考核客观、准确、公平 员工满意
6. 完成上级领导交办的其他工作	10%	高效、及时，领导满意

任职资格			
项　目		必备要求	期望要求
教　育	学历要求	本科	硕士
	专业要求	国际贸易、企业管理	
	资格证书		
工作经验	一般经验	10 年	
	专业经验	5 年国际贸易经验	可可咖啡贸易 5 年
	管理经验	3 年相关管理经验	5 年
知　识	一般了解	可可咖啡商品知识	
	熟练掌握	国家相关政策、国际贸易规则	风险控制
	精通	市场营销、谈判技巧、企业管理	

续　表

项　目		必备要求	期望要求
能　力	计算机	熟练使用 Word、Excel、Powerpoint 等 Office 办公软件；熟练应用网络工具；熟悉电子商务流程	
	外语	能够翻译、撰写外文合同；能够进行商务谈判；英语口语流利	
	写作	具有较强的写作能力，能够撰写工作计划或方案、工作总结或汇报、制度规定等	
	其他	判断决策能力、计划能力、分析能力、协调能力、沟通能力、开拓能力和领导能力	
个性特征要求		较强心理承受能力，进取心、开拓意识、外向、责任心、敏锐、果断、敬业、忠诚	
工 作 环 境			
工作场所		北京、办公室，经常性出差、出国	
工作时间		8:30—17:00；经常加班	
环境状况		无危险	

第三节　工作分析评价与应用阶段

工作分析评价包括过程评价和结果评价。前者强调对工作分析过程的经验总结和问题发现，后者强调对工作分析信息质量的评价。经过质量鉴定的工作分析信息就可以应用于人力资源管理的各个环节。

一、工作分析评价

工作分析评价就是要对工作分析项目开展的过程进行综合评定，以及对最终所获得的工作信息进行质量鉴定。工作分析过程评价是对整个工作分析的准备阶段和实施阶段所开展的工作活动进行总体评价，总结经验，发现问题；工作分析结果的评价就是要通过测量和统计手段，对工作信息进行鉴定的过程。

1. 工作分析过程评价

工作分析过程包括准备阶段和实施阶段，准备阶段的准备工作是否充分会在很大程度上影响整个工作分析项目的开展；同时实施阶段是否能按照既定计划执行则直接决定了工作分析结果的质量。

（1）工作分析准备阶段工作开展的评价。

在工作分析的准备阶段主要是通过周密的工作计划为工作的开展进行指导。因此在准备阶段能不能把工作分析活动开展考虑得周全和深入，并充分体现在工作计划中，则成为评价的重点。

首先,对准备阶段工作分析开展的时间安排进行评价。这里的时间包括以下几个方面:其一,工作分析项目全程持续时间;其二,工作分析各阶段持续时间;其三,准备阶段各项工作活动开展和结束时间;其四,实施阶段各项工作活动开展和结束时间,尤其是要明确需要组织各层次人员配合的时间表。在时间安排中,要进行网络计划图设计,以更直观的方式体现项目进展的时间安排;并且要通过计算各工作项目最早开始时间、最早结束时间、最晚开始时间和最晚结束时间来进行网络计划的优化,以缩短项目持续时间。在对时间进行统筹安排的时候,要和组织各层次主管人员进行充分的沟通与协调。评价时要查找时间安排是否存在问题,例如,时间安排是否冲突,时间持续是否达到最短,时间是否被充分利用等。

其次,对准备阶段工作分析开展的人员安排进行评价。这里的人员安排包括以下几个方面:其一,准备阶段各项准备活动的责任人;其二,准备阶段各项活动开展需要接洽和联络的人员;其三,实施阶段各项活动的责任人;其四,需要给予工作分析项目开展支持和配合的组织各层次人员。这里需要特别强调的是,要明确工作分析小组各成员的责任分工,以确保工作分析项目顺利开展。在对人员进行统筹安排的时候,要和组织中各层次主管人员进行充分的沟通与协调。评价时要查找人员安排是否存在问题,例如,人员安排是否明确到每一个人头上,责任人是否明确其责任,责任人之间需要配合时处于主导地位责任人是否发挥了其作用等。

再次,对准备阶段工作分析开展所需准备的资料、设备和场地的安排进行评价。这里的资料、设备和场地主要包括以下几个方面:其一,组织人事、财务和业务相关的管理制度、政策文件和档案资料;其二,组织的业绩报表和各部门、各职位业绩报表;其三,工作分析所需收集的信息清单;其四,使用的方法技术清单;其五,工作分析过程中需要使用的设施设备,包括电脑、打印机、传真机、投影仪、摄像机和录音笔等;其六,工作分析过程中需要使用的场地,包括填写问卷的场地、进行访谈的场地、需要存放各种信息资料的场地等。进行评价时要查找在资料、设备和场地的准备中是否存在问题,例如,文献资料是否齐全,设备设施是否齐全和能否使用,场地是否安排妥当等。

准备阶段需要完成的事情很繁杂,也是容易出现问题的环节,因此通过评价就可以总结经验、找到问题,以促进下一期工作分析活动开展的顺利进行。

(2)工作分析实施阶段工作开展的评价。

在工作分析实施阶段,主要是按照既定计划有序地开展各项活动,这一环节的工作质量直接决定了工作分析项目开展的质量,也就决定了工作分析项目开展的成败与否。因此,对此环节的评价是工作分析过程评价的关键。

首先,对动员大会召开的效果进行评价。态度决定一切,组织全体人员能否认识到工作分析项目开展的重要性与价值,能否认同开展工作分析的意义,能否接受工作分析项目所分配的工作责任,能否从行动上支持和配合工作分析项目的开展,在很大程度上取决于动员大会召开的效果。因此,对动员大会召开效果的评价主要是调查和总结有无员工不认同、不支持和不配合工作分析项目的开展。

其次,对工作分析小组成员的培训进行评价。对工作分析小组其他参与成员进行培训是在其认同工作分析项目开展意义的基础上,促进其领会和掌握工作分析开展的思路和方法,进而能够更有效地参与到工作分析项目开展中来的重要途径。因此,工作分析小组成员在工作分析开展中是否领会了工作分析的思路,是否掌握了工作分析的方法,是否可以独立开展工作或者配合工作的开展,就成为这一环节评价的重点。

再次,对工作分析方法的开发和应用进行评价。如前所述,在工作分析中信息的获取主要是通过各种技术手段的应用,包括调查问卷、访谈提纲和工作日志的设计和应用、文献查阅、专家讨论会、观察和参与法的筹划和开展等。高质量的调查问卷、访谈提纲和工作日志模板是获取真实、翔实信息的保证,高质量的问卷调查、访谈和工作日志填写,高质量的文献查阅、专家讨论会、观察和参与法的筹划和实施也保障了信息获取的有效性和质量。因此,此环节的评价内容就是要总结在调查问卷、访谈提纲和工作日志的设计中,在文献查阅、专家讨论会、观察和参与法的筹划中是否存在问题,有无信息遗漏,信息的真实性如何等。

此外,对工作分析实施阶段的工作开展的评价,还包括工作信息的分析是否有效、工作信息标准化是否到位等。

2. 工作分析结果评价

工作分析评价除了对工作分析过程进行评价外,还要对工作分析结果进行评价。工作分析结果评价就是采用各种信息鉴定方法,对工作分析所获得的信息质量进行鉴定。

(1)鉴定内容。

工作分析的结果是整个人力资源管理系统工程的信息基础,其质量的好坏直接影响和决定了所有后续人力资源管理工作开展的效率和质量。工作信息的内容鉴定主要有主客观鉴定和信度效度鉴定。

主客观鉴定就是要确定工作信息是主观的还是客观的,其依据是在收集和分析工作信息的过程中人的判断所起的作用。具体来说,当人们的判断在收集和分析信息的过程中起作用,信息就是主观的;相反,当人们的判断没有在整个过程中起作用或者说信息处于自然状态时,信息就是客观的。

虽然主观性和客观性的区分对于工作信息的分类及其质量鉴定有重大意义,但是在实际操作中仍然存在问题,其核心是人们总是自觉地加入一些人为判断。当然需要强调的是,不能把信息的主客观性和信息的准确与否混为一谈,认为主观的工作信息是错误的。同时,也不能把信息的定性和定量与准确与否混为一谈,认为定性的工作信息是错误的。

信度是指测量结果的可靠性或一致性程度,是表达工作信息可靠性的,包括再测信度(又称稳定性系数)、复本信度、内部一致性信度和评分者信度。信度只受随机误差的影响,随机误差越大,信度越低。因此,信度可以视为测试结果受随机误差影响的程度。系统误差产生恒定效应,不影响信度。

和信度相关的一个概念是效度,信度是效度的前提条件。效度就是测量工具能测出其所要测量特质的程度,效度是科学的测量工具所必须具备的最重要的条件,包括内容效度、准则效度和结构效度。在社会测量中,对作为测量工具的问卷或量表的效度要求较高。

(2)鉴定方法。

对工作信息的鉴定需要应用各种有效的鉴定方法,主要包括逻辑推理检验和统计方法检验,前者更多的是主观的、定性的检验,而后者则更多的是客观的、定量的检验。

逻辑推理是人的一种抽象思维,是人通过概念、判断、推理、论证来理解和区分客观世界的思维过程。简单来讲,逻辑检验就是检验所表达的概念或者事物是否符合逻辑,这里的逻辑一般是指被广泛认同的概念或事物之间的关系。

在工作分析结果的鉴定中,主要是鉴定工作描述、工作规范和工作流程从逻辑顺序和逻辑关系上是否普遍认同的准则。例如,职位定位和职位责任的界定是否符合逻辑,专业知识和学历层次的界定是否符合逻辑,职位职责和权限的界定是否符合逻辑,工作流程中前后工作项目安排是否符合逻辑,职位工作过程和机器责任是否符合逻辑,等等。在工作信息的逻辑检验中,更多的是来自于鉴定者的知识和经验,具有很强的主观性,能否发现工作信息的逻辑错误也就取决于信息鉴定者自身的鉴定能力。因此,为了弥补鉴定者知识与经验的缺陷,在对信息鉴定时,可以参考来自国家、行业或其他相关组织的相关文献资料,也可以聘请相关专家参与到信息的鉴定中来。

统计检验是从量化角度来检验工作分析结果的质量,包括描述统计和推断统计。前者主要是通过描述性的统计指标和标志值的计算来鉴定信息质量,后者主要是应用数理统计推断方法来进行鉴定。

在应用描述统计方法时,可以通过计算百分比、平均数、标准差、相关系数等统计指标,来检验工作信息的质量。

百分比是计算总体的各部分构成状况的指标,表达的是一个数是另一个数的百分之几,前者属于后者的一个组成部分,通常采用符号"％"(百分号)来表示,如 41％、1％。在工作分析中工作职责的时间占用用百分比表示。工作的全部职责占用时间应为 100％,其中重点工作项目至少要占到 80％ 及以上才符合合理的工作设计要求。在确定工作负荷时,也会涉及工作时间比重的问题,例如,时间固定性的工作和时间波动性的工作两者之间的时间比重、出差时间比重、精力高度集中状态下工作时间比重等。另外,在工作环境信息中也涉及百分比的计算,例如,持续在高温、高空、高密度粉尘、高分贝噪音等环境下工作时间的比重等。这里需要注意的是,在使用百分比进行检验时,要把相对数(即百分比)和绝对数结合起来使用,会更为可取。

平均数是表达指标标志值集中趋势的指标,包括数值平均数和位置平均数,前者是通过指标标志值数值计算的,有算术平均数、加权平均数、调和平均数等;后者是通过标志值所处位置确定的,包括中位数、众数、分位数等。较为常用的平均数是加权算术平均数和中位数。数值平均数容易受到特殊值(也称为野值)的影响。例如在高温工作环境的表述中,五种工作环境温度中只要有一种工作环境温度超高,就会拉高工作者工作环境温度的平均值;相反,只要有一种工作环境温度超低,就会拉低工作者工作环境温度的平均值。所以,数值平均数要结合算术平均数使用会更为科学。

另外,标准差是表达指标标志值变异程度的指标,是表示计算标志值偏离平均数的程度。相关系数是表达变量间相关程度的指标。在对工作职责的时间分配设计中,通过时间标准差的计算可以确保各工作职责之间时间分配的合理性。在工作的职责设计中,通过计算各项职责的相关系数,可以确保工作的各项职责的系统性。

在应用推断统计方法对信息质量进行鉴定时,可以应用的技术方法主要有组间差异统计、组内差异统计、因素分析、聚类分析、多重回归分析、判别分析、主成分分析、对应分析、因子分析、典型相关分析、多元方差分析等,在此不再介绍,可参阅相关的高级统计分析方法书籍。

二、工作分析结果的应用

工作分析所获得关于工作的信息和关于工作者的信息,最终要为人力资源管理其他工作环节服务,主要可以用于人力资源管理的以下八个方面。

1. 人员选拔和任用

通过工作分析,能够明确地规定工作职务的近期和长期目标;掌握工作任务的静态和动态特点;提出有关人员的心理、生理、技能、文化和思想等方面的要求,选择工作的具体程序和方法。在此基础上,确定选人用人的标准。有了明确而有效的标准,就可以通过心理测评和工作考核来选拔和任用符合工作需要和职务要求的合格人员。

2. 人事预测方案和人事计划的制订

每一个单位对于本单位或本部门的工作职务安排和人员配备,都必须有一个合理的计划,并根据生产和工作发展的趋势作出人事预测。工作分析的结果,可以为有效的人事预测和计划提供可靠的依据。在职业和组织面临不断变化的市场和社会要求的情况下,有效地进行人事预测和计划,对于企业和组织的生存和发展尤其重要。一个单位有多少种工作岗位,这些岗位目前的人员配备能否达到工作和职务的要求,今后几年内职务和工作将发生哪些变化,单位的人员结构应做哪些相应的调整,几年甚至几十年内,人员增减的趋势如何,后备人员的素质应达到什么水平等问题,都可以依据工作分析的结果做出适当的处理和安排。

3. 人员培训和开发方案的设计

通过工作分析,可以明确从事的工作所应具备的技能、知识和各种心理条件。这些条件和要求,并非人人都能够满足和达到,而是需要通过不断培训、不断开发来实现。因此,可以按照工作分析的结果,设计和制订培训方案,根据实际工作要求和聘用人员的不同情况,有区别、有针对性地安排培训内容和方案,以培训促进工作技能的发展,提高工作效率。

4. 考核、升职和作业标准的确定

工作分析可以为工作考核和升职提供标准和依据。如果工作的考核、评定和职务的提升缺乏科学依据,将影响干部、职工的积极性,使工作和生产受到损失。根据工作分析的结果,既可以作为制定各项工作的客观标准和考核依据,也可以作为职务提升和工作调配的条件和要求。同时,还可以确定合理的作业标准,提高生产的计划性和管理水平。

5. 工作和生产效率的提高

通过工作分析,一方面,由于有明确的工作任务要求,建立起规范化的工作程序和结构,使工作职责明确,目标清楚;另一方面,明确了关键的工作环节和作业要领,能充分地利用和安排工作时间,使干部和职工能更合理地运用技能,分配注意和记忆等心理资源,增强他们的工作满意感,从而提高工作效率。

6. 工作定额和报酬制度的建立

工作和职务的分析,可以为各种类型的各种任务确定先进、合理的工作定额。所谓先进、合理,就是在现有工作条件下,经过一定的努力,大多数人能够达到,其中一部分人可以超过,少数人能够接近的定额水平。它是动员和组织职工提高工作效率的手段,是工作和生产计划的基础,也是制定企业部门定员标准和工资奖励制度的重要依据。工资奖励制度是与工资定额和技术等级标准密切相关的,把工作定额和技术等级标准的评定建立在工作分析的基础上，就能够制定出比较合理公平的报酬制度。

7. 工作设计和工作环境的改善

通过工作分析，不但可以确定职务的任务特征和要求，建立工作规范，而且可以检查工作中不利于发挥人们积极性和能力的方面，并发现工作环境中有损于工作安全、加重工作负荷、造成工作疲劳与紧张以影响社会心理气氛的各种不合理因素。有利于改善工作设计和整个工作环境，从而最大限度地调动工作积极性和发挥技能水平，是人们在更适合于身心健康的安全舒适的环境中工作。

8. 职业咨询和职业指导的加强

工作分析可以为职业咨询和职业指导提供可靠而有效的信息。职业咨询和指导是劳动人事管理的一项重要内容。

【本章小结】

工作分析是通过采用特定方法获取工作相关信息的过程，这一过程包括三个阶段：准备阶段、实施阶段以及评价与应用阶段。

在工作分析准备阶段，要为整个工作分析工作的顺利开展进行思想上、资源上、行动上的准备，具体主要开展以下工作：开展工作分析的必要性与可能性分析、工作分析目的的确定、信息范围与内容的确定、信息收集方法的确定、工作分析人员的确定等。

工作分析的必要性分析就是要明确组织有没有必要，或者说需不需要开展工作分析，尤其是大规模的、整体性的工作分析。工作分析的可行性分析就是要考察工作分析开展是否需要具备各种条件，时机是否成熟。

工作分析的目的有两个：一是正确认识工作，科学设计工作，并编写工作说明书表达工作特征；二是分析和确定工作者任职资格，并编写工作者说明书表达工作者特征。

工作分析所需要的信息主要包括工作活动、工作设施和材料、工作条件和工作任职者等四个方面。

收集信息方法包括一般性方法和系统性方法。一般性方法主要有访谈法、问卷法、观察法、工作日志法、参与法、文献法、专家讨论法等；专用的工作分析方法包括基于工作任务分析的职能工作分析、任务清单法和关键事件法，基于工作者任职资格分析的职务分析问卷法、工作要素法、管理人员职务描述问卷和临界特质分析系统，以及基于工作流程分析的鱼刺图分析技术、路径分析技术、网络分析技术、程序优化技术和线性规划分析技术等。

组织的工作分析一般要由工作分析小组来对整个工作分析过程和结果负责，工作分析小组一般由组织高层领导、主管人员、任职者和工作分析专家构成。

在工作分析的实施阶段，主要开展收集工作信息、分析工作信息、对工作信息进行标准化处理和编写职位说明书等活动。

工作信息收集阶段的主要工作有召开动员大会、工作分析小组参与人员培训、信息收集与分析技术的开发与应用等活动。

对工作信息的分析就是将利用各种收集信息的方法对收集到的信息进行统计、分析、研究和归类的一个过程。工作信息的标准化就是对工作信息进行标准化处理，包括规范化、结构化和具体化等。

职位说明书一般包括工作描述和工作规范两个部分。在人力资源管理实践中,可以根据组织具体的需要来确定职位说明书中所包含的内容,工作流程和操作规范一般不列入职位说明书,而是在专门的工作流程和操作规范文件中表达;但对于特定的工作,如果需要列入也可以考虑将工作流程包含在职位说明书中。

工作分析评价包括过程评价和结果评价,前者强调对工作分析过程的经验总结和问题发现,后者强调对工作分析信息质量的鉴定。

工作分析评价就是要对工作分析项目开展的过程进行综合评定,以及对最终所获得的工作信息进行质量鉴定。工作分析过程评价是对整个工作分析的准备阶段和实施阶段,所开展的工作活动进行总体评价,总结经验,发现问题;工作分析结果的评价就是要通过测量和统计手段,对工作信息进行鉴定的过程。

工作分析所获得关于工作的信息和关于工作者的信息,最终要为人力资源管理其他工作环节服务,主要可以用于人力资源管理的八个方面:人员选拔和任用,人事预测方案和人事计划的制订,人员培训和开发方案的设计,考核、升职和作业的标准的确定,工作和生产效率的提高,工作定额和报酬制度的建立,工作设计和工作环境的改善,职业咨询和职业指导的加强等。

【复习思考题】

1.简述工作分析的一般通用流程。

2.工作分析的目的有哪些？如何进行必要性和可行性分析？

3.工作分析要获取的信息类型有哪些？

4.工作分析中获取信息的通用方法有哪些？专用方法有哪些？

5.工作分析小组的成员应该包括哪些人？

6.在工作分析准备阶段需要开展哪些工作？

7.在工作分析实施阶段需要开展哪些工作？

8.工作分析评价包括哪些方面？

9.工作信息可用于人力资源管理的哪些环节？

【案例分析】

案例一:试评述某工厂备料车间冲床工工作说明书,如表 2-17 所示。

表 2-17　某厂备料车间冲床工工作流程

岗位名称	冲床	岗位代码	S-BL-6	岗位序列	生产
所属车间	备料车间	直接上级	班长	所在工序	下料
上一工序	无	下一工序	对焊	协作工序	
批准日期				批准人	
工作概要	把直径 25mm 以下的钢材料冲成节				

续 表

工作职责		1. 到钢材库领取原材料，办理领料手续；
		2. 调整冲床；
		3. 取样；
		4. 首件检验；
		5. 将钢材冲成任务规定规格的节料；
		6. 清理和擦拭冲床；
		7. 参与车间卫生打扫；
		8. 交料、记工
操作流程		领料→调车→取料→冲料→装盒→清点
所需材料及要求		刃、柄钢材，材质合格，硬度合格，椭圆度合格
所需工具及使用、维护保养要求		卡尺，钢板尺，冲模
所需设备及使用、维护保养要求		冲床；擦车，上油
工作成果及质量标准		断面、长度合格，毛坯料圆柱度和端面平面度最大允差 0.5mm
质量控制技巧与要点		调车准确，刃、柄分清，材质分清
资格要求	学 历	初中以上
	经 验	1 个月以上的本岗位学习经历
	技 能	开车床、更换刀具、磨刀具
	专业知识	设备使用、保养维护知识，简单设备故障排除知识
	资格证书	无
条件与环境	工作时间	正常班，不定时加班
	工作场所	备料车间

案例二：试评述下面的职位分析调查问卷。

职位分析调查问卷

一、工作综述

➢ 工作概要：您所从事工作的主要目标是什么？（它为什么存在，该工作在公司中起什么作用）

例如：通过执行办公室和行政职责为本部门提供秘书支持。

以最小的成本采购产品和服务以满足特定的需求。

从事涉及计算机运用的开发、安装维护工作的系统信息。

提示：在回答之前可以先列出工作职责。

_____

➢ 您所从事工作的主要职责是什么？

在下面的空白处列出您的工作中最重要/最常见的五项职责。然后，在右边相应的位置上注明您在每一项职责上所花费的时间。

工作职责	所花费时间的比例 （总计不得超过 100%）
1.	
2.	
3.	
4.	
5.	

二、所运用的技能/知识

＞   正规培训或教育：为开始您的工作需要什么样的正规培训/教育水平？

例如：高中毕业，两年数据处理的技术背景，化学学士学位等。

_____

＞   工作经验：除了您前面说的正规培训/教育或者相关经验外，为开始您的工作还需要得到几个月（或年）的相关工作经验？

例如：注册会计师培训、锅炉工国家资格证书等。

月：_____   年_____   不需要_____

＞   技能/能力：为完成您的工作需要哪些重要的技能和能力？

（请就您所确认的每一项给出两个例子）

A. 协作技能（例如计划活动，组织/维持记录）

需要协作技能吗？ □需要   □不需要   如果回答需要，请列出所需的两项特定技能。

例 1：_____

例 2：_____

B. 行政技能（例如监督财务记录，届时政策和程序）

需要行政技能吗？ □需要   □不需要   如果回答需要，请列出所需的两项特定技能。

例 1：_____

例 2：_____

C. 分析技能（例如从统计数据中得出结论，考察被选方案等）

需要分析技能吗？ □需要   □不需要   如果回答需要，请列出所需的两项特定技能。

例 1：_____

例 2：_____

D. 工程技能（例如确认过程控制要求，界定资本装备需求，设计产品测试系统等）

需要工程技能吗？ □需要   □不需要   如果回答需要，请列出所需的两项特定技能。

例 1：_____

例 2：_____

E. 沟通技能（例如处理询问，撰写标准信函等）

需要沟通技能吗？ □需要   □不需要   如果回答需要，请列出所需的两项特定技能。

例 1：_____

例 2：_____

F. 影响技能(例如介绍项目构思,协商谈判合约,说服他人,直接和客户打交道等)

需要影响技能吗? □需要　　□不需要　　如果回答需要,请列出所需的两项特定技能。

例1:＿＿＿＿＿＿＿＿＿＿＿＿＿＿＿＿＿

例2:＿＿＿＿＿＿＿＿＿＿＿＿＿＿＿＿＿

G. 计算机技能(例如系统分析、软件开发、计算机硬件性能评价等)

需要计算机技能吗? □需要　　□不需要　　如果回答需要,请列出所需的两项特定技能。

例1:＿＿＿＿＿＿＿＿＿＿＿＿＿＿＿＿＿

例2:＿＿＿＿＿＿＿＿＿＿＿＿＿＿＿＿＿

H. 创造技能(例如撰写特别报道,开发可视产品,设计包装,评价创造性工作等)

需要创造技能吗? □需要　　□不需要　　如果回答需要,请列出所需的两项特定技能。

例1:＿＿＿＿＿＿＿＿＿＿＿＿＿＿＿＿＿

例2:＿＿＿＿＿＿＿＿＿＿＿＿＿＿＿＿＿

I. 其他特殊技能

请列出从事您的工作所需要的其他任何特殊技能和才干。

＿＿＿＿＿＿＿＿＿＿＿＿＿＿＿＿＿＿＿＿＿＿＿＿＿＿＿＿

最重要的技能:在您所列出的所有技能中,哪些技能对于您所从事的工作来说是最重要的?

根据重要性程度依次列出技能代码。

例如 1. C　2. P　3. B　4. R　分别表示分析、数学、行政和软件/字处理技能。

1.＿＿＿＿　2.＿＿＿＿　3.＿＿＿＿　4.＿＿＿＿

三、职责的复杂性

➢　工作的结构和变化

您工作中的流程和任务是如何决定的,您是如何进行工作的,这些对于了解您在公司所充实的工作来说至关重要。

请描述出您的工作流程。仔细考虑一下您工作中的关键点或者您花时最多的工作活动。

1.您是从谁/哪里(头衔而非人名)获得这份工作的?

＿＿＿＿＿＿＿＿＿＿＿＿＿＿＿＿＿＿＿＿＿＿＿＿＿＿＿＿

2.为了完成这项工作您需要执行哪些过程或者任务?

＿＿＿＿＿＿＿＿＿＿＿＿＿＿＿＿＿＿＿＿＿＿＿＿＿＿＿＿

3.您的工作产出是什么?

＿＿＿＿＿＿＿＿＿＿＿＿＿＿＿＿＿＿＿＿＿＿＿＿＿＿＿＿

➢　问题解决与分析

从事公司的每一项工作都会碰到问题,但是每项工作发现和解决问题的方法又是各异的。请在下面列出您在日常工作中(如每天、每周、每月)需要解决的三个问题。

1.＿＿＿＿＿＿＿＿＿＿＿＿＿＿＿＿＿＿＿＿＿＿＿＿＿＿＿＿

2.＿＿＿＿＿＿＿＿＿＿＿＿＿＿＿＿＿＿＿＿＿＿＿＿＿＿＿＿

3.＿＿＿＿＿＿＿＿＿＿＿＿＿＿＿＿＿＿＿＿＿＿＿＿＿＿＿＿

请您列出一个在工作中所遇到的特别棘手的问题。

_____

为什么会产生这个问题?

_____

这个问题发生的频率如何?

_____

为解决这样的难题需要哪些特殊的技能或者资源?

_____

在您的工作单位中,有人能够帮助解决这个问题吗?　请说明。

> 　创造性和创新性

您所从事的工作的哪一部分具有创造性和创新性,从而使得我们能够找到做好工作的新思想和更好的方法?　请详细举例说明。

例如:为现有产品找到新用户,修正追踪信息的方法,改变程序削弱公司的运输成本等。

_____

_____

四、职位对事业的影响

> 　工作绩效评价的性质/独立性

工作评价可以以不同的方式出现:例如,通过直接监督,通过客户。

谁(头衔而非人名)对您的工作进行评价?

_____

评价者对工作绩效的哪些方面作出评价?

例如:工作的准确性、及时性,具体项目的结果等。

_____

您全部的工作绩效都被评价吗,还是说评价更多地关注最终结果?　请解释。

_____

当您碰到不符合现有的政策、程序和做法的情况时,您是如何处理的?

例如:把它交由上司处理,请教有经验的同事,先决断后批报。

_____

> 　决策类型

请列出三类您在工作中通常所作的决策。

例如:把电话转给他人,决定新报告的内容,分配您所监督的工作,批准计划等。

1. _____

2. _____

3. _____

如果您在工作中的决策不正确,会产生什么样的错误?
例如:不准确的计算结果,文件存档错误,丢失数据等。

_____

类似这样的错误会产生什么样的结果?
例如:存货成本过高,时间损失严重,拖延生产,丧失客户。

_____

为了改正这些错误需要做哪些工作,都涉及哪些人?

_____

≫　限制信息

您在工作中看到或者了解到公司的哪些限制信息?
例如:商业秘密,与人力资源有关的信息等。

_____

您看到或者使用这些信息的频率如何?
□定期　　　□偶尔　　　□很少　　　□根本没有
在您日常的工作当中,泄漏限制信息的概率有多大?
□定期　　　□偶尔　　　□很少　　　□根本没有
举例说明在什么情况下可能泄漏限制信息?

_____

如果限制信息被泄漏将会造成什么样的影响?

_____

≫　和他人共事

这部分所要了解的是您在工作当中与他人接触的状况和目的。在描述接触他人的目的时,请尽量用诸如给予、接受、交换信息、讨论、解释、说服或劝说这样的词汇。

内部联系

请列出在您的直接工作之外与您有定期业务联系的工作名称,并描述其性质和目的。

名　称	目的/性质
例如:部门会计,采购员	例如:讨论价格政策,解释发票价格

外部接触

请列出在公司之外与您有定期业务联系的公司/机构名称。描述这些联系的目的。请根据类别而非个人姓名列出这些顾客的名称。

名称/公司/机构	目　的
例如:顾客	例如:解释产品特征

> 财务责任

公司中的某些工作对资金管理负责——无论是收入、支出、资产,或者其他组合。这些工作通常和领导、监督以及管理责任有关。

注意:为了帮助您决定是否填写这一部分,问自己一个问题:"我对产生收入、控制支出、管理和保护资产负有责任吗?"如果你的回答是"否",那么请在"影响程度"下选择"4",否则,请继续。

您的工作是如何影响公司的收入、支出或者资产的?

说明:

1.估计您每年负责的资金数量;

2.采用影响力量来描述您的责任度;

3.在相关的空白处简要描述您财务责任的性质。

例如:建议和监督广告预算花费,批准满足需要的存货水平,使得应收账款中的投资最小化。

影响力量表:

1.全面控制或者管理责任(设立目标,批准活动);

2.在有效管理中的重要作用(自主实施被批准的活动);

3.在计划/实施过程中其参与或咨询作用;

4.无责任。

注:如果您不负责任何资金数量,那么您也可以同时选择影响力量表中的"4"选项。

年度资金	影　响	描　述	
收益			
支出			
资产			

> 工作指导

本部分只是为那些对他人工作负责的职位填写。

□如果您的工作中没有这样的责任,那么在后边划√,然后转向另一部分。否则的话,请继续。

工作指导的类型	人 数
直接监督他人 （执行业绩评价、作出招聘决策） 工作名称：	
对那些没有直接报告关系的员工进行指导 （安排或者分配工作，监督企业或者部门计划） 工作名称：	
经常性的团队领导 （任务组或者项目组） 工作名称：	
对非本公司员工的经常化直接监督 工作名称：	

五、工作条件

这个项目考察每项工作的体力要求和环境因素。

≫　工作位置

您每天在以下位置上所花费的时间比例是多少？您的回答总计应得 100%。

姿势/位置	（%）
非限制坐立（可以随意走动）	
限制坐立（不能随意走动）	
站立或者走动	
匍匐、爬、攀援或者其他非站立、非坐立姿势	

≫　活动概述

您大概把多少时间花在以下活动中（全部相加不需要等于 100%）：

		（%）
部分活动	手指/手操作	
	举/带/推/拉	
部分活动	思维集中	
	视觉集中	

≫　危险暴露

描述任何在工作中可能暴露的危险或者可能受到的伤害。说明在假定采取了正常的安全防护措施的条件下，您在每个工作日内可能暴露危险的比例。如果会发生暴露危险，请说明可能产生的后果。

危险描述或者可能的后果	需要的防护
	日常关注
	安全规则,培训或者保护设施
	特殊技能/高度警觉

> 环境舒适程度

描述所有噪音、气味、气流、粉尘、极端温度等与您所从事工作有关的不适因素。说明您每天大概暴露在这些因素下的比例。

————————————————————————   ———— %

————————————————————————   ———— %

————————————————————————   ———— %

六、总体评价

> 总评:您觉得本文件涵盖了您实际工作职责的多大比例?

□0～25%   □26%～50%   □51%～75%   □76%～100%

您所从事工作的哪些方面还没有被本问卷覆盖?

——

——

——

重要事项:

检查一下您的职位信息问卷,以便确认没有忽略重要的信息。

当您完成后,请将职位信息问卷送到您的上司/经理那里。她/他将会与您讨论任何可能需要做的改动。最后,请您和您的上司在阅读下面一段话后在相应的位置上签名。

我们共同检查和讨论了针对这份问卷所填写的内容,确认它们代表了所描述的职位。

员工签名:_____   日期:_____

监督者/管理者签名:_____   日期:_____

案例三:试评述下面职务分析面谈法问题清单。

职务分析面谈法问题清单[①]

(1)岗位的目标是什么?

　　这项岗位最终要取得怎样的结果?

　　从公司角度来看,这项岗位具有哪些重要意义?

　　为何设置这一岗位?

　　为这项工作投入经费会有何收益?

(2)工作的意义何在?

　　计算用于这项岗位的一年经费,比如:经营预算,销售额、用于员工本身的开销。

————————————

① 选自《成功的选聘》,R. 勒德洛,F. 潘顿,沈志莉译,中信出版社、PRENTICE HALL 出版公司,1999 年 2 月版。

此岗位主管能否为部门或机构节省大笔开支？能否年年如此？

岗位主管能否为公司创造不菲的收益？能否保持业绩？

（3）岗位在机构中的位置如何？

他直接为谁效力？

哪些职位与他同属一个部门？

他最频繁的对内对外联系有哪些？

他在哪个委员会供职？

他出差吗？去何处？因何故？

（4）他一般有哪些助手？

他主管哪些工作？

简要说明每位下属的工作范畴：规模、范围及存在原因。

他的下属是何种类型的员工？是否称职、是否经验丰富，等等？

他如何管理下属？

使用何种信息管理系统？

经常与哪些下属直接接触？

他是否需具备和下属同样丰富的专业或技术知识？因何如此？

（5）需具备何种技术、管理，以及人际关系的协调能力？

岗位的基本要求是什么？

岗位主管（他）的工作环境在技术、专业以及经济方面的状况如何？

需要哪些专业技术，按重要程度列出。按事件发生的先后顺序，请他举出工作中的实例来说明。

如何掌握技术知识？脱产培训还是在职培训？

公司是否有其他渠道提供类似的技术知识？他能否有机会接触这些知识？

他对下属工作士气的影响如何？

下属是否拥护他的管理和指导，是否需要他的配合？

他在说服别人——级别相同抑或更高的人——接受他对本领域或其他领域的意见时，是否要颇费口舌？

他与下属的工作程度如何？

他可向谁寻求帮助？

他的自主权限有多大？

他向哪级主管负责？

他大部分时间在做什么？

日常工作中，与技术知识相比，处理人际关系的技巧重要程度如何？

（6）管理工作中需要解决的关键问题是什么？涉及哪些方面？

他认为工作中最大的挑战是什么？

最满意和最不满意的地方是什么？

工作中最关切或最谨慎的问题是什么？

在处理这些棘手或重要问题时，以什么为依据？

其上司以何种方式进行指导?

他是否经常请求上司的帮助;或者上司是否经常检查或指导他的工作?

他对哪类问题有自主权?

哪类问题他需要提交上级处理?

解决问题时,他如何依据政策或先例?

问题是否各不相同? 具体有哪些不同?

问题的结果在多大程度上是可预测的?

处理问题时有无指导或先例可参照?

以先例为依据和对先例进行分析解释,是不是解决问题的唯一途径?

他能否有机会采取全新的方法解决问题?

他是否能解决交给他的问题,或者说他是否知道该如何解决这些问题?

着手解决问题之前需对问题做的分析工作是由他本人还是他的上司来完成?

要求他举例说明问题是谁、以何种方式解决的?

(7)他的行为或决策受何种控制?

他依据怎样的原则、规章制度、先例和人事制度办事?

他是否经常会见上司?

他与上司讨论什么问题?

他是否改变自己部门的结构?

要求他举例说明曾作出的重大决定或举措。

在以下几方面他有何种权力:

A.雇用和解雇员工

B.动用资金

C.决定近期开支

D.确定价格

E.改变方法

F.改变岗位设计、政策和薪金。

(8)管理工作最终要取得什么重要成果?

除能圆满解决问题之外,他还直接负责什么工作?

他是具体负责处理某事还是负责监督别人来处理此事?

用何种标准衡量事情的结果?

是由他来确定任务还是由他来组织完成任务?

他对事情的成败是否有决定性作用?

第三章 任务分析方法

【学习目标】

1.掌握职能工作分析的基本知识点、操作方法和实践应用；
2.掌握任务清单分析系统的基本知识点、操作方法和实践应用；
3.掌握关键事件法的基本知识点、操作方法和实践应用；
4.掌握如何在三种任务分析方法基础上进行工作描述的编写。

第二章介绍了一般性工作分析方法，包括问卷法、访谈法、文献法等，本章将介绍专用工作分析方法之任务分析方法。任务就是工作活动中一系列具有特定目标的行为组合，这些行为既可能是以体力活动为主的，也可能是以脑力活动为主的，前者可以通过直接观察或者仪器测量而获得，后者则难以通过观察或测量来获得，因此需要应用更为专门的技术。任务分析主要侧重对工作内容结构的揭示，就是要通过各种分析方法，尤其是综合性的专门技术方法的应用，对工作的任务特点、任务内容、任务结构等方面进行分析，进而获取与工作相关的有用信息。

如前所述，工作被划分为一系列职责，职责被划分为一系列任务，而每一任务又可以被划分为一系列子任务。因此，需要明确的是，任务分析不是目的，而只是为了实现对工作的分析。在进行任务分析时，会涉及从工作到职责，再到任务，甚至到子任务的划分，这些划分细化到什么程度，就需要根据具体的工作特征来确定。前面所讲的"动作的组合是要素，要素的组合是任务，任务的组合是职责，职责的组合是工作"，只是一般性的、逻辑上的关系，具体到某一工作的时候，则要具体问题具体分析。例如，相对来讲管理性岗位的任务较多而繁杂，因此划分会粗略一些；而工人岗位的任务较少且具体，因此划分会细致一些。当然，一般来讲，任务和工作相比，工作是任务组合，这些任务在时间、地点、任职者要求、执行过程等方面具有相似性，同时任务要比工作更具稳定性。

本章将介绍三种任务分析方法：职能工作分析、任务清单分析系统和关键事件法。

第一节　职能工作分析

职能工作分析是一种成熟的、以任务分析为主的分析方法,其突出特点就是能够非常深入而细致地分析在开展工作时,工作者在人员、信息和事物等三个方面是否能够发挥作用,以及发挥作用的程度如何。本节首先介绍了职能工作分析的一般知识,然后介绍了职能工作分析的操作步骤,最后介绍了职能工作分析的实际应用。

一、职能工作分析介绍

职能工作分析(Functional Job Analysis,简称 FJA),最早起源于美国培训与职业服务中心的职业分类系统。

FJA 主要分析方向集中于工作本身,是一种以任务分析为导向的、系统的工作分析方法,是以工作者需要完成的任务,并针对每项任务需要发挥的职能为核心展开深入分析的。FJA 对工作内容的分析非常全面和具体,一般能够覆盖工作内容的 95% 以上。

1.FJA 中任务的界定

在 FJA 中,对任务进行了界定,并且提出了任务应该具备的基本特征。

所谓任务,就是工作的子系统和基本描述单元,也是具有特定目标的行为组合。任务应该具备以下五个基本特征:

(1)任务要有特定的结果和目标。也就是说,任务必须具有特定的结果和目标,才能作为一项任务去分析。例如,汽车司机发动汽车这样一项活动,由于具有特定的结果和目标,即汽车被发动着,在空挡位持续轻踩油门踏板,发动机可以持续转动,因此可以作为一项任务去分析。

(2)任务要有明确的开端和终端。也就是说,任务必须有明确始终,什么时候开始、什么时候结束是明确的。例如,汽车司机发动汽车这一任务,从司机插入钥匙开始到发动机平稳持续转动结束。

(3)可能会被划分为若干子任务。也就是说,任务本身又包含了一系列活动,而这些活动又可以作为子任务。例如,汽车司机发动汽车这一任务,包含若干活动,包括将钥匙插入锁孔、踩下离合踏板到底、顺时针转动钥匙、轻踩油门踏板等,而每一项活动又都有自己的明确结果,可以作为一项任务看待。

(4)可以是连续的或非连续的。也就是说,作为一项任务,在完成时既可以是连续进行的,也可以是被中断后接着进行的。例如,汽车司机发动汽车这一任务的完成可以是连续进行而完成,也可以是间断的,比如司机将钥匙插入锁孔,此时有人问路,待回答完问路人的询问,接着再踩下离合踏板到底、顺时针转动钥匙、轻踩油门踏板,直至汽车发动机空挡位平稳持续地转动为止。

(5)可能需要多人协作完成。也就是说,任务是单一的,但任务的完成者可以不是单一的,可以是由多人共同完成。例如,在车间"给料"工序中,由于设备内处于高温状态,给料过程需要有人配合快速打开和关闭进料门,因此"给料"任务的完成需要两个工人。

2.任务陈述格式

在 FJA 中,对于每一项任务的陈述格式进行了界定。首先要说明的是任务的"行为/活动"是什么;其次说明在任务执行中需要使用的"工具/装备"、"指导/帮助"、"工作信息"和"其他资源";最后说明任务执行的结果,即"任务结果"。任务的陈述格式可用图 3-1 直观地表现出来。

图 3-1   FJA 中任务陈述格式

在这里的"指导/帮助"是指工作开展或执行时需要哪些指导和帮助,亦即工作执行的操作规范。也就是说,需要按照什么样的操作工艺流程进行。表 3-1 列举了"登记考勤任务"的描述。

表 3-1   登记考勤任务

行为/动作	记录
行为/动作的目的	准确记录员工出勤情况
信息来源	员工实际出勤情况
指导的性质	登记考勤表操作规范
工具装备	笔
其他资源	纸张
任务结果	每日员工考勤表

3.FJA 的理论框架

按照 FJA 理论,它认为完整的工作系统应该包括三个方面:组织层面、工作层面和人员层面。工作系统的三个层面共同支撑了组织生产力的发展和员工的成长,同时三个层面又互相作用、互相影响。组织层面为工作的开展进行了方向控制,为员工完成工作提供了人力资源管理上的保证;工作层面为组织目标的实现提供了支撑服务,为人员提供了工作机会和工作要求;人员层面则对组织层面的人力资源管理提供了支持,为工作的完成提供了保障,详见图 3-2。

因此,对整个工作系统的分析,就要从以下三个层面展开:一是组织分析,包括战略、计划、资源和约束等方面的分析;二是任务分析,包括工作职能、制度要求、绩效标准和培训内容等方面的分析;三是资格分析,包括能力、经验、教育和培训等方面的分析。

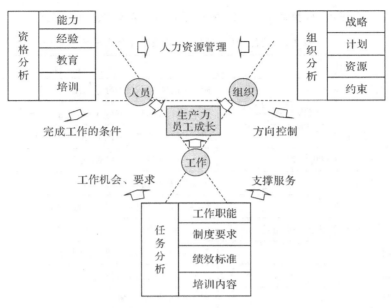

图 3-2　FJA 理论模型

4. FJA 的分析结果框架

　　按照 FJA 理论,对于工作的分析要从组织、工作和人员三个层面分析,因此,FJA 的分析结果既包括对组织层面的目标定位、绩效标准,也包括工作层面的职能等级,还包括人员层面的培训内容,如图 3-3 所示。

图 3-3　FJA 分析结果框架

二、职能工作分析的操作步骤

　　职能工作分析的操作步骤包括四步,分别是任务分解与陈述、确定任务的职能等级、确定任务的绩效标准和确定任务的培训内容。

　　1. 任务分解与陈述

　　首先,根据组织目标的分解,明确每一工作的目标;然后,将工作分解成一系列任务,明确每一项任务的目标,并对每一项任务进行陈述。

　　例如,房地产销售助理职位的工作目标,是根据该职位在销售部的作用确定的,其工作又可以分解为 17 项任务,详见表 3-2。任务陈述举例见表 3-1 登记考勤任务。

表 3-2　房地产销售部销售助理工作任务分解

编　号	任　务	目　标
01	审核《认购协议书》	确保《认购协议书》准确无误
02	将《认购协议书》上报销售经理	及时把《认购协议书》上报经理,交其复核
03	《认购协议书》存档	将《认购协议书》正确登录到计算机系统
04	审核商品房价格及销售情况	确保房价在规定的范围内和了解商品房的销售情况
05	制作《月销售报表》	为填写月销售状况做准备
06	分析项目广告效应	核定广告总体的效果、不同广告类型的效果
07	将《广告效应分析报告》上报经理	将《广告效应分析报告》提交经理处理
08	审核月销售佣金表	确保所上交的月销售佣金表准确无误
09	登记考勤	准确记录员工出勤情况
10	制定工资表	用于登记员工工资
11	与财务部核对工资表	保证账账相符
12	收集客户要求	了解客户需求
13	整理客户要求	整合客户要求,为以后的反映工作做准备
14	将整理后的客户要求反映给工程部	准确及时地将客户要求反映给工程部
15	协助客户向银行贷款	保证客户顺利贷款
16	协助客户申办房产证	保证客户顺利申办房产证
17	领取日常办公用品	方便日常办公物品的使用

2.确定任务的职能等级

按照 FJA 理论,所有工作都涉及与人、事和数据的关系,因此,工作者的职能可分为事物职能、数据职能和人员职能。在处理事物的时候发挥着事物职能,主要依赖于身体能力;在处理数据的时候发挥着数据职能,主要依赖于智力;在处理与人的关系时发挥着人员职能,主要依赖于交际能力和情商(EQ)。

三种职能又可以按照任务执行时的难易程度划分为不同的等级,并进行了详细的定义和举例。例如,"处理"等级被定义为"工作对象、材料和工具在数量上很少,而工人又经常使用;精确程度要求一般比较低;需要使用小轮车、手推车和类似工具"。详见表 3-3 事物职能等级表、表 3-4 数据职能等级表和表 3-5 人员职能等级表。

在事物职能的等级划分中包括四个等级,从"1"级到"4"级,级别越高操作难度就越大。其中有的等级里又分为几个次等级。例如,在等级"1"里,又包括了"1A"和"1B"两个次等级。

表 3-3　事物职能等级

编　号	等　级	定　义
1A	处理	工作对象、材料和工具在数量上很少,而工人又经常使用;精确程度要求一般比较低;需要使用小轮车、手推车和类似工具
1B	进给或移走	为自动的或需要工人控制和操作的机器设备安插、扔掉、倒掉或移走物料;具有精确的要求,大部分要求来自于工作本身所要的控制
2A	照管	帮助其他工人开、关和照看启动的机器和设备时,保证机器精确地运转,这需要工人在几个控制台按照说明去调节机器,并对自动信号做出反应,包括所有不带有明显结构及结构变化的机器状态;在这里几乎不存在运转周期、非标准化的工作;而且调节是预先制定好的
2B	操纵	当有一定数量的加工对象、工具及控制点需要处理时,加工、挖、运送、安排或者放置物体或材料,具有比较精确的要求;包括工作台前的等待、用于调换部件的便携动力工具的使用以及诸如厨房和花园中普通工具的使用等
3A	操作—控制	开动、控制和调节被用来设计产品结构和处理有关资料、人员和失误的机器设备;这样的工作包括打字员、转动木材等使用机器运转的工作或负责半自动机器的启动、熄火的工作;控制机器和设备包括在工作过程中对机器和设备进行准备和调整;需要空置的机器和设备包括计量仪、表盘、阀门开关及其他诸如温度、压力、液体流动、泵抽速度和材料反作用等方面的仪器;包括打字机、油印机和其他的在准备和调节过程中需要仔细证明和检查的办公机器(这一等级只用于与各单元里设备和机器的操作)
3B	运转—控制	(控制机器的操作)为了便于制造、加工和移动物体,操作过程必须被监视和引导;规范的控制行动需要持续地观察并迅速地做出反应(在使用工具时,即使工作制涉及人或物,也应遵循这一原则)
4A	精确工作	按标准工作程序加工、移动、引导和放置工作对象或材料,在这里,对工作对象、材料和工具处理的精确程度应符合最终完成工作时的工艺要求(这一原则主要是用于依靠手工操作和使用手动工具的工作)
4B	装配	(安装机器设备)插入工具、选择工装、固定件和附件;修理机器或按工作设计和蓝本说明使机器恢复功能;精度要求很高;可以涉及其他工作操作或自己负责操作的一台或数台机器

在数据职能的等级划分中,共分为 6 个等级,同样级别越高操作难度就越大。

表 3-4 数据职能等级

编 号	等 级	定 义
1	比较	选择、分类或排列相关数据,判断这些数据已具备的功能、结构或特性与已有的标准是类似还是不同
2	抄写	按纲要和计划召集会议或处理事情,使用各种操作工具来抄写、编录和邮寄资料
3A	计划	进行算术运算;写报告,进行有关的预订和筹划工作
3B	编辑	遵照某一方案或系统去收集、比较和划分数据;在该过程中有一定的决定权
4	分析	按照准则、标准和特定原则,在把握艺术和技术技巧的基础上,检查和评价相关数据,以决定相关的影响和后果,并选择替代方案
5A	创新	在整体运行理论原则范围内,在保证有机联系的条件下修改、选择、调整现有的设计、程序或方法以满足特殊要求、特殊条件或特殊标准
5B	协调	在适当的目标和要求下,在资料分析的基础上决定时间、场合和一个过程的操作顺序、系统或组织,并且修改目标、政策(限制条件)或程序,包括监督决策和事件报告
6	综合	基于人事知觉、感觉和意见(考虑或者不考虑传统、经验和现存的情况),从新的角度出发,改变原有部分,以产生解决问题的新方法来开发操作系统;或脱离现存的理论模式,从美学角度提出解决问题的办法或方案

在人员职能的等级划分中,共分为 7 个等级,同样,操作难度越大的行为级别就越高。

表 3-5 人员职能等级

编 号	等 级	定 义
1A	指令协助	注意管理者对工作的分配、指令或命令;除非需要指令明确化,一般不必与被管理者做直接的反应或交谈
1B	服务	注意人的要求和需要,或注意人们明显表示出的或暗示出的希望,有时需要直接做出反应
2	信息转换	通过讲述、讨论和示意,使人们得到信息;在既定的程序范围内明确做出任务分配明细表
3A	教导	在只有两人或一小组人的情况下以同行或家庭式的关系关心个人,扶助和鼓励个人;关心个人的日常生活,在教育、鼓励和关心他人时要善于利用各种机构、团体与私人的建议与帮助
3B	劝导	用交谈和示范的方法引导人,使别人喜欢某种产品或服务或赞成某种观点
3C	转向	通过逗趣等方法,使听众分心,使其精神放松、缓和某种气氛
4A	咨询	作为技术信息来源为别人提供服务,提供相关的信息来界定、扩展或完善既有的方法、能力或产品说明(也就是说,要告知个人或家庭。诸如选择学校和重新就业等目标的详细计划,协助他们做出工作计划,并指导他们完成计划)
4B	指导	通过解释、示范和试验的方法给其他人讲解或对他们进行培训

编 号	等 级	定 义
4C	处理	对需要帮助(如有病)的人进行特定的治疗或调节;由于某些人对规定(化学、物理或行为)的反应可能会超出工作者的预想范围,所以要系统地观察在整个工作框架内个人行为的处理结果;当必要时要激励、支持和命令个人使他们对治疗和调节程序采取接受或合作的态度
5	管理	决定和解释每组工作的工作程序;赋予他们相应的责任和权限(规定性说明和详细的工作内容);保证他们之间和谐的关系;评价他们的工作绩效(规定性的、详细的)并促使他们提高效率,在程序的和技术的水平上作出决策
6	谈判	作为谈判某一方的正式代表与对手就相关事宜进行协商、讨论,以便充分利用资源和权利,在上级给定的权限内或在具有完整程序的主要工作中"放弃和接受"某些条件
7	顾问	与产生问题的人们进行交谈,劝导、协商或指导他们按照法律、科学、卫生、精神等专业原则来调节他们的生活;通过问题的分析、论断和公开处理来劝导他们

例如,针对销售助理"《认购协议书》存档"这一任务来讲,任务执行过程中只涉及事物职能和数据职能,按照 FJA 给出的定义,数据职能为"2 抄写",事物职能为"3 操作控制";"审核商品房价格及销售情况"一任务的数据职能为"4A 分析",人员职能为"3A 咨询",事物职能为"1A 处理"。

3.确定任务的绩效标准

在确定了任务之后,就可以根据任务的转换和工作输出来确定其绩效标准。一般的绩效标准包括过程测量和结果测量,既可以采用定性的描述,也可以采用定量的分析。以销售助理的任务为例,表 3-6 列出了其第 03 项、04 项和 05 项任务的绩效标准。

表 3-6　销售助理部分任务的绩效标准

编 号	任 务	绩效标准
03	《认购协议书》存档	1.存档及时; 2.档案信息无遗漏、无错误
04	审核商品房价格及销售情况	1.在规定时间内完成审核; 2.根据客观标准进行审核; 3.审核过程无信息遗漏
05	制作《月销售报表》	1.在规定时间内完成《月销售表》的制作; 2.《月销售报表》项目完整、无遗漏、无错误

4.确定任务的培训内容

按照 FJA 理论,作为一个完整意义上的工作者应该具备三个层次的技能:通用技能、特定技能和适应性技能。通用技能就是工作者处理人、事和信息的基本能力;特定技能就是根据工作标准处理人、事和信息的能力;适应性技能就是应对环境的趋同或求变的能力。

根据工作者执行的任务来确定其所需要掌握的技能,进而根据其技能结构进行培训内容的安排。表 3-7 列举了销售助理针对第 03 项、04 项和 05 项任务的技能培训项目。

表 3-7　销售助理技能培训项目

编　号	任　务	技能培训项目
03	《认购协议书》存档	1. 通用的计算机软、硬件操作技能； 2. 公司销售业务处理软件系统操作技能
04	审核商品房价格及销售情况	1. 商品房价格审核相关知识； 2. 基本的数理统计操作技能
05	制作《月销售报表》	1. 通用的计算机软、硬件操作技能； 2. 公司销售业务报表制作软件系统操作技能

三、职能工作分析的应用

在职能工作分析的实际应用中，一般采用主题专家会议法（SMEs），通过各位工作专家的讨论确定任务库、任务的职能等级、任务的绩效标准、任务的培训内容等。

主题专家会议法的操作步骤如下：

第一，在同 SMEs 会谈前，回顾现有工作信息，并安排同 SMEs 的小组会谈；

第二，分发欢迎信，并进行 FJA 操作方法和注意事项的培训；

第三，确定 FJA 任务描述的规则，列出工作产出表（产品或服务）；

第四，形成任务库，并进行修正；

第五，确定任务的绩效标准；

第六，确定工作者的培训内容。

FJA 的分析结果可以应用到人力资源管理各项职能当中。

在 FJA 中对任务的目标确定、内容陈述以及绩效标准等内容，可以为工作设计提供重要信息。一个职位其任务关联性如何，直接决定了工作设计的有效性，也决定了工作开展的效率性。因此，通过对任务目标和任务内容进行逻辑分析和数理分析，就可以促进工作的有效设计，有效的工作设计为工作的有效执行奠定了基础。

在 FJA 中对任务的三个方面职能及各职能等级的划分与确定，可以为工作评价提供详细的信息。在工作评价中，职位评价分值的高低在很大程度上取决于职位工作任务对组织的价值、操作难易度等方面，而在 FJA 中能够详细地、具体地列出各项任务的职能及其等级，可以作为工作评价的直接有用的信息。

在 FJA 中对任务绩效标准的分析，可以为绩效评价提供有用的信息。在绩效管理中，对职位的绩效进行评价要从不同的维度去考虑，既包括任务行为过程，也包括任务行为结果；既有定量指标，也有定性描述。而这些信息在 FJA 的绩效标准分析中就可以得到。

在 FJA 中对工作者培训内容的分析，可以为招聘管理、选拔管理和培训管理提供及时的信息。在招聘、选拔管理中，需要按照目标工作的要求来确定求职者的技能水平要求，在 FJA 中通过对工作者培训内容的确定，就可以明确工作者需要具备的技能项目和水平。而同时，FJA 中对工作者培训内容的确定及时为培训管理中确定培训内容提供了重要信息。

总之，职能工作分析是一种很成熟也很实用的技术，在工作分析中发挥着重要的作用。当然，作为一种技术方法，FJA 仍然有改进的空间。例如，在对任务的职能等级的确定上，职能等级可以根据组织具体的工作任务特点进行修正补充，以便更有效地发挥其作用。

第二节　任务清单法

任务清单法也是一种基于工作任务的分析方法，其核心在于通过一套标准化的问卷和对信息的多样化处理方法获得关于工作任务的相关信息。任务清单法也有很广泛的应用。

一、任务清单法介绍

任务清单法(Task Inventory Analysis，简称 TIA)是一种典型的任务倾向性工作分析系统，由美国空军(USAF)人力资源研究室 Raymond E. Christal 及其助手开发的。TIA 的研究始于 20 世纪 50 年代，通过对 10 万多名雇员的实验进行验证，经历了 20 多年的时间逐渐趋于成熟。

任务清单法由一套系统的收集工作信息的方法技术系统和用于分析、综合与报告工作信息的计算机程序系统构成，如图 3-4 所示。

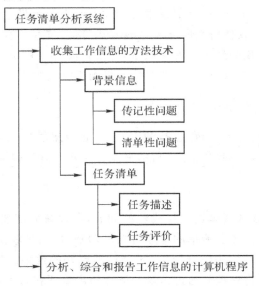

图 3-4　任务清单系统的结构

任务清单法中的收集工作信息的方法技术系统实质上是一套高度结构化的调查问卷，包括"背景信息"和"任务清单"两个部分。

在"背景信息"中又包括"传记性问题"和"清单性问题"。"传记性问题"是用于对调查对象进行分类的信息，如：姓名、性别、职位序列号、职位名称、任职部门、受教育水平、职业通道等。"清单性问题"是用于了解工作背景的信息，如使用的工具、设备、需要培训的课程、工作态度要求等。

"任务清单"是按照一定标准排列的一系列任务单元，实质是一个高度结构化的调查问卷，包括"任务描述"和"任务评价"两个部分。"任务描述"又包括"任务行动"和"任务目标"

两个方面。任务评价的维度主要有时间花费、执行的频率、重要性程度、困难程度等,评价的尺度可以是 5 级、7 级和 9 级等。

在这一套结构化的问卷中,既有填答项目,也有选填项目。"背景信息"中既有填答项目,也有选填项目,"任务清单"被设计成选填项目。

在任务清单系统中,除了一套结构化的问卷用于收集信息外,还有一套计算机程序用于对信息进行汇总和统计分析,常用的是 CODAP 系统。当然也可以根据自己需要选择统计分析软件,例如 Excel、SPSS、SAS 等。

Microsoft Excel 是微软公司的办公软件 Microsoft Office 的组件之一,是由 Microsoft 为 Windows 和 Apple Macintosh 操作系统的电脑而编写和运行的一款试算表软件。Excel 是微软办公套装软件的一个重要的组成部分,它可以进行各种数据的处理、统计分析和辅助决策操作,广泛地应用于管理、统计财经、金融等众多领域。

SPSS 即"社会科学统计软件包"(Solutions Statistical Package for the Social Sciences),但是随着 SPSS 产品服务领域的扩大和服务深度的增加,SPSS 公司已于 2000 年正式将英文全称更改为"统计产品与服务解决方案"(Statistical Product and Service Solutions),标志着 SPSS 的战略方向正在做出重大调整。

SAS(Statistical Analysis System)是由美国北卡罗来纳州州立大学 1966 年开发的统计分析软件。1976 年,SAS 软件研究所(SAS Institute Inc.)成立,开始进行 SAS 系统的维护、开发、销售和培训工作。期间经历了许多版本,并经过多年来的完善和发展,SAS 系统在国际上已被誉为统计分析的标准软件,在各个领域得到广泛应用。

二、任务清单法的操作步骤

使用任务清单法进行任务分析,包括两大步:信息收集和信息分析。总的来看有四步:构建任务清单、利用任务清单收集信息、利用统计软件分析信息和编写基于任务清单的职位说明书。

1. 构建任务清单

收集信息就要利用任务清单这一结构化的问卷,所以首先需要编制问卷。任务清单是工作的一系列任务的组合,任务清单的构建可采用调查方法、观察法、工作日志法、SMEs 和文献法等,更多情况是多种方法综合使用,才会达到更好的效果。例如,首先通过文献法获取有记载的相关信息,进行整理后通过访谈法进行初步验证和修正,再通过试调查进行二次验证和修正,这时任务清单就更具有代表性和针对性。

有时候也可将组织目标分解为部门目标,然后将部门目标分解为职位目标,最后根据职位目标进行职位任务的分解。以企业人力资源部为例,其目标定位和职能分解如图 3-5 所示。在图中,我们将人力资源部的工作目标分解到人力资源的各个工作领域,获得人力资源部任务清单,这一清单又可以直接分解为各个职位的任务清单,详见表 3-8。

在表 3-8 中,将人力资源部工作职能划分为 11 个部分,共计 328 项任务,其职能定位(和任务项目)分别是组织规划设计(32 项)、人力资源规划(37 项)、工作分析(25 项)、招聘与录用管理(36 项)、薪酬管理(45 项)、绩效管理(26 项)、培训与开发管理(36 项)、考勤管理(10 项)、员工异动管理(29 项)、劳动关系管理(31 项)、人事档案管理(21 项)。

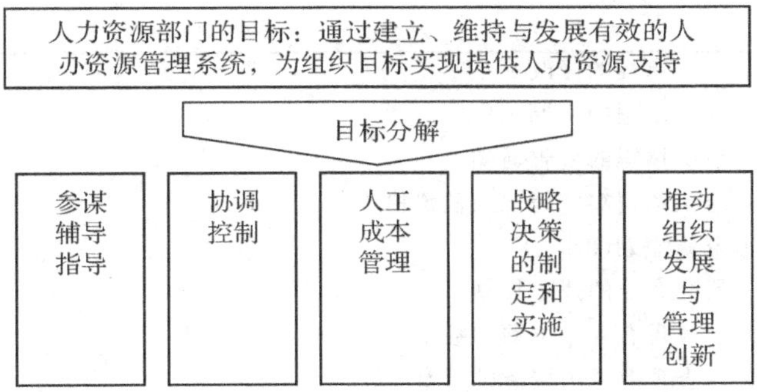

图 3-5　人力资源部职能定位

表 3-8　人力资源部任务清单

职能一:组织规划设计(32 项)

001	研究企业的组织目标与价值系统
002	设定组织的目标
003	层层分解组织目标,明确必须要做的事
004	把要做的事按一定逻辑编组,同类合并成工作(组)
005	把同类或相关的工作(组)归并为部门
006	拟定各部门职务区分原则
007	拟定各部门职务区分方式
008	拟订各部门分工计划
009	职务分工计划的分析研究检讨
010	职务分工计划的更正修改
011	职务分工计划的实施
012	拟订各部门直线经理权责划分计划
013	计划之分析研究检讨
014	计划之更正修改
015	计划之实施
016	制作组织结构图
017	制作部门权责划分表
018	学习研究新的组织理论和方法
019	向直线经理讲解推荐新的理论和方法
020	提出组织创新的建议
021	拟订组织创新方案
022	方案的分析研究检讨
023	方案的更正修改
024	方案的实施
025	组织章程方针的拟定
026	组织章程的计划
027	组织章程的起草
028	组织章程的研究检讨

续　表

029	组织章程的修改更正	
030	组织章程的协调工作	
031	组织章程的公告通知	
032	组织章程实施情况的监督检查	

职能二：人力资源规划（37项）

033	研究企业的战略规划
034	盘查现有人力资源的数量
035	盘查现有人力资源的质量
036	盘查现有人力资源的结构
037	分析经济发展对人力需求的影响
038	分析技术对人力需求的影响
039	分析组织结构对人力需求的影响
040	分析预期工作活动变化对人力需求的影响
041	分析工作时间对人力需求的影响
042	分析培训开发对人力需求的影响
043	分析市场发展对人力需求的影响
044	分析员工稳定性对人力需求的影响
045	分析各种因素对人力需求的综合影响
046	研究企业所在地和附近地区人口密度对人力供给的影响
047	研究其他企业人力需求对人力供给的影响
048	研究当地就业水平就业观念对人力供给的影响
049	研究当地科技文化教育水平对人力供给的影响
050	研究企业所在地人才吸引力对人力供给的影响
051	研究企业本身的人才吸引力对人力供给的影响
052	研究全国劳动人口增长趋势对人力供给的影响
053	研究全国对各类人员的需求程度对人力供给的影响
054	研究各类学校的毕业生规模与结构对人力供给的影响
055	研究教育体制改革对人力供给的影响
056	研究国家就业法规政策对人力供给的影响
057	研究各类因素对人力供给的综合影响
058	预测人力资源净需求的数量
059	预测人力资源净需求的质量
060	预测人力资源净需求的结构
061	制作人力资源供求平衡表
062	制订晋升规划
063	制订人员补充规划
064	制订员工退休规划
065	制订劳动合同调整规划
066	制订工作时间调整规划
067	制订员工职业生涯发展规划
068	制订培训开发规划

续 表

| 069 | 制订其他人力规划执行方案 |

职能三:工作分析(25 项)

070	明确工作分析信息的使用目的
071	确定信息收集的类别和范围
072	建立工作分析的组织系统
073	制定工作分析的规范用语
074	广泛宣讲工作分析的目的与作用
075	选择信息源
076	选择信息收集的方法和系统
077	利用所选方法和系统收集信息
078	整理所收集的信息
079	工作名称分析
080	工作任务分析
081	工作职责权力分析
082	工作关系分析
083	工作强度分析
084	工作环境分析
085	任职者必备知识分析
086	任职者必备经验分析
087	任职者必备心理素质分析
088	任职者必备身体素质分析
089	编写工作描述
090	编写工作规范
091	制作工作执行标准文件
092	制作工作族文件
093	培训工作分析文件的使用者
094	修正工作分析文件

职能四:招聘与录用管理(36 项)

095	选聘录用制度规章的拟定
096	制度规章的分析研究检讨和更正修改
097	制度规章的废止
098	收集汇总各部门人才需求信息
099	制订选聘录用计划
100	制订计划的执行方案
101	制定选聘的程序
102	确定招募对象及范围
103	选择招聘方式
104	与政府有关部门联系
105	与人才市场、人才中介机构联系
106	与高校等人才供应地联系

续　表

107	准备招聘所需材料和工具
108	发布招聘信息
109	确定录用标准
110	录用标准之分析研究改进
111	筛选应聘材料
112	应答求职电话
113	回复求职信函
114	接待登门求职者
115	组织实施测验、考试
116	设计制作应聘人员登记表
117	制作面试问题提纲
118	制作面试评价表
119	准备、布置面试场所
120	确定面试考官人选
121	确定面试方式
122	面试应聘
123	通知应聘者选聘录用阶段的有关信息
124	为新录用人员办理有关手续
125	建立人才信息库
126	管理人才信息库
127	临时工作人员之录用
128	安置临时工作人员
129	与临时工作人员签订劳动合约
130	与兼职人员签订聘用协议

职能五：薪酬管理(45 项)

131	报酬管理方针、原则的制定
132	薪资管理制度的拟定
133	薪资管理制度的分析研究改进
134	薪资管理工作的检讨分析改进
135	学习国家、地方的薪资管理政策
136	学习国家、地方的保险管理政策
137	学习国家、地方的福利管理政策
138	保险制度的拟定
139	保险制度的分析研究改进
140	保险管理工作的检讨分析改进
141	福利管理制度的拟定
142	福利制度的分析研究改进
143	福利管理工作的检讨分析改进
144	确定报酬因素
145	选择工作评价方法

续 表

146	进行工作评价
147	建立薪资等级
148	确定单位时间薪资率
149	确定薪资结构
150	制作薪资等级结构表
151	确定薪资水平
152	明确薪资调查的目的
153	选择调查对象
154	争取调查对象的合作
155	利用调查收集资料
156	调查资料的整理和统计
157	撰写薪资调查报告
158	宣讲解释报酬管理政策、制度
159	回答员工有关报酬问题的提问
160	薪资的计算
161	薪资的发放
163	保险费的计算
164	保险费的缴纳
165	福利给付项目的审核
166	福利给付的实施
167	人工成本的预算
168	人工成本的核算、总结
169	报酬调整方案的提出
170	报酬调整方案的分析研究改进
171	报酬调整方案的组织实施
172	员工个人报酬调整之签办
173	制作统计报表
174	复核统计报表
175	汇总统计报表

职能六:绩效管理(26项)

176	制定人事考核的原则、方针和政策
177	人事考核制度的拟定
178	人事考核制度的分析研究改进
179	宣讲解释人事考核的原则、制度
180	明确考核的性质和类别
181	明确考核的内容及其标准
182	确定考核的方式方法
183	确定考核的时间安排
184	制定考核程序
185	培训主要的考核责任者

续　表

186	设计指导性的考核方案
187	为直线经理提供咨询、指导
188	审核各部门的考核方案
189	组织协调各部门的考核工作
190	检查督促考核进程
191	收集汇总各部门考核结果
192	统计分析考核结果
193	收集整理有关考核的反馈信息
194	考核方式方法的检讨分析改进
195	奖惩制度基本方针之拟定
196	奖惩制度的起草
197	奖惩制度的分析研究改进
198	奖励事项的签办
199	惩罚事项的签办
200	奖惩事件的登记
201	奖惩事件的统计分析

职能七:培训与开发管理(36 项)

202	制定培训开发方针政策
203	培训开发政策的分析研究改进
204	培训开发制度的制定
205	培训开发制度的分析研究改进
206	培训开发计划的制订
207	培训开发计划的分析研究改进
208	收集培训需求信息
209	分析评价培训需求信息
210	明确培训目的
211	培训时间的安排
212	培训内容的选择、设计
213	培训对象的确定
214	培训师的确定
215	培训地点的选择
216	培训所需各种物品仪器材料的准备
217	参加培训人员的安排
218	培训经费的预算
219	培训经费的申请
220	培训经费的核销
221	培训场地器材的管理
222	培训师的聘请
223	与培训机构联系
224	协助各类培训考试

续　表

225	收集培训后的信息反馈	
226	培训效果评估	
227	分析总结培训经验	
228	统筹协调各部门的培训工作	
229	监督检查培训实施情况	
230	员工培训的宣传报道	
231	员工培训协议的签订	
232	员工进修管理规章的制定	
233	员工进修计划的制订	
234	筹办员工进修的有关事宜	
235	筹办员工出国留学进修的有关事宜	
236	员工培训档案材料的记录	
237	员工培训档案材料的提交归档	

职能八：考勤管理（10 项）

238	工作时间、休息、休假制度的建立
239	制度的分析研究改进
240	请假制度的建立
241	请假制度实施情况的监督检查
242	请假制度的修改
243	考勤制度的建立
244	考勤制度实施情况的监督检查
245	核实各部门的考勤记录
246	汇总各部门的考勤记录
247	考勤记录的统计分析

职能九：员工异动管理（29 项）

248	晋升制度的制定
249	晋升制度的分析研究改进
250	晋升制度实施情况的监督检查
251	降职制度的制定
252	降职制度的分析研究改进
253	降职制度实施情况的监督检查
254	平调制度的制定
255	平调制度的分析研究改进
256	平调制度实施情况的监督检查
257	停薪留职制度的制定
258	停薪留职制度的分析研究改进
259	停薪留职制度实施情况的监督检查
260	辞职制度的制定
261	辞职制度的分析研究改进
262	辞职制度实施情况的监督检查

续　表

263	辞退制度的制定
264	辞退制度的分析研究改进
265	辞退制度实施情况的监督检查
266	退休制度的制定
267	退休制度的分析研究改进
268	退休制度实施情况的监督检查
269	选择和设计员工异动管理所用图表
270	审核各部门或个人提出的异动申请
271	办理员工异动有关手续
272	做好员工异动结果的记录
273	与异动当事人面谈
274	工作交接办法的制定
275	工作交接办法的分析研究改进
276	工作交接办法实施情况的监督检查

职能十：劳动关系管理（31 项）

277	学习国家和地方的有关劳动法律、政策
278	审查企业各项管理制度是否符合劳动法律、政策
279	与国家法律部门、政府劳动人事部门建立和谐关系
280	员工合理化建议制度的建立
281	员工合理化建议制度的分析研究改进
282	员工合理化建议的收集整理
283	员工合理化建议的处理
284	人事不协调问题的发掘
285	人事纠纷处理方案的提出
286	人事纠纷的协调解决
287	与工会交涉
288	员工满意度调查
289	员工士气调查
290	人际关系调查
291	组织制度调查
292	劳工关系活动的策划
293	劳工关系活动的组织
294	劳动合同的签订
295	劳动合同的续签
296	劳动合同的变更
297	劳动合同的终止
298	劳动合同的日常管理
299	安全卫生制度的建立
300	安全卫生制度的分析研究改进
301	安全卫生制度实施情况的监督检查

302	收集有关安全卫生工作的意见、建议
303	处理有关安全卫生工作的意见、建议
304	协助安全卫生方面的事故、纠纷
305	员工保健制度的建立
306	定期体检的组织
307	特约医院的联络

职能十一：人事档案管理（21 项）

308	人事资料的汇集
309	人事资料的调查研究
310	人事资料及报表的查催
311	人事资料的汇编转呈
312	人事资料的保管
313	人事报表的汇编转呈
314	人事资料的统计
315	人事统计资料的汇编
316	人事统计资料的保管
317	人事档案管理制度的建立
318	人事档案管理制度的修改
319	建立员工人事档案
320	招聘材料归档
321	考核材料归档
322	培训材料归档
323	异动材料归档
324	办理人事档案托管事宜
325	人事档案的日常保管
326	办理档案查询事宜
327	人事档案的转交
328	废弃人事档案的销毁

编写好任务清单后就需要确定对任务进行评价的维度，一般有相对时间花费、执行的频率、重要性程度、困难程度等，在选择评价维度时要根据组织工作特点而定。确定了评价维度后就要给维度的评价赋值，如前所述，一般有 5 级、7 级和 9 级等。在这里，一定要给维度的每一评价等级定义，明确其所指。表 3-9 中列举了对"相对时间花费"和"重要程度"两个维度不同评价等级的定义。

表 3-9　两个维度的评价等级定义

评价维度	评价维度等级					
	0	1	2	3	4	5
相对时间花费	从来不做	极少量时间	少量时间	平均时间	大量时间	极大量时间
重要程度	毫无意义	不重要	轻微	比较重要	非常重要	极为重要

在任务清单和评价维度与等级都设计完成后,就要通过访谈和试调查进行验证和修正,确保其具有代表性和针对性,这也保证了获取信息的有效性。

2.利用任务清单收集信息

在利用编写好的任务清单收集信息阶段,主要需要明确调查的范围、调查的对象、调查的方式等。

(1)调查范围选择。选择调查范围就是要确定在哪些企业展开调查。一般有三种可选方案,即单一企业、单一行业的多个企业和多个行业的多个企业。

方案一:单一企业。此方案意味着确定调查范围时,只选择某一企业作为调查对象,此企业一定是标杆企业,或者说是行业标准的领跑者。这里的标杆可以考虑选择产品标杆、服务标杆或者管理标杆。通过对标杆企业的调查,可以获知本企业在此环节上与标杆企业的差距有多大,这就为企业的提升找到了方向。

方案二:单一行业多企业。此方案意味着在确定调查范围时,只选择本企业所在行业的多个企业。因此,针对这些企业最终形成的调查结果具有一定的行业特点,反映了行业的标准。这也为企业找到与行业标准的差距,为提升企业的综合实力提供了重要信息。

方案三:多行业多企业。此方案意味着确定调查范围时,选择多个行业的多个企业。因此,针对多行业多企业展开的调查,就可以获得更为全面性、综合性的信息,调查结果在更大程度上排除了行业和企业因素的干扰,具有一般性意义。

(2)调查对象选择。在确定了所要调查的企业后,就要确定信息来源,即调查企业中的哪些人员,一般会选择工作任职者和直线管理者。工作任职者可以提供与工作执行相关的信息,比如时间耗费信息、工作姿势、工作环境、困难程度等,直线管理者则可以提供与工作价值性相关的信息,比如工作任务重要性、工作失误影响等。

(3)调查方式选择。调查方式包括集体调查和单独调查,前者效率更高,速度更快,但信息的真实性可能会差一些;后者能够进行直接的填答指导,也能保证回收率,但增加费用。

为了确保信息的真实性和准确性,任务清单填写时必须遵循如下步骤。

第一步,被调查者以填空或选择的方式回答"背景信息"部分问题。

第二步,被调查者阅读任务清单上的"任务描述",并在属于其正常工作范围内的任务单元上作标记"√"。注意,这里的"正常工作"是指某任务应该属于该职位,而不管它现在被做或者没有被做。可能的两种情况:一是任务正在被做,但不属于该工作范围,那么该任务不属于正常工作;二是任务现在没有被做,但是属于该工作范围而且在将来一定会被做,那么该任务属于正常工作。

第三步,被调查者再次阅读任务清单,并对其重要性、时间花费等维度进行评价,确定任务在评价维度上的等级,并在对应的等级上标记"√"。被调查者要求两次阅读任务清单是出于以下考虑:被调查者可以总揽工作任务全局,一是有利于更好的评价;二是有利于补充被遗漏的任务单元;三是防止未很好理解填写说明的被调查者对所有任务进行评价。

第四步,被调查者在另外的空白纸上写出未被包含的正常工作任务,并进行评价。

当然,在回收问卷时一定要对遗漏信息进行补填,对错误信息进行更正,对不准确的信息进行修正。

这样,通过以上四步,信息获取阶段的工作就结束了,接下来就是要进行信息的分析。

3.利用统计软件分析信息

如前所述,所收集到的信息具有量化的特点,例如重要性程度会被评价为1、2、3、4、5中的某一级。因此可以将这些量化信息录入到相关的统计分析程序中就可以展开分析了。

利用统计分析软件要进行分析的内容取决于对信息需要的程度。一般来讲,统计分析内容包括百分比、集中趋势、离中趋势、相关性以及其他一些统计分析。

(1)百分比分析。任务清单信息的基本统计分析就是一系列百分比统计,如执行某一任务人数占被调查人数的百分比,执行某一任务的时间占总工作时间的百分比,认为某一任务是关键任务的人数的百分比等。这些百分比数值往往用作区分各个任务的指标,那些被认为是需要最经常执行的、困难的或最关键的任务,才会被重点分析,用作人员甄选或绩效考核等人事职能运作的重要参考依据。表3-10列举了在绩效管理中的部分任务,在30个样本企业调查中"重要程度"得分为5分的百分比。

表3-10　绩效管理部分任务"重要程度"为5分的百分比

任务编号	任务描述	"重要程度"为5分的百分比(%)
177	人事考核制度的拟定	70
181	明确考核的内容及其标准	80
182	确定考核的方式方法	85
186	设计指导性的考核方案	100
190	检查督促考核进程	70
192	统计分析考核结果	60

(2)集中趋势分析。集中趋势分析主要是考察事物一般水平的指标分析,一般是通过计算平均数来找到这种平均水平。在任务清单中,对每一任务进行不同维度的评价,评价的得分从1分到5分或者从1分到7分。在评价结束后,可以针对这些评价结果来计算某一任务的平均得分。在这里,既可以计算数值平均数,包括简单算术平均数和加权算术平均数等;也可以计算位置平均数,包括众数、中位数和其他分位数等。表3-11列举了在绩效管理中的部分任务,在30个样本企业调查中"重要程度"得分的平均数。

表3-11　绩效管理部分任务"重要程度"平均得分

任务编号	任务描述	"重要程度"得分平均数
177	人事考核制度的拟定	4.698
181	明确考核的内容及其标准	4.735
182	确定考核的方式方法	4.846
186	设计指导性的考核方案	5.000
190	检查督促考核进程	4.689
192	统计分析考核结果	4.211

(3)离中趋势分析。离中趋势分析主要是考察事物在平均水平基础之上,其偏离平均水平的程度,一般是计算方差和标准差。在任务清单中,对每一任务的不同维度的评价得分,既能表现出集中趋势,也能表现出离中趋势。在评价结束后,可以在计算这些评价结果的平均水平基础上,来计算某一任务得分的差异性程度。例如,执行同一任务的各员工之间的差异性就可以通过计算方差和标准差来体现出来。

另外,还可以计算相关系数等来分析任务之间的相关程度,如表 3-12 所示的"任务重叠度分析"就可以考察工作重叠度和相关性。

表 3-12 "任务重叠度分析"示例

1.任务接近性/重叠度计算公式:

$$PO(A,B) = [2X/(N_A + N_B) \times 100]$$

式中:$PO(A,B)$,工作 A 与工作 B 的任务重叠百分数;

   X,工作 A 与工作 B 共有的任务项目数;

   N_A,工作 A 的任务项目数;

   N_B,工作 B 的任务项目数。

2.范例:

  工作 A 的任务项目:1,2,3,4,5,6,7,8,9,10,11,12,13;

  工作 B 的任务项目:2,3,4,5,6,7,9,11,12,13,15,16;

  工作 C 的任务项目:1,9,11,12,13,15,16,17,18,19,20,21,22,23,24,25,26。

  因此有:

  $PO(A,B) = [2 \times 10 \div (13+12)] \times 100 = 80$;

  $PO(A,C) = [2 \times 5 \div (13+17)] \times 100 = 33$;

  $PO(B,C) = [2 \times 6 \div (12+17)] \times 100 = 41$;

  所以,可以看出工作 A 与工作 B 重叠度高,更为接近。

在进行任务分析时,除了利用上述描述性统计指标的计算来表达任务的一般性特征外,还可以进行更为深入的统计分析。高级统计分析方法的应用可以获得更有价值的信息。常见的高级统计分析方法有回归分析、聚类分析、判别分析、主成分分析、因子分析、关联分析、决策树分析、贝叶斯分析、时间序列分析等。

4.利用任务清单法编制职位说明书

由于在任务清单法中,对每一任务进行了各种维度的评价,所以利用任务清单编制的职位说明书,可以展示这些分析的结果。例如,重要的任务、执行频率较高的任务、执行困难的任务等。这些信息提升了职位说明的信息价值。利用任务清单法编写的职位说明书主要包括以下内容:一是职位基本信息,这和一般性的职位说明是一致的;二是重要的和非重要的任务;三是基于重要任务所提炼出的工作者的任职资格。

在利用任务清单法编制的职位说明书中,重要的任务表述是核心内容。在进行任务表述时,可以按照某种逻辑关系进行排列,或者说从某些维度去表述职位的任务构成,例如"信息工作"、"阅读性工作"、"思考性工作"、"沟通性工作"等。一般来讲,"重要任务"会较多,所以为了便于更直接地表现职位的重要性和重要性任务,可以列举"非常重要的任务"。

根据重要任务,就可以得到工作者的任职资格。一般地,从任务到资格的分析会采用

"任务—KSAO 矩阵",KSAO 就是知识技能和其他任职资格的总称。在表 3-13 中,列举了如何进行"任务—KSAO 矩阵"分析。

表 3-13　任务-KSAO 矩阵

任务	KSAO			
	A	B	C	D
T1	A_1			
T2	A_2			
T3	A_1			
T4	A_3			
T5	A_4			
...	...	...	...	...
分析结果	A_4			

相关度测量尺度定义:
1＝相关度极低;2＝相关度低;3＝相关度平均值;4＝相关度高;5＝相关度极高。

在表 3-13 中,根据任务与任职资格的相关程度选择最终的任职资格水平。例如,针对任职资格 A,任务 1 到任务 5 所需要的 A 的任职资格等级分别是 1 级、2 级、1 级、3 级、4 级,由于任职资格级别越高,所能够完成任务的技能水平就越高,所以,为了确保能完成所有任务,最终任职资格 A 的级别就应该是 4 级,即 A_4。表 3-14 列举了人员配置专家基于任务清单法的职位说明书。

表 3-14　人员配置专员职位说明书

职务名称:人员配置专员	职务编码:rl-02-02
隶属部门:人力资源部	直接上级:人力资源经理
职级:10	薪资幅度:50000～80000 元
批准人:×××	批准日期:2008 年 10 月

工作概要

设计招募广告和招募策略以吸引应聘者,审查简历,确定薪资给付标准,实施和总结离职面谈,保存所有雇佣和拒绝记录,与雇员就工作空缺体系进行沟通,与顾问公司和代理机构工作往来,为雇主提供咨询、建议,处理人员重新配置有关的文书,编辑公平就业机会报告。

重要工作维度

01 信息传播:包括向雇员传播、解释复杂信息的活动;
02 应用具体的政策和程序:包括有关利用明确规定的组织政策和程序的活动;
03 政策说服:包括有关说服无指导关系的雇员执行政策和指导方针的活动;
04 协商:包括有关与雇员和雇员组织进行协商的活动;
05 抽象思考:包括有关构思和整合那些可能涉及几个部门或专门领域的非常规性问题的活动;
06 电话沟通:包括有关通过电话解决抱怨问题和处理复杂信息的活动。

续　表

重要任务
01 明确将要雇佣的人员和专业的数量;
02 准备年度工作空缺体系的报告;
03 确认与招聘有关的重点院校;
04 确定面试考官;
05 权衡候选人的资格与报酬;
06 新雇员报酬给付标准的确定;
07 工作空缺情况的调查;
08 设计吸引合格应聘者的计划;
09 设计招募广告和广告策略;
10 实施测试;
11 审查简历;
12 向代理机构发布工作空缺信息;
13 实施离职面谈。

重要的知识、技术和能力
01 选拔测试实施程序的知识;
02 咨询指导的能力;
03 说服和影响别人的能力;
04 面试技术;
05 计划、组织和确定优先事项的能力;
06 决策能力;
07 写作技术;
08 人事异动政策和程序方面的知识;
09 报酬政策方面的知识;
10 公平就业机会法律、规则方面的知识。

三、任务清单法的应用

任务清单法能够更好地归纳和总结一个职位所应该承担的任务,同时还可以更好地将任务进行不同维度的分类,在此基础上分析出工作者的任职资格,因此任务清单法有着广泛的应用,包括工作描述、工作分类、工作设计、人员培训、人员流动、人力资源规划等。

任务清单的优点主要表现在以下三个方面:

第一,分析过程标准化程度、信度高,分析结果的质量高。由于任务清单法采用了广泛的样本调查获取了量化的信息,同时通过统计分析方法的应用,信息挖掘程度较高,因此可以为人力资源管理各个职能领域提供更为标准化的、高质量的信息。

第二,职业适应性强。任务清单法基本上适用于所有的职业和工种,可应用的职业或者工种非常广泛。因此任务清单法成为一种重要的方法,并且在企业工作分析事件中得到了广泛的应用。

第三,可操作性强,所需费用较少,易于被任职者接受。由于任务清单法中采用了高结构化的模式,所以具有很强的操作性。同时,对于被调查者来讲,问卷的填答相对容易,易于被任职者接受,从而获得准确、真实的信息,也保证了这种方法的有效性。

任务清单的缺点主要表现在以下四个方面:

第一,对"任务"的界定和划分比较困难。

第二,适用范围限于工作任务比较稳定、周期短的情况。

第三,整理信息的工作量大。

第四,任职者填写时,指导不力会产生严重后果。

第三节　关键事件法

关键事件法是通过对工作的关键行为进行分析,从而来判定哪些行为能形成较好绩效,哪些行为将带来较差绩效的方法。关键事件的编写和对关键事件维度的确定,是关键事件法的核心内容。关键事件法所获取的信息,对于人力资源管理中的培训管理、招聘管理和绩效管理等板块都有重要的作用和意义。

一、关键事件法介绍

关键事件法(Critical Incidents Technique,简称 CIT),是通过对工作的任务和关键行为的分析来描述工作的一种方法,是一种由工作分析专家、管理者或工作人员在大量收集与工作相关信息的基础上,详细记录其中关键事件以及具体分析其岗位特征和要求的方法。其特殊之处在于基于特定的关键行为与任务信息来描述具体的工作活动。关键事件法在人力资源管理实践中,已经被应用了 40 多年了,得到了广泛的认可和应用。

关键事件法最初设计时,更多考虑只用于培训需求评估和绩效考核这两个领域。在关键事件法应用时,通过工作人员回忆并且记录下能反映出特别好或特别差(我们称之为关键)的工作绩效的特定行为或事件,以此作为人力资源管理的重要信息。

"关键事件",英文表达为 Critical Incidents,是指影响绩效的重要的、特定的行为和任务,起初只是指具有负面效果的行为,目前在应用时是指对绩效形成有着促进或阻碍作用的所有关键行为和任务。

二、关键事件法的操作步骤

关键事件是指那些影响绩效的重要的、特定的行为和任务。在应用此方法时首先就是要进行"事件"的编写。

1."事件"的编写

"事件"有行为主体、行为过程、行为结果、行为条件等四个要素,"事件"编写时要遵循以下四个基本原则。

(1)特定而明确原则。

特定而明确原则是指在描述"事件"时,要确保描述的是单一"事件",并且描述要全面和详细。

例如,在描述消防员灭火和救援这一任务时,表述为"消防员进入一幢居民楼,开始搜索上面的楼层,但是他没有发现在床边和墙壁之间蜷缩着一个失去知觉的伤者。当沿着楼梯下来时,消防员发现了另外一个被热浪袭倒的同伴,把他拖到外面后,回到受伤的同伴的位置,帮助继续灭火"。就不能满足特定而明确原则。

首先,这一表述并非单一"事件",而是消防员一系列行为的组合。其次,在表述中,部分表达较为清楚,但部分表达并不充分,或者说全面和详细。例如,其中的表述为"……他没有发现在床边和墙壁之间蜷缩着一个失去知觉的伤者,……"这样的表达就不够清晰,如果描述为"……因为在烟雾弥漫的房间里消防员忽略了在床底摸索而未发现失去知觉的伤者,……"就可以更清楚"事件"的全貌。

(2)行为主体与动作原则。

行为主体与动作原则是指在"事件"的编写时,要以工作者为主体,同时集中描述工作者所展现出来的可观察的、外在的行为动作,而不是内在的心理活动或疏漏之处。

例如,在描述消防员抽水这一任务时,表述为"消防队员停在湖边后,将水泵安置在传动装置上抽水,加快转速,在水箱中抽入 2 米的湖水"。就要比表述为"在湖边,水泵被安置在传动装置上,在水箱中抽入 2 米的湖水"更准确,也更满足第二个原则。

(3)行为背景原则。

行为背景原则是指在描述"事件"时,要简单描述行为发生的背景,以此来判断行为主体行为的有效性。

例如,上例中"消防员进入一幢居民楼,开始搜索上面的楼层,但是他没有发现在床边和墙壁之间蜷缩着一个失去知觉的伤者。在沿着楼梯下来时,消防员发现了另外一个被热浪袭倒的同伴,把他拖到外面后,回到受伤的同伴的位置,帮助继续灭火"。这样的表述就没有很好地针对行为发生的背景进行详细的描写,因此难以判定消防员的行为有效性。如果表述为"……由于在烟雾弥漫的房间里,消防员忽略了在床底摸索而未发现失去知觉的伤者。……"就可以更清楚之所以没有发现伤者,是因为消防员的工作疏忽。

(4)行为结果原则。

行为结果原则是指在描述"事件"时,能够说明行为的结果。判断工作者行为是否有效的信息主要来自源于动作的结果,因此完整的事件描述应当包括对结果的描述。

例如,在描述消防员行为结果时可以采用以下这些表达,"火势蔓延到其他未受损的建筑","防止烟雾扩散到其他房间","使得其他消防队员快速赶到现场"。

2.获取"事件"方法

在对如何编写"事件"进行原则上规定后,就可以通过对工作的分析来获取"关键事件"了。一般而言,"关键事件"的获取方法包括关键事件讨论会和非工作会议形式。

关键事件讨论会是一种通过工作分析专家和工作专家,共同针对每一工作进行讨论分析,以此来获得"关键事件"的方法。

(1)会议成员组成。

一般地,会议成员包括工作分析专家和工作专家。工作分析专家担任主持人和技术专家角色,一般是由具有工作分析专门技术和经验的专家构成。另外,还需要 6～12 名工作专家,即那些对要分析的工作完全熟悉,有充分的机会观察到完成工作时的典型的、较差的和特别出色的等各种水平的行为表现的工作者。

（2）会议流程。

一般地，可通过以下四个环节完成"关键事件"的提取。

首先，由主持人（即工作分析专家）介绍要研究的工作活动是什么。

然后，由主持人讲解编写关键事件的原因、目的与方法。

再次，由主持人给工作专家提供关键事件编写举例。如下例中，给出了"关键事件"编写较差和较好的范例，让工作专家更为深入地把握如何编写"关键事件"。

编写得较差的关键事件：

——警官迅速对火势采取措施，使用灭火器将火扑灭。虽然，随后的爆炸造成了相当的破坏，但是警官的反应避免了更严重的伤亡和破坏。

——消防队员被指导完成两节培训，但是他缺乏天赋，浪费了两个星期的培训时间。

编写得较好的关键事件：

——停在油泵边的一辆汽车机器起火，警官驾车巡逻路过，发现了火情，停车后迅速从其巡逻车里取出化学灭火器将火扑灭。其快速的动作避免了更大的火灾和爆炸。

——消防队员在为期两周的培训中学习了两节培训课程。在培训结束时，他不能完成课程要求的任务，也不能回答有关课程内容的简单问题。因为没有掌握这些技能，所以只能在出现火情时作为其他队员的辅助人员。

最后，编写关键事件。关键事件的编写方法有以下两种。

其一，分发关键事件记录表格，由工作专家按要求填写，如下例中所示。

请以您多年的工作经验，回忆工作者在工作中有哪些显著、典型的行为，能够反映出不同水平的工作绩效：非常有效（好）、非常无效（差）、适中。

关键事件记录表

1. 引起这个关键事件（或行为）的环境是什么？

2. 请详细描述那些能反映出不同水平的工作绩效的显著的行为。

3. 这些行为的后果是什么？

4. 请提供以下信息：

    a. 工作名称_____

    b. 工作绩效范围_____

    c. 绩效等级划分 1 2 3 4 5 6 7 8 9

                差　　　适中　　　好

其二，非结构化方法。亦即由主持人给工作专家分发说明书，引导大家讨论，并记录和整理出"关键事件"。如下面的"关键事件"编写范例所示。

关键事件法编写范例
——美国 PDR 研究所

指导：

工作会议的最终结果是一份行为导向的等级表。下面是一个为航空服务员进行开发的例子。

"以热情友好的方式为乘客提供标准的服务"——热情友好的问候顾客,撕去票根,检验护照;帮助手提行李;准备并热情为乘客提供餐饮服务;注意乘客的举动,能让他们在机舱里看得见;提供杂志、毯子、枕头等,使乘客感觉更加舒服;在履行职责时,与乘客进行个人交流。

请大家注意不同的工作绩效范例对应了不同的绩效等级,每个范例用短短的三两句话描述了在某个情形下工作者如何进行工作。这样,不同的评价者进行评价的标准得到了统一,也使绩效等级同实际工作联系得更加紧密,评价者更加容易接受。为了使我们能获得清晰、同工作紧密联系的绩效范例,我们请您写下您所亲眼目睹或亲耳所闻的工作者是如何进行工作的,这些范例能够体现出不同水平的工作绩效,以此我们就能开发出类似上表的绩效评价工具。

编写工作绩效范例:

在编写工作绩效范例时,我们最容易想起的是一些极端的例子,同时也要归纳出一些代表一般工作绩效的例子。我们的要求不仅明确而且要精确。

绩效范例一般有三个主要部分:首先,对工作者所面临的状况进行简要的描述。呈现在工作者面前的是何种问题?什么情况下使工作变得尤为重要和关键?必须要记住工作的背景是一个特定工作行为是否有效的重要因素。同一工作行为可能在不同的范例中出现,但是面临的严厉状况可能大不相同,工作行为的有效性也可能大不相同。第二部分要描述工作者对面临的状况如何做出反应。记录下工作实际是如何做的,而不是记下从中推断的结果。例如,在编写某个范例时,我们可能会说:工作者表现出坚忍不拔的素质,实际上这是我们推断的结果。更好的描述方式是阐述是什么让我们觉得工作者表现出这种素质。一般来说,我们尽量避免使用那些概括复杂动作的动词,应当使用能表现出工作者直接动作的词语。

例如可以这样表述:

1.在整个航程中,服务员一直坐着看书,对乘客毫不理睬;

2.服务员面无笑容地问候乘客,没有眼神交流;

3.服务员欢快地将乘客引导到座位上去;

4.在一个小时的航程中,服务员礼貌地提供软饮料,但是不给乘客点鸡尾酒的机会;

5.服务员在完成服务收拾好之后,在剩下的时间与乘客交流。

最后,描述工作者行为的结果。这里再次强调,描述工作结果时注意要直接且明确。

概括起来,一个好的绩效范例应该:

1.描述在特定的情形下,工作者采取何种行为来完成工作。

2.精确阐述工作者究竟做了什么,使你觉得在此情形下他(她)是有效(无效)的。

3.精确、简短、切中要害,用不长的篇幅描述工作结果。

另外,还可以采取非工作会议形式,即个人访谈和调查问卷的方法。采用访谈法的时候和会议法中非结构化相似,但只是针对一名工作专家开展调查。如果采用问卷法,则需要准备一份非常全面的填写指南,包括"事件"编写的目的、原则、方法、范例和需要注意的事项等。

3.确定绩效维度

如前所述,不同的"关键事件"(即工作行为)将会带来不同的绩效,有些表现为典型的绩效,有些表现为较差的绩效,而有些则表现为较好的绩效。因此,对关键事件进一步的处理,则是确定其绩效维度。所谓绩效维度,就是指通过哪些维度来测量工作者的绩效,亦即"关键事件"的绩效维度。

确定"关键事件"的绩效维度有两种方法:一是在"关键事件"编写完成后,通过对"关键事件"的归类来获得;二是在未编写"关键事件"之前,先确定其维度。

（1）从"关键事件"来定义绩效维度。

从"关键事件"来定义绩效维度主要是通过对"关键事件"进行内容分析，并进行"关键事件"的归类得以实现。获得绩效维度时需要注意以下几点：

第一，仔细阅读所有的"关键事件"，找出人们在完成工作的过程中，反复出现的一些共同的特征。

第二，凭直觉将明显可以归类的"关键事件"进行归类。然后对剩下的未分类的"关键事件"进行归类，尝试找出新的维度。继续这个过程直到找出足够多的维度。

第三，对上面的分类进行调整和修改。不同的"关键事件"可以重新组合成新的维度；对于分类太宽泛的，可以将其再分为更加明确的维度；对于分类过于相似而使得有些"关键事件"无法被归类的，可以将它们合并为一类。

第四，让至少2组（4、5个人最好）独立进行第三点的工作，然后大家再一起对各自结果中不同之处进行讨论，决定哪种维度结构是最好的。如果大家的维度相似，则相信其真实地反映了绩效结构。

第五，力求将工作专家也吸收到确定维度的工作中来。

第六，把内容分析的结果让工作专家做最后的检查。检查内容包括：是否容易理解、术语使用是否得当、是否能覆盖工作等方面。

（2）在编写关键事件前确定绩效维度。

若在编写关键事件前确定绩效维度，就需要通过工作专家会议来确定。维度的确定可以从工作者行为方向，所需要的知识、技能，以及素质导向等方面考虑，这里需要注意的是"关键事件"描述是行为导向的，维度的确定既可以是行为导向的，也可以是素质导向的。

另外，还可以利用既得的工作信息来确定工作绩效维度，如工作描述中的工作职责、培训课程等。

三、关键事件法的应用

关键事件法在对工作任务进行分析时，是通过"关键事件"这一工作行为来表现的，所以关键事件法在人力资源管理涉及行为评价和素质评价的时候，就会发挥其作用。目前可以应用的领域主要包括绩效评估、员工培训、工作设计等职能领域。

1.在绩效评估中的应用

（1）行为锚定等级评定法（BARS）。

行为锚定法是一种以工作行为典型情况为依据进行考评的方法。其基本思路是：描述职位工作可能发生的各种典型行为，对行为的不同情况进行度量评分，在此基础上建立锚定评分表，作为员工绩效考评的依据，对员工的实际工作行为进行测评给分。图3-6所示就是对工作行为的测量尺度，这些尺度可以通过关键事件法获得。

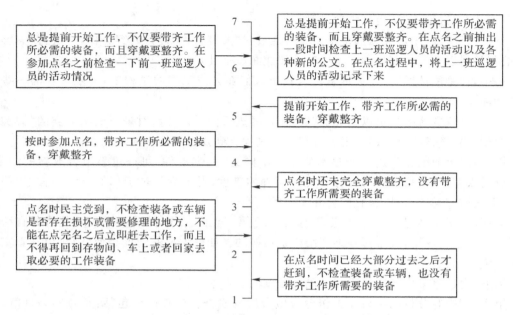

图 3-6　关键事件法在绩效管理中的应用之行为锚定法

（2）行为观察等级评估法（BOS）。

行为观察等级评估法是以个别的和随机的方式应用"关键事件"，而不是按照维度和有效性水平进行分组。下面的例子就是行为观察等级评估法的具体应用。

行为观察等级评估法（BOS）节选

指导：对管理者绩效面谈行为进行评价。请按以下等级进行评价：

总是—1　经常—2　有时—3　很少—4　从不—5

1. 在讨论中有效使用下述的信息；

2. 熟练地将面谈引导到问题领域；

3. 能有效对面谈进行控制；

4. 对面谈事先做好准备；

5. 让下属控制面谈；

6. 坚持对下属的问题尽心讨论；

7. 关注下属对问题的见解；

8. 深入到敏感的领域与获得足够多的信息；

9. 在讨论敏感的问题是让下属感觉轻松；

10. 在面谈的过程中表现诚挚；

11. 为绩效面谈营造并保持恰当的气氛；

12. 对下属的问题无动于衷；

13. 对下属的发展提供一般的建议；

14. 在下属情绪激动时保持平静；

15. 只询问一些表面性的问题，妨碍问题的深入讨论。

2.在培训管理中的应用

培训管理是一个组织提升其组织核心竞争力的最主要的途径,主要是通过提升员工现实的工作能力和未来的工作能力,因此就需要获得员工工作行为要求和能力要求的信息。而关键事件法则能够提供非常细致的、可测量的员工工作行为要求的信息,因此在培训管理中有着重要的作用,主要表现在培训需求评估和培训设计两个环节。

(1)培训需求评估。

培训需求评估主要是确定培训的对象和内容,包括组织层面的和个人层面的。基于组织层面的就是要明确基于组织未来发展对组织员工的能力需求;基于员工层面的就是要明确员工基于自身发展的能力需求。

不论是基于组织的还是基于个人的,都需要明确员工需要具备什么样的工作能力,以实施相应的工作行为,最终实现相应的绩效。因此,通过关键事件法可以获得员工行为需求,进而通过行为与能力的相关性分析来确定能力需求。

(2)培训设计。

在明确了培训的人员和内容的基础上,紧接着一个重要的环节就是进行培训设计,包括培训方式方法。在培训设计时,采用什么样的方式方法取决于这些方式方法是否能够满足对培训内容的有效支持。通过关键事件法,可以获得员工什么样的行为将会带来怎样的工作绩效;因此通过培训的设计,可以实现培训目标和内容到工作行为的转换,工作行为到工作绩效的转换,这样就可以判定培训方式方法的有效性。

3.工作任务设计中的应用

按照工作设计原理,要想确保工作顺利开展,就要确保完成工作时工作行为的相关性和连接性。而以工作任务行为分析为核心的关键事件法,通过相应的分析就可以更清晰地表达工作目标定位的准确性和工作行为的合理性与有效性,这就为工作设计提供了重要的信息。另外,关键事件法对于工作背景的描述也是工作设计的重要信息。

【本章小结】

本章介绍了三种任务分析方法:职能工作分析、任务清单分析系统和关键事件法。

职能工作分析是一种成熟的、以任务分析为主的分析方法,其突出特点就是能够非常深入而细致地分析在开展工作时,工作者在人员、信息和事物将是否会发挥作用,以及发挥作用的程度如何。

职能工作分析的操作步骤包括四步:任务分解与陈述、确定任务的职能等级、确定任务的绩效标准和确定任务的培训内容。

按照 FJA 理论,所有工作都涉及与人、事和数据的关系,因此,工作者的职能可分为事物职能、数据职能和人员职能。在处理事物的时候发挥事物职能,主要依赖于身体能力;在处理数据的时候发挥数据职能,主要依赖于智力;在处理与人的关系时发挥人员职能,主要依赖于交际能力和情商。

按照 FJA 理论,作为一个完整意义上的工作者应该具备三个层次的技能,分别是通用技能、特定技能和适应性技能。通用技能就是工作者基本处理人、事和信息的能力;特定技能就是根据工作标准处理人、事和信息的能力;适应性技能就是应对环境的趋同或求变的能力。

任务清单法是一种典型的任务倾向性工作分析系统,任务清单法由一套系统的收集工作信息的方法技术系统和用于分析、综合与报告工作信息的计算机程序系统构成。

任务清单法中的收集工作信息的方法技术系统实质上是一套高度结构化的调查问卷,包括"背景信息"和"任务清单"两个部分。

使用任务清单法进行任务分析包括两大步,即信息收集和信息分析。总的来看有四步:构建任务清单、利用任务清单收集信息、利用统计软件分析信息和编写基于任务清单的职位说明书。

关键事件法是通过对工作的关键行为进行分析,来判定哪些行为能形成较好绩效,哪些行为将带来较差绩效的方法。

一般而言,"关键事件"的获取有关键事件讨论会和非工作会议形式。关键事件讨论会是一种通过工作分析专家和工作专家,共同针对每一工作进行讨论分析,以此来获得"关键事件"的方法。

确定"关键事件"的绩效维度有两种方法:一是在"关键事件"编写完成后,通过对"关键事件"的归类来获得;二是在未编写"关键事件"之前,先确定其维度。

目前可以应用的领域主要包括绩效评估、员工培训、工作设计等职能领域。

【复习思考题】

1.任务分析有哪三种方法?
2.职能工作分析的理论框架和结果框架分别是什么?
3.职能工作分析的操作流程是什么?
4.任务清单法由哪两部分构成?
5.任务清单法的操作流程是什么?
6.关键事件法的特点是什么?
7.关键事件如何获取?
8.关键事件的绩效维度如何确定?
9.比较职能工作分析、任务清单法和关键事件法。

【案例分析】

案例一:根据职能工作分析方法评述下面案例,如表 3-15 所示。

表 3-15

任务编号	001	002	003	004	005	006
任务名称	总结销售情况	撰写销售总结报告	制订周工作计划	总结销售量同期比	分析浮动原因	提交分析报告
(1)目标	总结销售情况	写报告	做出工作计划	完成计算销售量	找出上涨下浮原因	提交报告

任务编号		001	002	003	004	005	006
(2)工作任务陈述	行为/动作	收集、分析	撰写	分析、撰写	分析、计算记录	比较、分析	撰写
	行为目的	为撰写报告提供信息	形成报告	形成书面计划	做出销售量同期比	分析上涨下浮原因	形成报告
	信息来源	通过收集分析获得	通过销售记录获得	通过分析获得	销售报告、销售量	销售量同期比	联系
	指导的性质	销售情况总结方法	标准的报告形式	工作计划制订方法	统计分析方法	统计分析方法	报告提交程序
	工具装备	电脑、笔	笔、电脑、打印机	电脑、打印机	电脑、笔	电脑	电脑、笔、打印机
	其他资源	纸张	纸张	纸张	纸张	无	纸张
	工作结果	形成销售情况表	待提交的报告	待实行的周计划	形成销售量同期比	得出浮动原因	待提交的报告
(3)职能等级	事物	1A 处理	无	无	无	无	无
	数据	4 分析	4 分析	4 分析	4 分析	4 分析	4 分析
	人	2 信息转换	4C 处理	4C 处理	4C 处理	4C 处理	4C 处理
(4)绩效标准	—	计算准确、总结全面	报告形式正确、信息准确	计划可行	计算准确、总结全面	分析深入、全面	提交及时
(5)培训内容	通用性	统计知识	怎么写报告、怎样纠正机械错误		怎样统计销售信息		
	特定性	如何准确获得信息并将信息整理记录	如何从销售记录中找寻信息，依据标准报告形式撰写报告	如何准确获得信息,合理的预见性	如何获得信息并准确找出比较分析所需的数据	分析数据信息的能力	如何从记录中找寻准确信息,依据标准报告形式撰写报告

案例二:根据关键事件法评述下面案例。

肯德基助理的关键事件

关键事件 01:监督销售产品质量

服务生在厨房制作各个产品过程时,经理助理进入厨房监督,在监督过程中如果发现操作不正确,向服务生提出,使其改正或重新制作。在监督过程中,服务生操作准确、优秀,给予适当口头鼓励或对其分发激励卡。

绩效纬度:准确性、准时性。

关键事件 02.监督服务生服务质量

服务生在产品销售过程中,经理助理在销售现场进行服务态度监督,在监督过程中如果发现态度恶劣,应批评指出;如果与顾客发生矛盾,协助解决;如果态度优秀,给予口头好评或分发激励卡。

绩效纬度:准确性。

关键事件 03:经理助理定期参加总部安排的订货、排班等快餐管理系统的培训,在培训结束后,经理助理能够完成培训任务,能够熟练地掌握餐厅的各项管理系统的流程。

绩效纬度:准确性、准时性。

关键事件 04:对顾客意见收集

经理助理通过访问在店内就餐的顾客,收集顾客对食物或服务的意见。

绩效纬度:认真、及时、详细。

关键事件 05:高峰期的产品销售总结

高峰期过后,经理助理将高峰期时段产品销售信息收集整理,统计出本阶段销售情况,并分析预测出下一阶段销售数量及食品搭配结构,做出计划并提交餐厅副理。

绩效纬度:及时、认真、详细、完整、准确、规范、准时。

关键事件 06:员工工作时间安排

经理助理根据工作流程制定安排所有员工上班、下班、休息的时间,但是要针对不同高峰期客流量的多少对员工的工作时间进行合理的调整(提前上下班或延长工作时间)以确保顾客正常买餐就餐,发挥员工工作效益最大化。

绩效维度:时间准确性,安排有条理性;全面性、客观性、公平性;标准性、精确性。

关键事件 07:打烊后总结

餐厅打烊后,经理助理汇总当天货物储备情况信息,日销售额信息,各产品的销售信息及员工工作时间信息,进行分析整理,做出总结报告并提交餐厅副理。

绩效纬度:完整、及时、规范、准时。

关键事件 08:参加会议:上级会议,下级会议

(1)上级会议:经理助理根据公司安排或上级通知准时参加管理会议,进行工作汇报,经验交流,接受上级安排的下一期业绩任务,领取会议精神,制订出下阶段的工作计划。

(2)下级会议:经理助理根据本店的销售情况,员工工作情况和顾客的反应来召开会议,听取本期员工的工作报告、业绩报告,传达上级安排的任务,进行会议总结,针对员工不同的工作情况进行一定的奖赏和惩罚。

绩效纬度:时间的准确性,安排有条理性;全面性、客观性、公平性;标准性、精确性。

关键事件 09:接受考核

经理助理监督员工做好制餐流程,食品安全卫生的工作,确保良好的服务,随时准备接待上级考核,以确保工作达到公司的标准。

案例三:根据任务清单法评述下面案例,如表 3-16 所示。

表 3-16

编　号	销售主管任务列表	备　注
	01 日常行政管理	
001	定期参加会议	
002	定期向总经理汇报情况	
003	定期研讨销售方案	
004	制订年度工作计划	
005	协调本部门内部活动	
006	加强卖场的内部管理	
007	接待部分定期检查	
008	发布内部信息	
009	撰写销售报告	
010	员工建议收集	
011	维持卖场纪律	
012	维护和提升卖场形象	
	02 内部工作检查	
013	检查员工分工计划的实施	
014	监督卖场员工的服务	
015	销售方案实施的监督	
	03 人力资源管理	
016	组织卖场人员进行考核	
017	定期对员工进行指导	
018	新员工入职指导	
019	分析工作时间对人力需求的影响	
020	审批本区域的休假、请假	
	04 公共关系和营销管理	
021	与厂家沟通	
022	市场调查	
023	组织策划节假日特殊促销活动	
024	参与研究卖场的销售战略规划	
025	参与销售计划的拟订	
026	拟订各员工的销售分工计划	
027	提出创新的建议促进销售业务	

续　表

编　号	销售主管任务列表	备　注
028	制订每天的销售量	
029	总结每天的销售情况	
030	完成本区域品牌的销售任务	
031	计划之分析成果效果，分析上涨下浮的原因	
	05 财务管理	
032	参与财务检查	
033	分析劳动力成本	
034	参加成本分析会议	
	06 员工关怀	
035	协调销售人员关系	
036	组织员工沟通活动	
037	安排员工身体检查	
	07 客户服务	
038	处理突发事故	
039	制订售后服务计划	
040	应对投诉	

第四章　人员分析方法

【学习目标】

1. 掌握工作要素法的基本知识点、操作方法和实践应用；
2. 掌握职务分析问卷的基本知识点、操作方法和实践应用；
3. 掌握管理人员职务描述问卷的基本知识点、操作方法和实践应用；
4. 掌握临界特质分析系统的基本知识点、操作方法和实践应用；
5. 掌握 DOL 系统和 HSMS 系统的基本知识点、操作方法和实践应用；
4. 掌握如何在六种人员分析方法基础上进行工作规范的编写。

在人力资源管理中，核心的工作是人事的合理配置，因此除了需要输入了解工作的相关特征外，还要了解工作者的相关特征。第三章学习了基于工作任务的分析方法，本章主要介绍工作要素法、职务分析问卷、管理人员职务描述问卷、临界特质分析系统、DOL 系统、HSMS 系统和 ARS 系统等 7 种基于人员的分析方法。人员分析方法主要能够为人力资源管理各个板块提供基于工作者的相关信息，尤其是招聘、培训、绩效评价、薪酬管理等职能领域。

第一节　工作要素法

人员分析方法是针对工作者在有效完成工作任务时，需要的工作技能与能力的分析研究。工作要素法是典型的基于人员的分析方法，它将工作者应该具备的任职资格作为工作要素去研究和分析，并通过量化的评价得到更为科学的工作者任职资格结构。

一、工作要素法介绍

工作要素法(Job Element Method，简称 JEM)，由美国人事管理局 E. S. Primoff 开发。工作要素法开发的目的，是确定对完成工作有显著作用的工作者的特征(按照该理论称为工作要素)，并通过对显著要素的确定、描述和评价，来准确认识工作。

在前面三种方法中，分析的对象是某一具体的工作或者职位；但是工作要素法的分析对象,不是某一具体工作岗位,而是某一类具有相似特征的工作,如司机、律师、教师、职业经理人、专业技术人员等。

1. 工作要素的内涵

工作要素法中的"要素"就是工作者完成工作时所需要具备的特征,即任职资格。Primoff 最初设计了"商业工作要素"和"工业工作要素",后来经过修改,整合为通用工作要素。"工作要素"并不包含任何具体工作任务的信息,而只有那些对完成工作有重要影响的与工作者相关的要素才被考虑。所涉及的工作要素主要有以下几个方面。

(1)知识。"知识"是指工作者胜任工作所需要具备的知识水平,如专业知识的深入程度、知识面的广泛程度、计算机知识、外语水平等。

(2)技能。"技能"是指工作者胜任工作所需要具备的技能水平,如专业技能、机器设备操作技能、计算机应用技能、驾驶技术、专业器械使用技能等。

(3)能力。"能力"是指工作者胜任工作所需要具备的能力水平,如思维能力、口头表达能力、判断能力、创新能力、协调能力、整合能力等。

(4)个性特征。"个性特征"是指工作者胜任工作所需要具备的个性特征。其包括三个方面:一是愿望,如承担高压力工作的愿望、做简单重复工作的愿望、承担超负荷工作的意愿等;二是兴趣,如学习新技术和新理念的兴趣、热爱工作、喜欢挑战性工作等;三是性格,如自信、独立、外向、可靠、诚实等。

2. 工作要素的评价指标

在工作要素法中,对工作要素的评价通常考虑以下四个指标:"对于勉强可接受员工"、"在挑选优秀员工时"、"如果不考虑它,会带来的麻烦"以及"如果提出该要求,实际中的满足程度"等,并对每一要素提出了评价的刻度。

"对于勉强可接受员工"(Barely Acceptable Workers(B))是指对于该工作要素来讲,勉强可接收员工具备的程度,对其评价的刻度包括"都具备"、"一些具备"和"几乎无人具备"三个级别。

"挑选优秀员工"(to Pick out Superior Workers(S))是指对于该工作要素来讲,在挑选优秀员工时的重要程度,对其评价的刻度包括"非常重要"、"有价值"和"没有区分性"三个级别。

"如果不考虑它,会带来的麻烦"(Trouble Likely if not Considered(T))是指对于该工作要素来讲,如果不考虑它,将会带来麻烦的程度,对其评价的刻度包括"带来很大麻烦"、"带来一些麻烦"和"无影响"三个级别。

"如果提出该要求,实际中的满足程度"(Practical to Expect in the Applicants(P))是指对于该工作要素来讲,如果提出该要求,实际中能否满足职位需求,对其评价的刻度包括"填充所有职位"、"填充一些职位"和"无法填充"三个级别。

二、工作要素法的操作流程

工作要素法在实际操作中,一般采用主体专家会议法(SMEs)或焦点小组法(FocusGroup)来进行工作要素法的分析、提取和相关操作。具体步骤包括:组成工作分析小组、对工作分析小组进行培训、提取和评估要素、确定要素的维度与各子维度、评估结果反馈与修正五步。

1.组成工作分析小组

工作分析小组将负责工作要素的提取、工作要素维度和子维度的确定,按照工作要素法的设计思路,人员数量一般为 6 人。

工作分析小组成员选择时,要确保其了解工作要求,熟悉新员工和有经验员工的特征,没有主观偏见,有意愿通过全面考虑工作的各个方面因素和完成工作的多种途径来衡量潜在的生产率。

2.培训工作分析小组成员

培训的内容主要是如何按照工作要素法的设计思路,进行工作要素的提取与评价、工作要素维度与子维度的确定。一般包括以下五个方面:

(1)主持人向小组成员介绍工作分析任务的目的和要求,亦即通过工作要素的提取、评价和工作要素维度与子维度的确定,来明确工作者应该具备的各类任职资格。

(2)主持人向小组成员介绍工作要素的含义和提取方法,一般是根据自己对工作任务的分析,推断其应该具备哪些知识、技能、能力和个性特征。

(3)主持人向小组成员介绍工作要素四个评价指标(BSTP)的含义,尤其要理解针对每一评价要素,每一个刻度的含义是什么。

(4)主持人向小组成员介绍工作要素评价表的结构,详见表 4-1 工作要素评价表。在评价表中,第一行是工作名称、评估者名称和编号以及评估日期;第二行是工作要素四个评价指标以及每一指标的三个刻度,分别用"+"、"√"和"0"作为该评价等级的符号;第三行是针对第一列各个要素的评价结果,即评估者需要将针对每一要素个人的评价意见用三个代表符号标出。

表 4-1　工作要素评价

工作名称:×××　　　评估者名称和编号:×××　　007　　　　日期:2009 年 9 月 9 日			
要素	对于勉强可接受员工(B) +　都具备 √　一些具备 0　几乎无人具备	对于挑选优秀员工(S) +　非常重要 √　有价值 0　没有区分性	如果不考虑它(T) +　带来很大麻烦 √　带来一些麻烦 0　无影响	实际中,如果提出该要求(P) +填充所有职位 √填充一些职位 0 无法填充
1 2 3 4 5 …				

(5)主持人举例说明评估过程,并让小组成员进行试评估,发现问题,解答疑问,确保评估的准确性、客观性。

3.提取与评价工作要素

工作要素的提取是通过 SMEs 专家组结合头脑风暴法来实现的。工作要素的选择主要考虑这些要素,例如知识、技能、能力和个性特征,是否满足以下三个条件:一是这些要素是任职者必须具备的;二是这些要素能够区分出优秀员工;三是这些要素是差员工缺乏的。

专家组成员根据对工作的了解和所掌握的情况,提出相应的要素,然后按照一定的逻辑顺序将这些要素进行汇总,并在汇总过程中根据需要进行必要的补充和调整。在下例中,列出了对"专业技术人员"这一类工作的工作要素,详见表4-2。

表4-2　"专业技术人员"工作要素举例

职业道德	果断	决策能力	自信	应对困难和挫折的能力	理论转化能力
心理调节能力	判断能力	创造力	主动性	鲜明的个性特征	成就动机高
心理控制能力	抽象能力	敏感性	责任感	工作时间不规律	时间管理能力
变化适应能力	记忆能力	学习愿望	好奇	承担超负荷的工作	手工操作能力
孤独排遣能力	忍耐力	创新精神	专业知识	应付高压力工作的能力	口头表达能力
逻辑思维能力	推理能力	独立性	社交能力	突出的智力能力	书面表达能力
快速思维能力	勇气	专业技术	亲和力	同时处理多个问题的能力	注重工作细节
信息接受能力	激励能力	自尊	内向	熟练的知识和技能	冒险意识强
平抑不满能力	理解能力	毅力	外向	区分主要与次要	团队合作性
调查研究能力	想象力	自律	谦虚	多方面考虑问题	
计算机运用	外语能力	身体素质	组织能力	高学历(本科及以上)	
强健的体魄	沟通能力	协调能力	预先计划	特定的工作习惯	

从表4-2可知,专家组针对"专业技术人员"这一类工作选择了69项工作要素,包括很多方面。

专家组对工作要素进行了提取之后,就要对工作要素进行归类和筛选,也就是形成不同的类和项,亦即维度和子维度。在表4-3中列举了专家组最后确定的"专业技术人员"工作要素的维度和子维度。由表4-3可知,针对提取的69项要素进行了分类,分为六类,每一类中包括若干项工作要素。

表4-3　"专业技术人员"工作要素类属清单

维度	心理调节能力	突出智力能力	鲜明个性特征	特定的工作习惯	熟练的知识技能	身体素质
界定	有效完成工作所需的心理素质和能力	有效完成工作所需的智力方面的能力和天赋	有效完成工作所需的性格特点	有效完成工作所需的行为习惯或意愿	有效完成工作所需的更多后天习得的知识技能	有效完成工作所需的身体方面的特征

维度	心理调节能力	突出智力能力	鲜明个性特征	特定的工作习惯	熟练的知识技能	身体素质
子维度	应付高压力工作能力	判断能力	创新精神	工作时间不规律	熟练的知识和技能	手工操作能力
	应对困难和挫折能力	抽象能力	独立性	承担超负荷的工作	口头表达能力	强健的体魄
	心理控制能力	记忆能力	团队合作性	职业道德	书面表达能力	体力
	变化适应能力	逻辑思维能力	自尊	学习愿望	高学历（本科以上）	
	孤独排遣能力	推理能力	毅力	同时处理多问题能力	专业知识	
	忍耐力	快速思维能力	成就动机高	注重工作细节	专业技术	
	勇气	信息接受能力	自信	预先计划	时间管理能力	
	平抑不满能力	理解能力	主动性	多方面考虑问题	外语能力	
		想象力	责任感	区分主要与次要	计算机运用	
		创造力	好奇	自律	调查研究能力	
		敏感性	冒险意识强		沟通能力	
			社交能力		理论转化能力	
			亲和力		协调能力	
			内向		组织能力	
			外向		决策能力	
			谦虚			

对工作要素进行归类后，接下来就是进行工作要素的评价。根据专家组成员对工作的了解和掌握的情况，对每一项要素进行评估，评估表见表4-1。在这里，要求各位专家要独立思考，通过自己的判断为基础来评价，以确保评价的客观性和准确性。

4.确定工作要素维度和各子维度

将专家组各位成员针对每一要素的评价结果进行汇总，并进行数据处理，得到相应的维度和子维度。数据处理过程主要是借用工作要素法的数据处理方法和分析方法。具体过程包括数据的转换、指标值的计算、维度与子维度的确定。

（1）数据转换。

在评价时，专家组成员针对每一工作要素，在工作要素评价表中标记"＋"、"√"和"0"，作为每一要素在各个指标中的表现程度。接下来就是将"＋"、"√"和"0"，转化为数字，具体的对应关系是"＋"＝2，"√"＝1，"0"＝0。通过转化评价表中的评价结果用数字得以表现，即可用于进行数据处理和分析。将转化后的数据录入到计算机,并通过统计分析程序,如 Excel、SPSS 等进行统计和分析。

(2)指标值的计算。

指标值的计算包括 BSTP 值、IT 值、TV 值、TR 值等。

1)BSTP 值。B、S、T 和 P 分别是指"对于勉强可接受员工"(Barely Acceptable Workers (B))、"挑选优秀员工"(To Pick Out Superior Workers(S))、"如果不考虑它,会带来的麻烦"(Trouble Likely if not Considered(T))、"如果提出该要求,实际中的满足程度"(Practical to Expect in the Applicants(P))四个指标。其计算规则是:将专家组 6 名成员针对每个指标的评价分数相加,再除以单指标可能最大的分(即 $2 \times 6 = 12$),然后乘以 100。以 B 值为例,计算公式如下:

$$B_6 = \sum_{n=1}^{6} 专家在 B 指标上的打分 \div 12 \times 100$$

式中:B_6 是指 6 名专家 B 值。

其他三个指标计算公式相同。

2)计算 IT 值。IT 就是 Item Index,表示某一个子维度在对求职者进行区分时的重要性。IT 值高,意味着该工作要素在对求职者进行区分时有很重要的作用。计算公式如下:

$$IT_s = SP + T$$

$$IT_6 = \sum_{n=1}^{6} IT_s \div 36 \times 100$$

式中:IT_s 是指单个专家 IT 值;

IT_6 是指 6 名专家 IT 值;

36 是 IT 值最大可能得分(即 $6 \times 6 = 36$)。

3)计算 TV 值。TV 就是 Total Value,表示某一要素所具备的对该类工作的求职者的区分价值。TV 值的高低决定了该工作要素的存在价值。其计算公式如下:

$$TV_s = IT_s + S - B - P$$

$$TV_6 = \sum_{n=1}^{6} TV_s \times 100$$

式中:TV_s 是指单个专家 TV 值;

TV_6 是指 6 名专家 TV 值。

从 TV 值的计算公式可以看出,TV 值代表了一个对范围宽广的能力要求的衡量,其中第一个部分主要是对优秀员工的较高的能力要求的衡量,而第二个部分则主要侧重于对该类工作的一般能力要求的衡量。从逻辑上讲,一个能够有效区分出优秀员工的工作要素,应该具有相对较高的 S 值,以及相对较低的 B 值和 P 值;也就是说,优秀员工具备该工作要素的程度要高(S 值用"+"号),同时勉强可以接收员工和外部求职者具备该工作要素的程度较低(B、P 值用"-"号)。

按照工作要素法的设计,将所有要素的 TV_6 总分中最大值定为 150,即令 $MaxTV_6 = 150$,相应调整其他 TV 值,公式如下:

$$TV_{6调整} = TV_{6原} \times 150 \div TV_{6Max}$$

式中：$TV_{6调整}$ 是指按照 TV 值最大者调整后的 TV_6 值；

　　　$TV_{6原}$ 是指根据计算获得的最初的 TV_6 值；

　　　TV_{6Max} 是指所有工作要素中 TV_6 值中最大者。

4）计算 TR 值。TR 就是 Training Value，即培训要素，表示"那些与优秀业绩有密切关系的、勉强可接受的员工所不具备的、难以在求职者的特征中找到的、却也不会因为不具有它而引起严重工作障碍"的工作要素。因此 TR 值可以用作判定工作要素是否是员工应该进行培训的要素。计算公式如下：

$$TR_S = S + T + SP' - B$$

$$TR_6 = \sum_{n=1}^{6} TR_S \div 36 \times 100$$

式中：TR_S 是单个专家的 TR 值；

　　　P' 是 P 的倒算值，即"$P = 2$ 时，$P' = 0$；$P = 1$ 时，$P' = 1$；$P = 0$ 时，$P' = 2$"；

　　　TR_6 是 6 名专家的 TR 值；

　　　36 是 TR 值最大可能得分，即 $6 \times 6 = 36$。

（3）维度与子维度的确定。

按照工作要素法的设计，将各个指标计算后，就可以根据维度与子维度评定标准，对各个工作要素依据其所得分数，进行维度与子维度的确定。

1）维度的确定。E 是维度的标志，当工作要素的 TV 值大于等于 100 时，该要素被确定为一个维度，在该要素上标记"E"这个字母。当工作要素被确定为一个维度的时候，将不再对其作进一步区分和评估。

2）子维度的确定。S 是求职者甄选显著性子维度标志，当工作要素的 IT 值大于等于 50 时，表示该维度可以作为一个显著性子维度，在该要素上标记"S"这个字母。

3）其他要素的确定。其他要素包括最低要求要素、培训要素、选拔型最低要求要素等三个。

SC 即 Screenout，是最低要求要素标志，当工作要素的 B 值和 P 值大于等于 75 且 T 值大于等于 50 时，该要素就称为最低要求要素，在该要素上标记"SC"这两个字母。一个合理的最低要求要素应该具备以下三个特点：一是勉强合格的员工具备该要素；二是在实际招聘时将其作为甄选标准，不会导致太多的职位空缺；三是忽略该要素时会带来较大的问题或者麻烦。

TS 是培训要素的标志，当工作要素的 TR 值大于等于 75 时，该要素就称为培训要素，在该要素上标记"TS"这两个字母。

RS 即 Rankbale Screenout，是选拔性最低要求要素标志，当工作要素满足求职者甄选选拔显著性子维度的标准（即 S）和最低要求要素的标准（即 SC）时，即工作要素的 IT 值大于等于 50，B 值大于等于 75 ，P 值大于等于 75，T 值大于等于 50 时，该工作要素就称为选拔性最低要求要素，同时也可以作为对任职者的最低要求。

另外，不能满足以上所有标准的工作要素将被剔除，成为剔除要素。表 4-4 列举了"专业技术人员"工作要素的维度与子维度。

表 4-4　"专业技术人员"工作要素的维度与子维度

维　度 E	子维度 （S）	最低要求要素 （SC/RS）	选拔性最低 要求要素（RS）	剔除要素
心理调节能力	应付高压力工作的能力	忍耐力	平抑不满能力	孤独排遣能力
理解能力	应对困难和挫折的能力	平抑不满能力	记忆能力	勇气
突出的智力能力	心理控制能力	记忆能力	口头表达能力	激励能力
鲜明的个性特征	变化适应能力	自尊	书面表达能力	快速思维能力
职业道德	平抑不满能力	毅力		想象力
特定的工作习惯	判断能力	果断		决策能力
熟练的知识技能	抽象能力	口头表达能力		敏感性
专业知识	记忆能力	书面表达能力		独立性
专业技术	逻辑思维能力	沟通能力		好奇
	推理能力			冒险意识强
	信息接受能力			社交能力
	创造力			亲和力
	创新精神			内向
	团队合作性			外向
	成就动机高			谦虚
	自信			同时处理多个问题 的能力
	主动性			自律
	责任感			计算机运用
	工作时间不规律			协调能力
	承担超负荷的工作			组织能力
	学习愿望			手工操作能力
	注重工作细节			强健的体魄
	预先计划			身体素质
	多方面考虑问题			
	区分主要与次要			
	口头表达能力			
	书面表达能力			
	高学历（本科及以上）			
	时间管理能力			

维　度 E	子维度 (S)	最低要求要素 (SC/RS)	选拔性最低 要求要素(RS)	剔除要素
	外语能力			
	调查研究能力			
	理论转化能力			

从表 4-4 可知,通过对 69 项工作要素的评价,9 项工作要素成为维度,32 项工作要素成为子要素,9 项工作要素成为最低要求要素,4 项工作要素成为选拔性最低要求要素,23 项工作要素被剔除。

5.评估结果反馈与修正

通过工作要素的提取、评价以及维度与子维度的确定,可以明确各个工作要素所表达的作用和意义,例如有些要素作为选拔性要素,有些要素作为培训要素等。但是为了确保工作要素提取、评价以及维度与子维度的确定更具客观性和准确性,在确定了工作要素的维度和子维度后,需要将评估结果反馈给专家组成员进行讨论。通过专家组成员的讨论主要是检查工作要素维度清单,对不恰当的维度名称进行修正,删除或修改明显不科学的维度。另外,需要将子维度划归到不同的维度中,如果某些子维度无法划归到任何一个维度中,可以放宽 TV 值到 100。

三、工作要素法的应用

工作要素法是一种基于工作者的分析方法,通过工作要素概括出工作对于工作者的任职资格的要求,重要的是明确各个工作要素在确定工作者任职资格时所起到的作用。

工作要素法具有以下优点:

(1)工作要素法的开放性程度较高,可以根据特定工作群体提取个性化的工作要素,并且能够比较准确、全面地提取出影响此类工作的绩效水平的任职资格要求,这种开放性使得该方法能够得到更广泛的使用。

(2)工作要素法的操作过程中运用了量化处理的思路与方法,包括工作要素的评价过程、评价结果的统计分析过程等,提高了该方法的客观性,这种客观性使得该方法在具体操作应用中得到了更广泛的推广。

(3)工作要素法中所确定的,除了确定工作要素的维度和子维度外,作为对工作者任职资格分析的重要信息,还确定了选拔性最低要求要素、培训要素等,这些信息在人力资源管理工作者任职资格的确定中发挥了重要作用,提供了甄选和培训的依据。

与此同时,工作要素法也有其不足之处,主要表现在以下几个方面:

(1)工作要素的提取和评价,主要依据专家组成员个人对工作特征和工作绩效影响因素的认识和了解,更强调专家组成员个人专业能力的发挥,因此可能会出现由于专家组成员对工作特征以及绩效影响因素的认识不够深入,主观性占主导地位而导致的评价结果不准确性。

(2)工作要素的提取和评价,由于依赖于各位专家对工作特征和工作绩效影响因素的主观认识和准确评价能力,所以一旦专家组成员之间存在较大分歧的时候,可能会带来意想不到,甚至不可调和的结果,从而严重影响工作要素法作用的发挥。因此,在进行工作要素法操作的时候,主持人要具备较强的驾驭能力,以尽可能避免主观性所带来的严重分歧。

(3)由于工作要素的提取,没有相对客观的标准,而只是根据个人认识与判断,所以可能会导致对于一些工作要素难以取舍,使得工作要素选择过多。尽管通过评价会剔除掉一些相关性不够高的工作要素,但是由于专家组成员选择了该要素,就倾向于过高估计该要素的价值,最终使得工作要素太多,这就导致在进行人力资源培训和甄选时,评判标准过多而导致其过于庞杂。

第二节　职务分析问卷

职务分析问卷是一种典型的、结构化的问卷法,通过标准化的问卷与对问卷所搜集信息的标准化处理与分析,获得相关的工作和工作者的信息。尽管该方法是一种基于工作者的分析方法,但是由于其功能强大,关于工作本身特征的信息也非常丰富,因此是一种非常重要的工作分析方法。

一、职务分析问卷介绍

职务分析问卷(Position Analysis Questionnaire,简称 PAQ),是一项基于计算机技术的、以工作者为基础的系统性职位分析方法。1972 年由普渡大学(Purdue University)教授麦考密克(E. J. McComick)开发,经过多年实践的验证和不断修正,发展成为一种广泛适用性、客观的、信度和效度很高的工作分析方法。

1. 职务分析问卷的设计初衷与发展趋势

职务分析问卷最初的设计理念是,开发一种一般性的、可量化操作的工作分析方法,用以准确确定工作者的任职资格,以代替传统上的任职资格测试程序;开发一种可量化处理的工作分析方法,用来估计每一工作的价值,进而为制定薪酬制度提供依据,以补充传统的、以主观判断为主的工作评价方法。因此,职务分析问卷具有一般性、广泛适应性和量化处理等特征,这使得该方法不仅仅适用于企业组织,也适用于公共部门的工作分析,同时还使得该方法具有很强的客观性。

此后,在职务分析问卷的运用中,研究者发现职务分析问卷提供的数据同样可以作为其他人力资源功能板块的信息基础,例如工作分类、人职匹配、工作设计、职业生涯规划、培训管理、绩效测评以及职业咨询等。这些运用范围的不断扩展,表明了职务分析问卷可以运用于建设企业职位信息库,以整合基于战略的人力资源信息系统。事实上,在国外职务分析问卷的这种战略用途已经得以证明,取得了很好的效果。职务分析问卷的发展过程用图 4-1 可以直观地展示。

2. 职务分析问卷的内容

职务分析问卷实质上是一套问卷和信息处理的方法,是通过标准化、结构化的问卷形式来收集工作信息,并按照既定的统计分析程序进行数据处理。

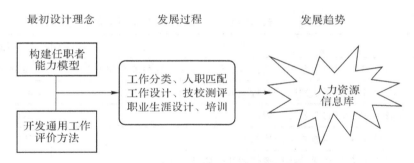

图 4-1　职务分析问卷设计与发展趋势

(1)职务分析问卷的结构。职务分析问卷中所收集的信息,主要体现在工作中的"人的行为",例如感觉、知觉、智力、体力、人际活动等。具体来讲,包括 6 大类信息,详见图 4-2。

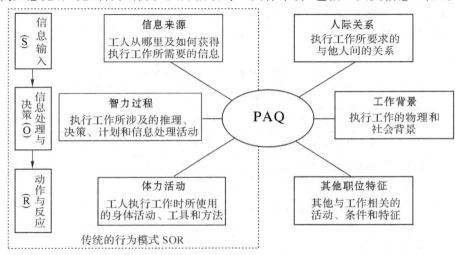

图 4-2　职务分析问卷收集信息范围

如图 4-2 所示,职务分析问卷收集信息的范围包括 6 个方面(也称为维度):信息来源、智力过程、体力活动、人际关系、工作背景和其他职位特征。具体解释如下:

信息来源:工作者从哪里及如何获得执行工作所需要的信息;

智力过程:执行工作所涉及的推理、决策、计划和信息处理活动;

体力活动:工人执行工作时所使用的身体活动、工具和方法;

人际关系:执行工作所要求的与他人间的关系;

工作背景:执行工作的物理背景和社会背景;

其他职位特征:其他与工作相关的活动、条件和特征。

(2)职务分析问卷的工作要素设计。在职务分析问卷实际操作过程中,基于该分析方法试图能够分析所有的工作,所以设计了两种样式,即样式 A 和样式 B。其中,样式 A 包括 189 个工作要素,样式 B 包括 194 个工作要素。样式 B 比样式 A 多出的 5 个要素,主要是针对工作评价和薪酬设计的。每一工作要素都将设计成相应的题目,供被调查者填答。详细的工作要素举例见表 4-5 和表 4-6,样式 A 和样式 B 子维度比较见表 4-7。

表 4-5　样式 A 信息维度说明和工作要素举例

信息维度	维度说明	工作要素举例
信息来源	任职者使用的信息来源是什么？包含哪些感觉和感性能力？	书面材料
智力过程	工作中包含哪些判断、推理、决策和信息加工等思考过程？	编码/译码
体力活动	任职者运用的明显体力活动是什么？	键盘的使用
人际关系	人际活动和职务关系是什么？	交谈
工作背景	任职者在什么样的物理条件和社会条件下工作？ 工作所伴随的社会和心理状况是什么？	高温作业
其他职位特征	其他方面	从事重复性的活动

　　由表 4-5 可知，在样式 A 中，"信息来源"被定义为："任职者使用的信息来源是什么？包含哪些感觉和感性能力？"例如，"书面材料"就可以是一种信息来源，当然还有其他，如影像资料、与人沟通等。

表 4-6　样式 B 维度说明和工作要素

信息维度	维度说明	工作要素举例
信息来源	任职者在哪里？怎样获得工作时所使用的信息？	数据材料的使用
智力过程	工作中包含哪些推理、决策、计划和信息处理活动？	决策
体力活动	在工作中从事何种体力活动？应用哪些工具和设备？	设备的控制
人际关系	工作过程中，与其他任职者的关系是什么？	代码交流
工作背景	工作在何种物理条件和社会条件下进行？	竞争激烈
其他职位特征	和工作相关的、又不属于上述任何类别的活动、条件或特征	着装

　　由表 4-6 可知，在样式 B 中，"智力过程"被定义为："工作中包含哪些推理、决策、计划和信息处理活动？"例如，"决策"就是一种智力活动，当然还有许多其他的智力活动，比如计划、推理等。

表 4-7　样式 A 和样式 B 子维度比较

维　度	样式 A 子维度	样式 B 子维度
信息来源	工作信息来源； 鉴别和感性活动	工作信息来源； 感觉和知觉活动； 推测过程
智力过程	决策与推理； 信息加工； 运用已获得的信息	决策、推理、计划、安排； 信息加工活动； 运用已获得的信息

续　表

维　度	样式 A 子维度	样式 B 子维度
体力活动	物理设备的使用； 整体手工活动； 一般身体活动	方法和设备的运用； 手工活动； 全身活动； 运用体力的水平； 身体定位/姿势； 操作/协调活动
人际关系	交流； 各种人际交流； 个人接触的数量； 个人接触的类型； 监督与协调	交流； 各种人际关系； 个人接触的数量； 个人接触的类型； 监督与协调
工作背景	物理工作条件； 心理和社会因素	物理工作条件； 工作危险； 个人和社会因素
其他职位特征	工作时间表、发薪方法、服装； 工作要求； 责任	工作时间表、工资/收入、着装； 工作要求； 责任； 资格许可； 工作结构、职务的关键性

　　由表 4-7 可知,样式 A 和样式 B 尽管在维度层面是相同的,但是在子维度层面却有一些差别。例如,在样式 A 中,"体力活动"包括"物理设备的使用,整体手工活动和一般身体活动",而样式 B 中,"体力活动"则包括"方法和设备的运用,手工活动,全身活动,运用体力的水平,身体定位/姿势,操作/协调活动"。

　　表 4-8 详细列举了样式 A 中 6 个维度的 32 项子维度。

表 4-8　样式 A 的 32 项具体维度

1.信息输入:从何处以及如何获得工作所需的信息?	
知觉解释 信息使用	解释感觉到的事物 使用各种已有的信息资源
视觉信息获取	通过对设备、材料的观察获取信息
知觉判断	对感觉到的事物做出判断
环境感知	了解各种环境条件
知觉运用	使用各种感知

续　表

2.体力活动:工作中包含哪些体力活动?需要使用什么工具设备?	
使用工具	使用各种机器、工具
身体活动	工作过程中的身体活动(坐立除外)
控制身体协调	操作控制机械、流程
技术性活动	从事技术性或技巧性活动
使用设备	使用大量的各种各样的装备、设备
手工活动	从事手工操作性相关的活动
身体协调性	身体一般性协调

3.脑力处理:工作中有哪些推理、决策、计划、信息处理等脑力加工活动?	
决策	作出决策
信息处理	加工处理信息

4.人际关系:工作中需要与哪些人发生何种内容的工作联系?	
信息互换	相互交流相关信息
一般私人接触	从事一般性私人联络和接触
监督/协调	从事监督协调等相关活动
工作交流	与工作相关的信息交流
公共接触	公共场合的相关接触

5.工作情境:工作发生的自然环境和社会环境如何?	
潜在压力环境	工作环境中是否存在压力和消极因素
自我要求环境	对自我严格要求的环境
工作潜在危险	工作中的危险因素

6.其他特征:其他活动、条件和特征	
典型性	典型性工作时间和非典型性工作时间的比较
事务性工作	从事事务性工作
着装要求	自我选择着装与特定要求着装的比较
薪资浮动比率	浮动薪酬与固定薪酬的比率
规律性	有规律工作时间和无规律工作时间的比较
强制性	在环境的强制下工作
结构性	从事结构性和非结构性工作活动
灵活性	敏锐地适应工作活动、环境的变化

由表 4-8 可知,样式 A 的 6 个维度又被划分为更为详细的 32 项子维度。例如,对于"人际关系"的定义是:"工作中需要与哪些人发生何种内容的工作联系?"包括 5 项子维度,各子维度的定义如下:

1)信息互换:相互交流相关信息。

2)一般私人接触:从事一般性私人联络和接触。

3)监督/协调:从事监督协调等相关活动。

4)工作交流:与工作相关的信息交流。

5)公共接触:公共场合的相关接触。

(3)职务分析问卷工作要素的评价标准。按照职务分析问卷,对每一工作要素进行评价时,选择了 6 个标准,分别是使用范围(U)、时间总量(T)、对职位的重要性(I)"、出现的可能性(P)、可应用性(S)和专用代码(X)。对 6 个评价标准的定义详见图 4-3。

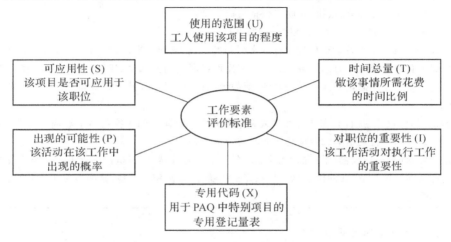

图 4-3　职务分析问卷工作要素评价标准

同时,针对每一工作要素评价标准都设计了 6 个评价刻度(或称级别)。例如"对职位重要性(I)"的 6 个评价刻度分别为:

N(0)=不使用;

1=非常低;

2=低;

3=平均;

4=高;

5=非常高。

表 4-9 详细列举了某职位"体力活动"维度工作要素评价的设计。

表 4-9 某职位"体力活动"维度的工作要素评价设计

3. 体力活动 3.1　方法和设备的使用 3.1.1　手持工具或者仪器。在该类别中考虑那些用于移动或者修改加工件、材料、产品或者物体的机器。在此不考虑测量性工具	该职位(1)的重要性代码 N 不使用 1 很少 2 低 3 平均 4 高 5 非常高

手动的

50 ＿ 精密的工具/仪器(也就是说,使用者进行非常准确或者精密的操作的时候所使用的工具或仪器。例如雕刻师的工具、钟表匠的工具、外科医生的工具)。

51 ＿ 无精密要求的工具/仪器(使用者用于执行不需要非常准确或者精密的操作时所使用的工具,诸如锤子、剪子、凿子、手持加油枪、扳钳,在此不包括长柄工具)。

52 ＿ 长柄工具(锄头、耙子、铁锹、镐、扫帚、拖把等)。

53 ＿ 手持设备/工具(用于移动或传递目标或者材料的工具,诸如夹子、勺子、镊子等,这里不包括防护性设备,如石棉手套等);装有动力的设备/工具(手工操作或者利用诸如电、压缩空气、燃料、液压机液体等能源控制设备,其中完成修正的部分是手动的,诸如牙医的钻孔器、焊接设备等,以及小的足够用手完全握住的设备)。

54 ＿ 精密的工具/仪器(执行要求非常准确或者精密的操作时使用的手握动力工具或者仪器,诸如小型牙医钻孔器,或者用于特别精确或者精巧作业的实验室设备)。

55 ＿ 无精密要求的工具/仪器(手持的、能源驱动的工具或者仪器,用于执行不要求非常准确或者精密的操作,例如普通动力锯、大型磨砂机、大剪刀、绿篱整顿器等,以及相关设备,诸如电熨斗、喷射枪或者喷嘴儿、焊接工具等)。

    3. 职务分析问卷的结果报告

    职务分析问卷在通过调查获得相关信息后,按照既定的统计分析方法,可以获得 3 种运用较多的职位分析报告,分别是工作维度得分统计报告、能力测试估计数据报告、工作评价点值报告。

    (1)工作维度得分统计报告。

    工作维度得分统计报告是目标工作在职务分析问卷,针对各维度与子维度评价得分的标准化和综合性的比较分析报告。所有的评价得分均采用标准分的形式(Z 分数),标准得分直接反应目标职位与职务分析问卷提供的样本常模在该维度上的差异;标准得分的另一种表现形式——百分比,则直观地说明了目标职位在评价维度上的相对位置,便于不同职位之间的相互比较。表 4-10 是某企业化学技术员职位的统计分析报告的部分内容。

表 4-10　某企业化学技术员职位的统计分析报告（节选）

维　度		得分（Z 分数）		百分比（%）										
		标准分	标准误差	1	10	20	30	40	50	60	70	80	90	99
1	知觉解释	−0.22	0.02											
2	使用工具	0.80	0.19											
3	决策	0.42	0.36											
4	信息互换	−0.25	0.03											
5	潜在压力环境	0.04	0.14											
6	典型性	−2.14	0.01											

（2）能力测试预测数据报告。

能力测试预测数据报告是职务分析问卷的另一项重要成果形式,职务分析问卷通过对职位信息的分析,确定该职位对于任职者各项能力（GATB 系统,General Aptitude Test Battery）的要求,并且通过与能力水平常模的比较,将能力测试预测分数转化为相应的百分比形式,便于实际操作。

能力测试预测数据报告的重要用途之一———人员甄选录用,通过职位分析问卷确定目标职位的能力要求,然后对候选人进行 GATB 能力测验,通过两者的对比决定人员的甄选。同时,职务分析问卷提供各项预测的标准误差,供决策使用。

（3）职位评价点值报告。

职位分析结果最重要的用途之一是进行职位评价,通过职务分析问卷内在的职位评价系统对其所收集的职位信息进行评价,确定各职位的相对价值。通过这些相对价值,确定组织各工作的价值序列,作为组织薪酬设计,尤其是基础薪酬设计的重要信息依据。

二、职务分析问卷的操作步骤

职务分析问卷是通过一套标准化的问卷来获取工作与工作者的相关信息,并通过既定的计算机程序进行数据分析,最终获得所需要的分析报告。具体来讲,职务分析问卷的操作步骤包括:明确工作分析的目的、赢得组织高层支持、确定信息收集的范围与方式、培训分析人员、员工项目沟通、收集信息和结果分析 7 个步骤。

1. 明确工作分析目的

一般来说,组织进行工作分析都希望达到多种目的,实现多种人力资源管理职能,诸如工作评价、招聘与配置管理、培训与开发管理、绩效与薪酬管理等。不同的目的意味着对 PAQ 得到的数据进行不同的分析,获取不同的分析报告。

2. 赢得组织高层支持

熟悉组织环境和文化,赢得组织支持,是进行工作分析的必要条件。在进行工作分析前需要与组织高层深入沟通,明确工作分析的目的,取得高层对工作分析意义的认同。通过沟通,确定任职者参与程度,是全员参与还是部分参与;通过沟通,确定工作分析开展的逻辑顺序,是从高级职位往下开展,还是相反。在此,要形成一份详细的、全面的工作分析项目开展的可行性计划书。

3.确定信息收集的范围与方式

在工作分析计划书中要确定信息的收集者、信息的提供者以及收集信息的方法。首先，确定工作信息收集者，一般包括工作分析专家、任职者主管；然后，确定工作信息提供者，一般包括有经验的任职者及其主管。所以，在这一环节，任职者主管既是信息的收集者，也是信息的提供者。接下来要确定信息收集的方式，一般包括两种方式：一是任职者及其主管提供信息，专家填写与总结；二是在专家指导下任职者直接填写。

4.培训分析人员

培训分析人员，是为了提高收集信息的有效性。培训内容主要包括：工作分析方法、职务分析问卷的结构和内容、操作步骤以及数据分析技巧等。在此，除了要进行明确分工外，同时也要根据每位人员的任务定位进行全面的、细致的培训，通过培训使其明确工作分析如何展开，最终结果是什么，如何有效控制结果质量，关键控制点有哪些，工作中有哪些信息需要，有哪些人员需要联络与沟通等。

5.员工项目沟通

在职务分析问卷的操作过程中，最关键的信息提供者就是参与调查的组织员工，因此通过与员工进行深入的沟通，可以为工作的开展和信息质量的保证奠定扎实的基础。在此，需要传递给员工的信息包括工作分析的目的、工作分析的时间表、员工参与调查的时间表、员工填写问卷的注意事项等。特别需要强调的是，要让参与问卷填写的员工明确一点，即尽管职务分析问卷是从行为分析出发，但并不等同于工作绩效研究和工作能力研究，进而消除员工的顾虑。另外，组织高层的全面动员也是获得员工支持的首要前提。

6.收集信息

在信息收集阶段，主要是通过员工填写问卷来获取信息，但在实际操作中，为了确保信息的准确性、真实性，必要的时候还需要通过其他方法来补充，例如访谈法、观察法和工作日志法等。由于职务分析问卷的设计特点，使其在填写时，填写者需要具有较好的阅读与理解能力，因此除了进行通过培训让填写者获悉填写的注意事项外，最好还要通过试调查来发现员工填写中出现哪些较多的问题。另外，在问卷填写完毕后，工作分析人员要在通览问卷基础上，通过访谈法对问卷内容进行适当的验证，以确保信息的准确性和真实性。在涉及工作行为的信息收集时，可以适当地通过观察法进行信息的验证。

7.结果分析

一般而言，可以通过职务分析问卷提供的服务机构，来进行数据分析和提供分析报告；当然如果条件成熟，也可以利用现有的或者自己编写的计算机程序来进行数据分析。前者需要支付给职务分析问卷服务机构费用，而后者则需要自身具备计算机程序编写的专业技术。最终可以获得工作维度得分统计报告、能力测试估计数据报告和工作评价点值报告。

三、职务分析问卷法的应用

如前所述，尽管职务分析问卷最初设计目的是针对任职资格确定和工作评价的，但随着该方法的不断完善和使用范围的不断扩大，目前该方法几乎可以应用于人力资源管理的各个环节，包括：任职资格确定、能力模型的构建、工作设计与分类、培训需求分析和培训内容设计、工作评价和薪酬管理、绩效评估和工作效率提升等。表 4-11 列举了职务分析问卷应用的实例。

表 4-11　工作要素评价得分处理结果

工作要素	特　征					
	(1)词语理解		(21)听觉		(28)手指灵活性	
	平均值	中位数	平均值	中位数	平均值	中位数
1.分析资料	4.73	5.00	0.00	0.00	1.39	1.00
36.决策	4.55	5.00	1.33	0.00	0.46	0.00
53.装置操纵	0.27	0.00	0.56	0.00	3.85	4.00
72.机动车驾驶	1.09	1.00	2.89	3.00	3.15	3.00
100.谈判	4.46	4.50	4.22	4.50	0.00	0.00
108.信号处理	2.55	3.00	4.11	4.50	2.77	3.00
133.指挥	4.36	4.00	3.78	4.00	0.69	0.00
145.冒险	0.00	0.00	1.89	0.00	1.31	0.00
187.工作结构	3.36	3.50	0.89	0.00	0.46	0.00

作为一种基于工作者分析的工作分析方法,职务分析问卷为人力资源管理作出了一定的贡献。职务分析问卷的工作要素涵盖了与工作和工作者相关的全面信息,具有广泛性和系统性;同时,由于职务分析问卷是通过标准化的问卷设计和既定的计算机程序处理,使得该方法为工作分析提供了一种相对较为简便的操作方法。

但是,正是由于其全面性、广泛性,使得职务分析问卷的篇幅过长,解释复杂。长达 28 页的问卷,对于填答者来讲不仅仅耗时很多,而且需要具备较高的阅读和理解能力。由于职务分析问卷强调其系统性,所以在工作要素和问卷内容的设计上规定死板,缺乏灵活性,因此仍存在一定的局限性。

第三节　管理人员职务描述问卷

管理行为的复杂性决定了对管理职位和管理人员的工作分析具有较大难度。许多工作分析方法针对管理职位和管理人员的分析,相对来讲效果并不是很好。基于此,管理人员职务描述问卷被开发出来,专门针对管理职位和管理人员进行工作分析,因此成为一种重要的工作分析方法。

一、管理人员职务描述问卷介绍

管理职位和管理人员在组织中的特殊地位,使得专门针对管理职位和管理人员的工作分析显得尤为重要。管理人员职务描述问卷就是所有工作分析方法中最具针对性的分析系统,是专门针对管理职位和管理人员的分析方法。

1.管理人员职务描述问卷产生的背景

管理人员职务描述问卷(Management Position Description Questionnaire,简称 MP-DQ),是专门针对管理职位和管理人员而设计的一种工作分析系统。

管理人员对企业的重要性决定了对管理人员的甄选、培训、评价、提拔、付酬等的重要性。而针对管理人员的工作分析系统,来研究管理职位和管理人员的方法比较少,这主要是因为管理行为的复杂性与广泛性难以用语言来准确描述;管理工作中的一些认知行为或思想活动难以被详细地观察到;管理工作中所需要的管理"艺术"难以从行为上加以描述和界定;现行的工作分析系统都力求能够分析所有类型的工作,缺乏针对性,难以深入分析管理人员。

2.管理人员职务描述问卷概述

管理人员职务描述问卷是一种结构化、可量化分析的问卷分析方法,最早产生于1974年,到1984年形成最终版本。通过管理人员职务描述问卷的填答,可以获取管理职位的多种信息,包括工作行为、工作联系、工作范围、决策过程、素质要求以及上下级间的汇报关系等。

(1)管理人员职务描述问卷设计原则。

管理人员职务描述问卷设计原则包括以下4项:

其一,力求能明确并量化不同管理岗位工作内容的差别;

其二,力求能评价不同管理职位的价值和等级;

其三,力求能有效分析和评价各种环境下的管理职位;

其四,力求提供准确、全面的工作信息,以便于高效履行人力资源管理的各项职能。

(2)管理人员职务描述问卷结构与内容。

管理人员职务描述问卷分析系统包括两个部分:一是管理人员职务描述问卷;二是分析结果报告。

管理人员职务描述问卷总共涉及274道题目,被划分为15个部分:一般信息、决策、计划与组织、行政、控制、督导、咨询与创新、联系、协作、表现力、监控业务指标、综合评定、知识技能和能力、组织层级结构图、评论和反应等。其中,涉及描述工作行为的题目有215道,非工作行为的其他题目有59道,详见表4-12。

表 4-12　管理人员职务描述问卷的结构

MPDQ 问卷内容	解　释	题目数量	
		工作行为	其他
1. General Information(一般信息)	任职者、职责、下属数量、财政预算等	0	16
2. Decision Making(决策)	决策背景和决策活动	22	5
3. Planning and Organizing(计划与组织)	计划制订和组织实施	27	0
4. Administering(行政)	文件处理和公文管理	21	0
5. Controlling(控制)	跟踪、控制和分析项目运作、财务、生产等	17	0
6. Supervising(督导)	监督、指导下属	24	0
7. Consulting and Innovating(咨询与创新)	技术性专家的行为	20	0
8. Contacting(联系)	联系对象和目的,有内部和外部联系矩阵	16	0
9. Coordinating(协作)	内部合作行为	18	0

MPDQ 问卷内容	解　释	题目数量	
		工作行为	其他
10. Representing(表现力)	比如在谈判活动中的行为	21	0
11. Monitoring Business Indicators(监控业务指标)	监控财务、市场指标等	19	0
12. Overall Ratings(综合评定)	上述 10 种职能的重要性	10	0
13. Knowledge, Skill and Abilities (知识技能和能力)	31 种素质的评定、培训	0	31
14. Organization Chart(组织层级结构图)	下属、同级、上级	0	0
15. Comment and Reactions(评论和反应)	对问卷看法的反馈	0	7
总计		215	59

按照管理人员职务描述问卷,在设计题目时,要遵循以下原则:

第一,题目要有区分度,能体现管理职位的等级差异;

第二,题目要容易区分哪些是工作评价要素,哪些是绩效评价要素,哪些是工作描述要素,哪些用于描述知识、技能和能力(KSAs);

第三,题目要从各方面对管理工作进行全面的分析;

第四,题目要有助于准确评价管理人员的工作内容;

第五,要形成一种易于被任职者理解和完成的问卷模式。

3. 管理人员职务描述问卷题目的评价尺度

管理人员职务描述问卷的第一部分是"一般信息",主要包括:任职者、职责、下属数量、财政预算等方面的信息。管理人员职务描述问卷的第 2~11 部分在进行评价时,一般采用 5 级评价尺度。例如,对"重要程度"的 5 级评价尺度具体如下:

"0"——"该活动与本工作完全无关";

"1"——"该活动只占本工作的一小部分且重要性程度不高";

"2"——"该活动属于本工作的一般重要部分";

"3"——"该活动是本工作的重要组成部分";

"4"——"该活动是本工作的关键部分"。

在管理人员职务描述问卷中,除了进行"重要程度"的评价,许多内容会涉及决策权限的评价,对"决策权限"的 5 级评价尺度如下:

"0"——"不适用:不参与这项活动";

"1"——"为决策提供一般性服务:记录和分析各种候选方案和他们带来的可能后果";

"2"——"有建议权:要向我的主管提出建议或提供制定决策需要的各种基本信息";

"3"——"共同决策权:和其他人共同决策,并且不需要经过直接主管的审核";

"4"——"独立决策权：有权独立作出决策，并且不需要经过直接主管的审核"。

在"综合评定"部分，管理人员职务描述问卷将管理工作分为 10 个管理职能范围，并对每种职能进行重要程度的评价。"重要程度"评价的 6 级尺度如下：

"0"——"不是本工作的职能"；

"1"——"不太重要"；

"2"——"一般重要"；

"3"——"重要"；

"4"——"很重要"；

"5"——"至关重要"。

二、管理人员职务描述问卷的分析因子和分析报告

管理人员职务描述问卷试图从不同角度出发设计问卷，并进行数据的分析研究和描述，以满足人力资源管理不同职能需求，每一角度由若干因素组成，这些因素称为"因子"。管理人员职务描述问卷划分为三类"因子"："管理工作因子"、"管理绩效因子"和"工作评价因子"。管理人员职务描述问卷根据三类因子的分析，最终可以获得相应 8 个分析报告：管理职位描述报告、个体职位价值报告、个体职位任职资格报告、管理工作描述报告、团体工作价值报告、团体工作任职资格报告、团体比较报告、与职位对应的绩效评价报告。

1. 管理人员职务描述问卷的分析因子

（1）管理工作因子。

管理工作因子是用于描述工作内容的因素，通过这些因子来区分不同的管理工作，一般被薪酬管理人员和招聘人员使用，使他们能够更容易从总体上把握工作的内容。管理工作因子包括 8 项内容：决策、计划与组织、行政、控制、咨询与创新、协作、表现力和监控业务指标。具体的因子解释见表 4-13。

表 4-13 管理工作因子

1. 决策（Decision Making）：评定各种信息和各种候选方案。

2. 计划与组织（Planning and Organizing）：制订长期和短期计划，包括制订长期目标、战略规划、短期目标和日程安排。

3. 行政（Administering）：负责文件和档案的整理和保管、监控规章制度和政策的执行、获取和传递信息。

4. 控制（Controlling）：控制和调整人力、财力和物力的分配，调拨材料、机器和服务资源，建立成本控制体系。

5. 咨询与创新（Consulting and Innovating）：应用高级技术解决疑难问题，为决策者提供关键信息和咨询，开发新产品和开拓新市场，密切关注技术前沿动态。

6. 协作（Coordinating）：与其他团体合作实现组织目标，在不能实施直接控制的情况下能团结他人、整合力量，协商组织资源的使用，必要时能有效处理矛盾与分歧。

7. 表现力（Representing）：与个人或团体沟通交流，如客户、供应商、政府和社区代表、股东和求职者，促进组织产品和服务，谈判并签订合同。

8. 监控业务指标（Monitoring Business Indicators）：监控关键的商业指标，比如净收入、销售额、国际商业和经济趋势、竞争者的产品和服务。

（2）管理绩效因子。

管理绩效因子用于区分绩效优秀和一般的管理者，一般被绩效管理人员和培训人员使用。通过这些因子，管理人员可以帮助上级主管评价和指导管理者的绩效，还可以帮助上级主管和培训专家明确对管理的培训需求。管理绩效因子包括 9 项内容：工作管理、商业计划、解决问题/制定决策、沟通、客户/公众关系、人力资源开发、人力资源管理、组织支持和专业知识。具体因子解释见表 4-14。

表 4-14　管理绩效因子

1．工作管理：管理工作执行情况和资源使用情况，监控和处理各种信息，确保产品和服务按时完成。

2．商业计划：未达到目标，制订并实施商业计划与商业战略。

3．解决问题/制定决策：分析技术上或商业上的问题与需求，作出决策，选择适当的方案或进行创新。

4．沟通：高效、全面、准确地进行沟通，正确地分享或交换信息。

5．客户/公众关系：代表组织与客户、预期客户及其他公共群体打交道。

6．人力资源开发：通过有效的工作分配、指导、培训和绩效评价等措施来开发下属员工的潜能。

7．人力资源管理：监督和管理下属员工，提供指导和领导。

8．组织支持：有归属感，能得到其他管理者的支持来共同实现个人、团队和组织的目标。

9．专业知识：具备实现既定绩效目标所需要的技术知识。

（3）工作评价因子。

工作评价因子用于评价管理类工作的相对价值，一般被薪酬管理人员所使用，依据各管理工作的相对价值来确定薪酬等级，并最终确定管理类工作的薪酬水平。工作评价因子包括 6 项内容：制定决策、解决问题的能力、组织影响力、人力资源管理职能、知识—经验—技能以及联系等。具体因子解释见表 4-15。

表 4-15　工作评价因子

1．制定决策：制定决策的权限有多大，考虑决策的性质、影响范围、复杂程度以及需要付出的努力程度。

2．解决问题的能力：为解决所出现的问题，需要投入的分析与创造性思考属于哪种等级，考虑问题的性质、所涉及的范围以及解决方案所需要的创造性。

3．组织影响力：对组织的影响范围有多大，包括职位对实现组织目标、对开发或销售产品（服务）、制订战略或执行计划、对制定政策或工作流程、对实现销售收入、利润或其他业绩指标的重要程度。

4．人力资源管理职能：监督和指导职能的大小，可以通过下属员工的数量、等级，以及所提供的指导的复杂程度来衡量。

5．知识、经验和技能：职位所需要的用来解决关键性组织问题的知识、经验和技能，以及在多大程度上需要将这些知识、经验和技能应用于解决实际问题。

6．联系：内部联系与外部联系的范围和程度，可以从联系对象、联系目的以及联系的频率等方面进行考虑。

2.管理人员职务描述问卷的分析报告

管理人员职务描述问卷作为一种比较成熟的工具，通过数据的收集和分析，可以形成多个报告，从而为管理工作描述、管理工作评价、管理人员开发、管理人员绩效评价、管理人员甄选与晋升以及管理工作设计等人力资源管理职能发挥提供信息的依据。管理人员职务描述问卷最终可以提供 8 个分析报告:管理职位描述报告、个体职位价值报告、个体职位任职资格报告、管理工作描述报告、团体工作价值报告、团体工作任职资格报告、团体比较报告、与职位对应的绩效评价报告。

(1)管理职位描述报告。

管理职位描述报告是通过管理工作因子的分析,形成对管理职位详细描述的报告,包括针对某一管理职位的财务管理职能、人力资源管理职能、重要活动、人际关系和任职资格等。管理职位的描述包括 5 个部分:财务管理和人力资源管理职责,根据重要程度排序的职位活动,内部与外部联系,决策的性质,所需要的知识、技能和能力的熟练程度等。表 4-16 列举了某管理职位的工作描述的部分内容。

表 4-16　管理职位描述(节选)

姓名:××× 员工编号:222 职务名称:×××管理者 管理级别:督导级	公司名称:CDBA 直接上级姓名:××× 直接上级职务:×××管理者 完成时间:8/8/2008

1.一般信息

　A. 人力资源管理职责:

　　——人力资源管理职责约占所有职责的 28%;

　　——所辖下属的最高职务:高级程序员。

　B. 财务管理职责:

　　——不对年度营业收支预算负责

　　——对下列财务指标负责:

　　　——上一会计年度销售额:¥78000

　　　——本会计年度销售目标:¥220000

　　　——上一会计年度销售收入:¥275000

　　　——本会计年度销售收入目标:¥280000

　2.职位活动

　　决策:任职者 5% 的时间都用于制定决策,对本管理职位而言,决策是非常重要的职能。

　　与决策相关的活动以及他们对该职位的重要程度:

重要程度	序号	活动描述
关键性的	5	考虑决策的长期影响
关键性的	8	在没有指导和经验的情况下,在新的环境和突发事件中制定决策
关键性的	11	在有时间压力的情况下制定非常关键的决策
重要性的	7	在制定决策时,要深入考虑法律的、道德的因素以及组织的政策和目标
一般的	1	在决策之前评价各种解决问题的候选方案的成本与收益
……	……	……

(2)个体职位价值报告。

个体职位价值报告是通过对工作评价因子的分析形成的,对管理职位工作价值评价的报告,反应目标管理职位在各工作维度以及工作评价因子上的得分。图 4-4 列举了某管理职位评价报告的部分内容。由图 4-4 可知,对于管理工作来讲,通过分析管理工作因子的重要性,为工作评价提供了职位的背景资料,进而通过对 6 项工作评价要素的打分,得到各个要素的分值和职位评价总分值,这样就可以确定该职位在全体管理职位中的相对位置,为薪酬管理者制定薪酬制度提供了重要依据。

姓名: 公司名称:CDBA

员工编号:222   直接上级姓名:

职务名称:×××管理者   直接上级职务:××管理者

管理级别:督导级   完成时间:8/7/2003

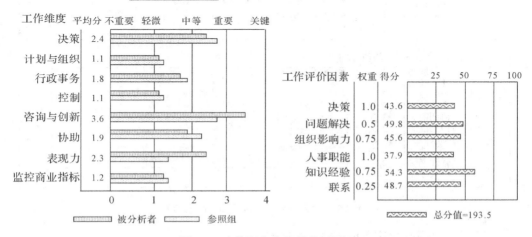

图 4-4 个体职位价值报告(节选)

(3)个体职位任职资格报告。

个体职位任职资格报告是通过对管理工作因子和管理绩效因子的分析,提取管理职位任职者的任职资格要求,反映了影响该职位绩效水平的因素有哪些,以及重要程度如何。个体职位任职资格报告中包含 31 项知识、技能和能力熟练程度的分析,详见图 4-5。

除了上述 3 个分析报告以外,管理人员职务描述问卷还可以获得管理工作描述报告、团体工作价值报告、团体工作任职资格报告、团体比较报告和职位绩效评价表报告等 5 个报告。管理工作描述报告是对一组管理职位的工作内容进行复合性或一般性的描述;团体工作价值报告反映团体工作相对价值的评价;团体工作任职资格报告反映团体工作的知识、技能和能力等的要求;团体比较报告是比较 6 个或以上团体工作相同点和不同点的报告;职位绩效评价表报告是评价员工绩效的报告。

姓名：　　　　　　　　　　　　　　　　公司名称：CDBA
员工编号：222　　　　　　　　　　　　直接上级姓名：
职务名称：×××管理者　　　　　　　　直接上级职务：××管理者
管理级别：督导级　　　　　　　　　　　完成时间：8/7/2003

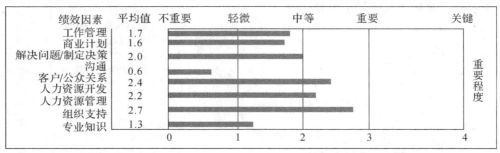

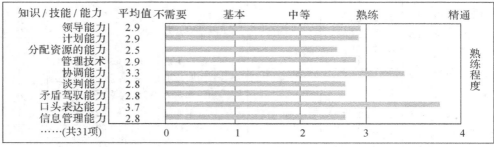

图 4-5　个体职位任职资格报告（节选）

三、管理人员职务描述问卷法的应用

开发管理人员职务描述问卷的初始目的是为了通过提供信息来支持人力资源管理各项职能发挥的有效性，尤其是针对管理性岗位或者管理人员。按照管理人员职务描述问卷的设计思路，不仅仅可以获取关于管理职位描述性信息、任职资格信息和工作价值信息，还可以获得团体性管理工作描述、任职资格以及绩效评价的信息，这就使得管理人员职务描述问卷能够更好地为人力资源管理提供全面和详细的信息。管理人员职务描述问卷的系统模型见图 4-6。

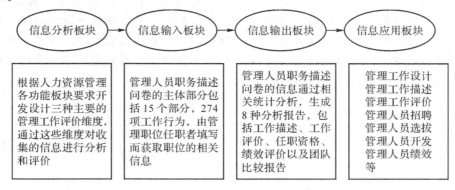

图 4-6　管理人员职务描述问卷系统模型

作为结构化的工作分析方法，管理人员职务描述问卷也存在灵活性不足的缺陷，并且各

种管理分析维度是在对国外管理人员进行实证研究基础上形成的,为了适应在中国各种组织中开展管理人员的工作分析,就需要将该技术进行"本土化",当然前提是,"本土化"也需要大量的实证检验,以确保该方法的信度和效度。

第四节 临界特质分析系统

临界特质分析系统是完全以个人特质为分析重心、基于工作者的工作分析方法。通过构建特质库,并对各项特质进行评价,进而确定对于工作者来说,需要何种特质才可以胜任工作或基本胜任工作。

一、临界特质分析系统介绍

临界特质分析系统(Threshold Traits Analysis System,简称 TTAS)设计的目的就是,提供标准化的信息以辨别人们为基本完成和高效完成某类工作,分别至少需要具备哪些品质和特征,临界特质分析系统称这些品质和特质为临界特质(Threshold Traits)。

临界特质分析系统的理论基础是,每个工作都具有两方面特征:一是任职者必须完成的工作任务和活动;二是为了完成这些工作需要满足的条件。为了实现人员的甄选、配置、开发和激励,一份职位说明书必须明确任职者完成工作所需具备的素质;为了便于辨别工作对任职者特质的要求,有必要开发一种特质库,这种特质库能用有限的特质描述涵盖所有工作和职业对任职者的要求。

1.临界特质分析系统的特质库

基于临界特质分析系统的理论基础,研究者开发了特质库,从 2 个方面特质考虑,经过多位研究者的不断开发,最终形成了 3 类特质维度、5 类工作范畴(Work Domains)、12 种工作职能(Job Functions)和 33 项特质(Traits)。特质库的开发过程见图 4-7。

图 4-7 临界特质分析系统特质库开发思路

临界特质分析系统的特质库中,2 个方面特质是指能力特质和态度特质。能力特质即能做什么(can do),既可分为发展性能力(Aptitude)、熟练能力(Proficiency),又可分为一般性知识/技能(General)、特殊知识/技能(Craft)。态度特质即愿意做什么(willing to do)。能力特质包括身体(Physical)特质、智力(Mental)特质和学识(Learned)特质,态度特质包括动机(Motivational)特质和社交(Social)特质,因此形成了 5 类工作范畴。每类工作范畴又分解为几种工作职能,例如,"身体特质"包括体力、身体活动性和感官等 3 种工作职能,"动机特质"包括适应能力和控制能力两种特质,等等。接下来,每种工作职能又分解为几项特质,例如,"感知能力"包括感觉与知觉、注意力、记忆力等 3 项特质,"行动力"包括计划性和决策能力两项特质,等等。表 4-17 给出了每项特质的解释。

表 4-17　临界特质分析系统特质库

工作范畴 Work Domains	工作职能 Job Functions	特质因素 Traits	描　述
1.身体特质 Physical	1.体力	1.力量	能举、拉和推较重的物体
		2.耐力	能长时间持续的耗费体力
	2.身体活动性	3.敏捷性	反应迅速、灵巧、协调性好
	3.感官	4.视力	视觉和色觉
		5.听力	能够辨别各种声响
2.智力特质 Mental	4.感知能力	6.感觉、知觉	能观察、辨别细微的事物
		7.注意力	精力不集中的情况下仍能观察入微
		8.记忆力	能持久记忆需要的信息
	5.信息处理能力	9.理解力	能理解口头或书面表达的各种信息
		10.解决问题能力	能演绎和分析各种抽象信息
		11.创造性	能产生新的想法或开发新的事物
3.学识特质 Learned	6.数学能力	12.计算能力	能解决与数学相关的问题
	7.交流	13.口头表达能力	口头表达清楚、简练
		14.书面表达能力	书面表达清楚、简练
	8.行动力	15.计划性	能合理安排活动日程
		16.决策能力	能果断选择行动方案
	9.信息与技能的应用	17.专业知识	能处理各种专业信息
		18.专业技能	能进行一系列复杂的专业活动
4.动机特质 Motivational	10.适应能力	19.适应变化能力	能自我调整,适应变化
		20.适应重复	能忍受重复性活动
		21.应对压力能力	能承担关键性、压力大的任务
		22.孤独适应能力	能独立工作或忍受较少的人际交往
		23.恶劣环境适应能力	能在炎热、严寒或嘈杂的环境下工作
		24.危险适应能力	能在危险的环境下工作
	11.控制能力	25.独立性	能在较少指导下工作
		26.毅力	能坚持一项工作任务直到完成
		27.主动性	主动工作并能在需要时承担责任
		28.诚实	遵守常规的道德与规范
		29.激情	有适当的上进心

续　表

工作范畴 Work Domains	工作职能 Job Functions	特质因素 Traits	描　述
5.社交特质 Social	12.人际交往	30.仪表	衣着风貌达到适当的标准
		31.忍耐力	在紧张的气氛下也能与人和睦相处
		32.影响力	能影响别人
		33.合作力	能适应团队作业

　　临界特质分析系统除了对每项特质进行严格的定义外,还对其进行等级划分。以"10.解决问题能力"为例,"解决问题能力"被划分为0、1、2、3四个等级,根据工作职能的内容"等级2"的定义"需要解决一些包含许多已知因素的问题(如投资可行性分析等)","解决问题能力"的要求"等级2"则为"任职者必须能解决包含许多已知因素的问题",详见表4-18。

表 4-18　解决问题能力等级划分及定义

所属工作范畴:智力特质
所属工作职能:信息处理

工作职能的内容		任职者必须做到	
信息处理:对信息进行处理,得出特定的解决方案或得到某个问题的答案;处理信息,能对别人的建议提出正确的评价和修改意见		对信息进行分析,并通过演绎推理提出正确的结论和解决方案	
等级	等级描述	等级	等级描述
0	工作任务需要解决一些细小的问题,提出简单的解决方法	0	任职者必须能解决细小的问题并给出简单的解决方案
1	需要解决一些包含的问题(如诊断机器故障或解决客户投诉等)	1	任职者必须能解决包含有限个已知因素的问题
2	需要解决一些包含许多已知因素的问题(如投资可行性分析等)	2	任职者必须能解决包含许多已知因素的问题
3	需要解决一些复杂的、抽象的且包含许多未知因素的问题(如设计或研究某套系统的改良方法)	3	任职者必须能解决复杂的、抽象的且包含许多未知因素的问题

　　2.临界特质分析系统特质的评价维度

　　按照临界特质分析系统的设计,对每一项特质的评价从三个维度进行,分别是等级、实用性和权重。

　　(1)等级(Level)。等级描述的是某一特质的复杂度要求或强度要求,如表4-18所示。"解决问题能力"包含4个级别,评价者要根据工作特征确定对某一特质的等级要求,如"等级2"。

　　(2)实用性(Practicality)。实用性是针对等级评价而言的,即对某工作而言要求任职者达到该工作需要的等级是否具备可行性,也就是说,有多大比例的求职者能够具备这一特质并达到相应评定等级,临界特质分析系统将实用性分为三个层次。

如果 10％以上的求职者能达到相应的评定等级,则认为是该特质的该等级是实用的(Practicality);

如果 1％～10％的求职者能达到相应的评定等级,则认为该特质的该等级是基本不实用的(Somewhat Impractical);

如果 1％以下的求职者能达到相应的评定等级,则认为该特质的该等级是不实用的(Impractical)。

(3)权重(Weight)。权重表明某一特质对工作绩效的影响程度。

3.临界特质分析系统的三种分析技术

临界特质分析系统有三种分析技术:临界特质分析、工作要求与任务分析以及技术能力分析。

(1)临界特质分析。临界特质分析(Threshold Traits Analysis,简称 TTA)主要侧重对人员的任职资格进行分析,是临界特质分析系统的核心组成部分,因此也决定了临界特质分析系统是以工作者为导向的分析系统,临界特质分析的操作流程将在后面详细介绍。

(2)工作要求与任务分析。工作要求与任务分析(Demand And Task Analysis,简称DATA)主要侧重对目标工作包含的任务和要求进行分析和描述,通过工作描述问卷获取信息,并通过聚类分析,进而确定哪些任务和职责是该工作的关键性的任务和职责。工作要求与任务分析将在后面进行简要介绍。

(3)技术能力分析。技术能力分析(Technical Competence Analysis,简称 TCA)仅适用于分析对技术知识和技能有重要要求的工作,目的在于明确完成技术性的工作职能所需要具备的各种能力,其操作步骤和工作要求与任务分析基本相似,具体操作也将在后面进行简要介绍。

4.临界特质分析系统的分析对象

按照临界特质分析系统的设计,该方法不是对组织中所谓工作进行分析,而是更强调对组织中的关键工作的分析。临界特质分析系统认为,关键工作是绝大多数初学者或者较低层次的员工,都希望而且能够在一段时间内,也有可能达到的工作岗位。因此在进行工作分析时,首先是要选择关键工作。临界特质分析系统在选择关键工作时,采用了职业矩阵的方法。

职业矩阵(Career Plan Matrix)通过二维指标对工作进行分类,这二维指标分别是工作族(Job Family)、工作复杂程度和责任(简称等级,即 Level)。例如,在表 4-19 中,将工作族分为"操作类"、"维修类"、"技术类"、"管理类"、"辅助类"等;同时,等级划分为"熟练的"、"半熟练的"和"初学工"三个层次,详见表 4-19。

表 4-19　职业矩阵

等级（Level）	工作族（Job Family）					
	操作类	维修类	技术类	管理类	辅助类	……
熟练的						
半熟练的						
初学工						

二、临界特质分析系统的操作步骤

临界特质分析系统有三种分析技术：临界特质分析、工作要求与任务分析以及技术能力分析。下面重点介绍临界特质分析，并对工作要求与任务分析和技术能力分析进行简要介绍。

1. 临界特质分析的操作步骤

临界特质分析（Threshold Traits Analysis，简称 TTA）是对工作者完成工作应具备的任职资格，即特质进行分析，包括选择和培训工作分析小组成员、特质评价和完成"TTA 卡"以及整理并总结"TTA 卡"三步。

（1）选择和培训工作分析小组成员。

按照临界特质分析技术的要求，在选择小组成员时，应该选择 1 名主持人和至少 5 名小组成员作为分析人员。

主持人在整个分析过程中扮演着重要的角色，因此，必须熟悉临界特质分析技术，熟悉组织的职业矩阵以及当地劳动力市场状况。

主持人职责主要包括主持整个临界特质分析过程，监测分析人员特质评定的准确性和一致性，以及不同分析人员特质评定的一致性，主持人并不亲自参与特质的评定。

在组成分析小组成员后，要对他们进行系统培训，主要是让分析人员掌握临界特质分析技术、工作分析流程和分析结果质量标准等。在培训中，要发放相应的书面材料，包括 33 项特质的定义与等级划分以及已完成的"TTA 卡"，如表 4-20 所示。另外，最好组织一次试评价，以确保各位分析人员掌握该技术，并能发现需要控制的关键环节。

（2）进行特质评价，完成"TTA 卡"。

组成分析小组并进行培训后，接下来就是由分析人员对 33 项特质进行评价，并按照表 4-20 的要求完成"TTA 卡"的填写。整个评价和填写过程包括三步：相关性评定、"可接受绩效"特质评定和"优秀绩效"特质评定。

第一步，评定相关性。通过评定每一特质的重要性和独特性来确定该特质的相关性。

"重要性"被定义为"该特质是否对完成本工作的某些职能很重要"，表明该特质对工作绩效的影响程度，评价时可选择"是"或"否"，将评价结果填入"A"列。

"独特性"被定义为"对该特质的要求是否达到 1、2 或 3 等级"，表明该工作的任职者和求职者群体中，有多大比重的人具有这种特质。评价时可选择"是"或"否"，将评价结果填入"B"列。

表 4-20　　TTA 卡

工作名称				分析人姓名		
隶属部门				分析日期		
特质范围	特质	第一步			第二步		第三步	
		A	B	C	D	E	F	G
身体特质	1.力量							
	……							
智力特质	6.感觉、知觉							
	……							
学识特质	12.计算能力							
	……							
动机特质	19.适应变化能力							
	……							
社交特质	31.忍耐力							
	……							
评定:将评定结果分别填入"A"列至"G"列		A	B	C				
第一步 评定相关性	A—重要性:该特质是否对于完成本工作的某些职能很重要?请选择 1(是)或 0(否)。 B—独特性:对该特质的要求是否达到1、2 或 3 等级?请选择 1(是)或 0(否)。 C—相关性:请填写将 A 与 B 的乘积。				D	E	F	G
第二步 可接受绩效	D—特质等级:为达到可接受绩效应具备该特质的哪个等级?请填写 0、1、2 或 3。 E—实用性:预计多大比例的求职者能够达到该特质等级?若大于10%请填写2,若处于 1%～10%请填写1,若低于 1%请填写 0。							
第三步 优秀绩效	F—特质等级:为达到优秀绩效应具备该特质的哪个等级?请填写 0、1、2 或 3。 G—实用性:预计多大比例的求职者能够达到该特质等级? 如果高于 10%请填写 2,1%～10%请填写1,低于 1%请填写 0。							

注:在第二步和第三步中,仅当 C 值为 1 时才填写。

根据特质的"重要性"和"独特性"两个指标的评价结果来确定其"相关性",即"相关性"为"重要性"和"独特性"两个指标评价分值的乘积,将评价结果填入"C"列。该乘积的值为"0"或"1",如果为"1",则可以进行后面两个步骤的评定。

第二步,评定"可接受绩效"特质。"可接受的绩效水平"是指能够使任职者得到绩效工资的绩效水平。这一步是要评定对于"可接受绩效"而言,任职者需要达到的特质等级是几级,同时,达到这一特质等级在求职者中可达到的人数比例是多少,即"实用性"。由前文可知,"特质等级"分为 0～3 四个等级,"实用性"分为"实用的"、"基本不实用的"和"不实用的"三个层次,将评价结果分别填入"D"列和"E"列。

第三步,评定"优秀绩效"特质。"优秀绩效"是指任职者达到的绩效水平使得他有晋升或提升工资水平的可能。这一步是要评定对于"优秀绩效"而言,其特质等级和实用性如何,将评价结果分别填入"F"列和"G"列。

(3)整理并总结"TTA卡"。

所有特质都完成了评价,填写好"TTA卡"后,就要整理和总结"TTA卡"。如表4-21所示,在分析人员评价完各特质并填写了"TTA卡"的第"A"列至第"G"列后,由主持人通过计算来填写第"H"列至第"J"列。

具体来讲,计算规则为:

当"C=1"时,"H=D×E"

当"C=1"时,"I=F×G"(若F>D,G<E,则I=G+H)

当"C=1"时,"J=H+I"

主持人计算并填写完第"H"列至第"J"列后,则要进行其他相关指标的计算,包括K、N、O、L、P、Q、M、R、S和T等10列数据,详见表4-21。各列指标的具体含义如下:

表4-21 特质分析结果(节选)

范围	特质	相关性			可接受的			优秀的			
		K	N	O	L	P	Q	M	R	S	T
身体特质	1.力量	87	37	2.47	9	0.6	0	28	1.87	1	0.02
	2.耐力	100	51	3.4	22	1.47	1	29	1.93	1	0.03
	3.敏捷性										
	4.视力										
	5.听力										
智力特质	6.感觉、知觉										
	7.注意力										
	8.记忆力										
	9.理解力										
	10.解决问题的能力										
	11.创造性										
学识特质	12.计算能力										
	13.口头表达的能力										
	14.书面表达的能力										
	15.计划性										
	16.决策能力										
	17.专业知识										
	18.专业技能										

续　表

范　围	特　质	相关性			可接受的			优秀的			
		K	N	O	L	P	Q	M	R	S	T
动机特质	19.适应变化的能力										
	20.适应重复										
	21.应对压力的能力										
	22.对孤独的适应能力										
	23.对恶劣环境的适应能力										
	24.对危险的适应能力										
	25.独立性										
	26.毅力										
	27.主动性										
	28.诚实										
	29.激情										
社交特质	30.仪表										
	31.忍耐力										
	32.影响力										
	33.合作力										

K:评价为相关的分析人员比例(%);

N:所有分析人员 J 值的和,当超过 40% 的分析人员认为相关,才可以作为继续分析对象,否则标注 NR 并被删除;

O:N 除以分析人员的总人数;

L:所有分析人员 H 值的和;

P:L 值除以分析人员的总人数;

Q:P 值除以 2,再四舍五入;

M:所有分析人员 I 值的和;

R:M 值除以分析人员的总人数;

S:R 值除以 2,再四舍五入;

T:O 值除以 O 列的总和。

如表 4-21 所示,工作特质的相关性用"N"值表示,为获得"可接受绩效"应该具备的特质等级用"Q"值表示,为获得"优秀绩效"应该具备的特质等级用"S"值表示,各特质对工作绩效的影响程度,即权重用"T"值表示。

2.工作要求与任务分析的操作步骤

工作要求与任务分析(Demand And Task Analysis,简称 DATA)主要侧重对工作本身进行分析研究,一般来讲,是通过工作描述问卷来收集信息,并对目标工作包含的任务和要求进行分析与描述的。具体操作步骤包括：工作描述问卷的设计、问卷的填写、问卷的分析、工作描述初步结果的生成以及 TTA 与 DATA 结果的比较等五步。下面进行简要介绍。

（1）设计工作描述问卷。

在设计工作描述问卷前，要通过文献法和访谈法获得基本的职位信息，以用于问卷的编写。文献法主要是查阅组织内外部既有的关于目标职位的信息文字资料；访谈法则主要是针对该目标职位的相关信息，在没有相关文字资料时，可通过与目标职位任职者及其主管人员的座谈来获得。

在问卷设计时，不仅要包括对目标工作具体任务的描述，还要将相应的"特质"与这些任务联系起来，这样确保任职者在填答问卷时，既有对任务与要求的评价，也有对完成任务所需"特质"的评价。

（2）问卷填写。

在问卷填答前，要给问卷填写人发放详细的填答指南，或者通过培训，让填答者能够领会问卷的意图，能够掌握问卷填答的方法。在问卷填写过程中，则要求最好不要给予指导，以免形成暗示，或由于指导而导致填答者不能按照自己的理解和认识准确、客观地填答。在问卷填答结束后，要及时发现问卷填答中是否有遗漏，是否有明显的逻辑错误等，如果发现问题要及时纠正和修改。

（3）问卷分析。

在问卷填答完后，就要用统计方法对问卷所获得的信息进行处理。通过统计指标的计算，例如平均值、标准差和频数分布等来确定目标工作的重要任务或要求；另外，还可以利用高级统计分析方法，例如聚类分析，来确定工作名称与工作内容的一致性，以及在同一工作名称下，是否存在多样性的工作。如果存在同一工作名称下有多种类型的工作内容，则要通过修改职业矩阵来确保对各种类型工作内容都能给予充分体现。

（4）生成工作描述的初步结果。

在设计问卷时，将目标工作的工作任务和相应的"特质"进行了对应考虑，所以可以根据工作职能发挥的顺序或者重要性程度等逻辑标准，对筛选出来的重要任务进行排序，得到初步的目标工作的工作描述。

（5）比较 TTA 和 DATA 的结论。

由于 TTA 分析是由一线主管通过评价而获得的，而 DATA 分析则是由职位任职者填答问卷而获得的，因此通过对两种不同信息来源，以及不同分析技术的结论进行比较，有助于提高分析结果的准确性和完整性。

3. 技术能力分析的操作步骤

技术能力分析（Technical Competence Analysis，简称 TCA）主要目的是明确完成技术性的工作所要求的各种能力，是对技术类工作进行完整分析的方法。技术能力分析的操作步骤分别是调查问卷的设计、问卷填写和信息收集、问卷分析，这和工作要求与任务分析基本相同，区别之处在于，进行问卷分析时，主要强调技术能力的分析。具体表现为以下三个环节。

（1）确定最低要求。

在这一环节，需要工作分析人员通过对调查问卷的分析，在确定工作所需关键知识与技能基础上进行评价,包括该关键知识和技能是否是员工刚上任就需要用到的,是否需要员工在没有指导的情况下完成。通过评价,最终确定新员工需要具备哪些知识与技能,并能在没有指导的情况下独立完成相关工作。

(2)确定培训需求项目。

在这一环节,需要确定的就是培训的项目。工作分析人员通过对调查问卷的分析和评价,来确定工作任职者在何阶段必须具备什么知识与技能,包括在上岗前必须具备的项目,在上岗6个月后必须具备的项目,在上岗6个月后才能具备的项目等。这些项目的确定,将可以作为对工作任职者培训项目制定的依据,亦即现期需要进行什么项目的培训,将来需要进行什么项目的培训。

(3)形成技术能力说明书。

通过相应的分析与评价,最终形成技术能力说明书(Technical Competence Specification,简称 TCS)。技术能力说明书的主要内容包括以下内容:一是对目标工作的实现具有重要意义的技术知识/技能;二是新员工就需要具备并能在没有指导的情况下独立应用的知识和技能;三是需要对员工进行培训的知识和技能等。

三、临界特质分析系统的应用

临界特质分析、工作要求与任务分析以及技术能力分析共同组成了临界特质分析系统,其中临界特质分析是核心部分。临界特质分析系统被广泛应用于各种类型的组织和职位中,不仅包括企业组织,也包括公共部门;不仅包括一线技术工人、生产销售人员,也包括管理人员和工程师。实践证明,临界特质分析系统的分析结果相对比较准确,能够为组织提供有用的、翔实的信息,因此是一种重要的工作分析方法。但是也存在一些不足之处,主要体现在实用性不强、过于精确和复杂等几个方面。

临界特质分析系统主要应用于人力资源管理的人力资源规划、人员甄选和培训等职能领域。

第五节　其他人员分析方法

基于工作者的分析方法除了前面所介绍的工作要素法、职务分析问卷、管理人员职务描述问卷和临界特质分析系统外,还有几种典型的分析方法,分别是美国劳工部分析系统、医疗人员分析系统和能力分析量表等。

一、DOL 系统

美国劳工部分析系统(以下简称 DOL 系统)是美国劳工部开发的一种职位分析系统,在对工作基本特征进行描述后,重点提出了工作者个人的6项特征:教育与培训、才能、气质、兴趣、身体条件和环境条件等。

1.教育与培训

按照 DOL 系统,某一特定职位对任职者应具备的一般学历教育与特殊职业培训有相应的要求。

"一般学历教育"被定义为"那种普通的、没有特定职业定向的一般教育（GED）"。GED量表包括三个变量：推理、数学和语言。每一变量又分成 6 个水平等级。例如，在表 4-22 中，揉面师工作的 GED 得分为 2，"职业培训"被定义为"在特定的工作情境下作业的资格（SVP）的平均数"，SVP 包括职业教育、学徒培训、厂内培训、在职培训和从事其他相关工作的经验（其中不包括环境适应的学习）。SVP 将测量结果分为 9 个水平等级，水平 1 级是最短的，为 1～30 个小时；水平 9 级是最长的，为 10 年以上。揉面师工作的 SVP 量值为 4，是 3～6 个月的培训时间。

表 4-22　揉面师的工作描述

工作名称	揉面师		产业类别	面包制作		DOT 码		520－782	
工作概要									
任职条件	水平级别								
1.GED	1	2	3	4	5	6			
2.SVP	1	2	3	4	5	6	7	8	9
3.才能	G3	V3	N3	S3	P3	Q4	K3	F3	M3	E4	C4
4.气质	D	F	I	J	M	P	R	S	T	V
5.兴趣	1a	1b	2a	2b	3a	3b	4a	4b	5a	5b
6.身体要求	S	L	M	H	V	2	3	4	5	6

2.才能

按照 DOL 系统，"才能"被定义为"工作者具有一定的从事或学习从事某项任务的能力"，总共包括 11 种能力，每种能力又分为 5 个等级水平；水平 1 级是指全部人员中前 10% 所具有的水平，水平 5 级是全部人员中最低的 10% 所具备的水平。揉面师工作所需要的才能水平为 3，属于中等。

3.气质

DOL 系统将"气质"定义为"与不同工作环境和要求相适应的个体特征"，总共包括 10 种气质。例如，揉面师的气质有两种："M" 和 "T"。"M" 是指"与概括、评价和数量决策相适应的个性特征"；"T" 是指"与限制、容忍和标准等严格要求相适应的个性特征"。

4.兴趣

在 DOL 系统中，"兴趣"被定义为"个体对某种类型工作活动或经验选择的内在倾向，同时排斥与之相反的活动或经验的倾向性"，总共包括 5 对兴趣因素，每对因素中选择某一方面的同时也意味着排斥另一方面。揉面师的工作相关兴趣分别为 1a、4b 和 5b，分别倾向于与事物打交道的活动、与过程、机械和技术有关的活动、能预测结果和成效的工作。

5.身体要求

按照 DOL 系统的定义，"身体要求"是指"工作对工作者的身体要求及工作者必备的身体能力要求"，总共包括 6 种身体要求。其中"强度"是指工作对身体要求的繁重程度，分为轻、较轻、中等、重和较重等 5 个等级。揉面师工作的身体要求"强度"为 "H"，是指最多能举起 100 磅的东西,并且经常举起或携带 50 磅的东西。

6.环境条件

在 DOL 系统中,环境条件是与身体要求联系在一起的。

DOL 系统对人员分析起到了很大的作用,主要表现在以下三个方面:

一是,作为工作分析的基础系统,DOL 系统被美国劳工部应用于指导美国地方各级政府的工作分析实践,产生了很大的影响。

二是,DOL 系统是易于理解和使用的可扩展系统,系统的开发者率先提出了绝大多数的与工作相关的信息结构要求,并证实了这些内容的有效性。

三是,DOL 系统所提供的工作分析思路、方法与细节,对其他工作分析系统的理解和开发,具有重大帮助。

同时,DOL 系统也存在局限性,主要表现在以下两个方面:

一是,DOL 系统的量表相对比较粗糙,在具体评价时,容易造成术语的混淆。

二是,DOL 系统在量化方面的开发不足,使得该方法所得到的信息的客观性和真实性受到较大的影响,也影响了该方法的普及和推广应用。

二、HSMS 系统

医疗人员分析系统(以下简称 HSMS 系统)是通过一系列的规则、准则和确定任务所需技能水平的操作流程系统,并采用现成的量表来认定各项任务所需的技能。

1. HSMS 系统基本概念

HSMS 系统对知识、技能进行了详细的界定。

按照 HSMS 系统的定义,"知识"是指"细节信息、事实、概念和理论,这些理论是特定学科或领域信息的一部分,它阐述事物的功能及如何运用这些功能"。"技能"是指"一种可传授的行为特征,个体为完成某项任务而进行智力或体力活动时会显露出这种特征"。

尽管知识与技能都可通过传授而获得,但知识是通过传授使个体了解或理解某事物,技能则是通过传授使个体能够在工作中得以应用。

2. HSMS 系统的一般规则

HSMS 系统的一般规则如下:

第一,任务中的所有要素,包括任务中各个阶段和其中的事务,都应作为量化工作的一部分。

第二,在量化每一个项目前,分析者要充分考虑可能出现的最小量化值,使每个项目在零以上都能得到相应的量化。

第三,对于一定技能而言,任务的量化要确定任务和要素所要达到的最高值,这个量化值要根据完成该任务可以达到的水平以及可接受的标准来确定,而不是根据一般的、通用的或高水平的作业结果来确定。

3. HSMS 系统的评价系统

HSMS 系统借助其他方法所做的任务描述来提炼任务所需的技能,尤其是界定了特定任务所要求的具体素质。甚至在技能的定义中,所关注的对象也是工作者应具备的行为的类型与水准,而不是寻求抽象的人的特质。表 4-23 列举了该分析系统针对"钡餐透视的结果:非小儿科类"这一任务的量化数据卡。

表 4-23　针对"钡餐透视的结果:非小儿科类"任务的量化数据卡

任务名称:钡餐透视的结果:非小儿科类																任务号:3	
分析机构:								分析者:									
测量项目	圈定恰当的量表值																
	0	1	1.5	2	2.5	3	3.5	4	4.5	5	5.5	6	6.5	7	7.5	8	8.5	9
频率	0	1		2		3		4				6		7		8		9
活动量	0		1.5							5				7				9
对象把握	0		1.5				3.5			5					7.5			9
指导	0		1.5			3					5.5			7				9
交往	0	1				3				5				7				9
领导	0	1				3			4.5				6.5				8.5	
口头表述	0			2				4							7.5			9
阅读	0			2						5				7				9
书面表达	0			2						5			6.5	7				9
决策:方法	0		1.5			3			4.5					7			9	
决策:质量	0		1.5	2			3.5				5.5			7				9
图像的辨认	0	1					3.5				5.5			7				9
符号的辨认	0		1.5				3.5			5								9
分类	0			2							5.5							9
关联的	0	1		2				4		5						8		9
错误:与财务有关的错误例子	0	1						4				6			7.5			9
错误:与人交往有关的错误例子		0	1		2		3				5.5			7		8		9

4. HSMS 系统的局限性

HSMS 系统对工作者素质的描述,能更好地经受实际工作的考验,同时也在平等就业机会方面获得了好评。但在人力资源管理的应用中,仍然存在不足之处,主要表现在两个方面:一是在该系统下,技能需求的界定完全依赖于对任务的描述过程,对那些机械性的 HSMS 人员分析者,必须首先按系统的要求来定义任务;二是该系统中一半的技能在很大程度上是与医疗保健相关的,所以对其他产业领域的分析缺乏普遍意义。

三、ARS 系统

能力分析量表(以下简称 ARS 系统),是开发者在长期观察任务活动对人们知觉能力要求的基础上,进行研究后提出的,其研究目的是寻找出尽可能少的能力模型,但能够对一定范围内较多的工作活动进行分析。

1. ARS 系统的基本概念

ARS 系统的研究对象是比工作技能更为复杂的能力。

在这里,ARS 系统将"能力"定义为"与人们完成各式各样的任务所进行的活动直接相关的综合素质,它是根据个体在一定的持续反应中所推断出的个体综合素质",能力的发展受学习和遗传因素的影响。个体在某一任务上的技能或专业水平的发展,在某种程度上可以根据其所具备的相关基本能力的高低进行预测。

2. ARS 系统的分析量表和分析方法

ARS 系统提出了一份人员能力表和一系列确定人员能力水平的方法。ARS 系统提出的能力包括 37 项,分为四类:智能、体能、心理动能和对感知的处理能力。

ARS 系统提出的分析方法有两种:一是使用量表;二是使用流程图。表 4-24 列举了 ARS 的两种能力量表。

表 4-24　ARS 的两种能力量表

能力—任务项目	平均值	标准差
1. 言语理解		
理解导航图	6.28	0.75
理解某种游戏的说明	3.48	1.09
理解麦当劳汉堡广告	1.17	0.60
2. 身体力量		
举起货箱盖	6.15	1.26
推开一扇柴门	3.30	1.10
举起饭厅的一把椅子	1.48	0.70

使用流程图的方法,需要职位分析者通过回答一系列是非问题,从而来确定某种能力是否存在,然后再使用评定量表来测定所需能力的等级或程度。流程图和量表的组合运用可以提高分析结果的效度,减少由于偏见造成的错误。图 4-8 是一个运用流程图进行能力分析的示意图。

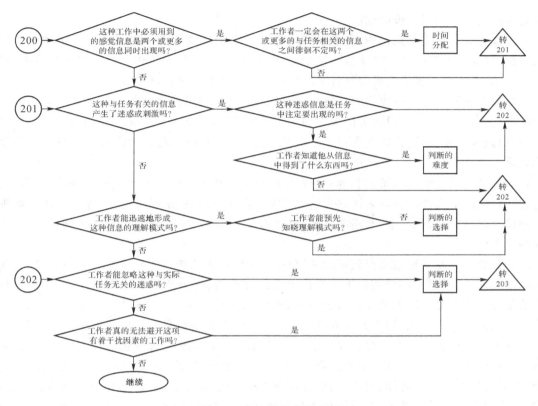

图 4-8 能力的流程图分析

3. ARS 评价

ARS 系统通过对能力的界定以及量表与流程图两种方法的应用,很好地为进行工作分析的开展提供了思路和技术。其优点表现在:覆盖面大,设计先进,它的任务能力的分析研究已经得到了验证,从而成为比较流行的量化方法。同时,量表法和流程图大大简化了人员分析工作。然而,能力分析量表在人员分析上的局限性也很明显,其能力量表虽然说内涵丰富但是并不完备,特别是忽略了管理者在复杂决策中的能力要素。

【本章小结】

本章主要介绍了工作要素法、职务分析问卷、管理人员职务描述问卷、临界特质分析系统、DOL 系统和 HSMS 系统等六种基于人员的分析方法,这些人员分析方法主要能够为人力资源管理各个板块提供基于工作者的相关信息,尤其是招聘、培训、绩效评价、薪酬管理等职能领域。

工作要素法开发的目的,是确定对完成工作有显著作用的工作者的特征(按照该理论称为工作要素),并通过对显著要素的确定、描述和评价来准确认识工作。工作要素法中的"要素"就是工作者完成工作需要具备的特征,或者说任职资格,并不包含任何具体工作任务的信息,而只有那些对完成工作有重要影响的与工作者相关的要素才被考虑。

在工作要素法中,对工作要素的评价选择了四个指标:"对于勉强可接受员工"、"在挑选优秀员工时"、"如果不考虑它,会带来的麻烦"和"如果提出该要求,实际中的满足程度"等,并对每一要素提出了评价的刻度。

工作要素法在实际操作中,一般采用主体专家会议法或焦点小组法来进行工作要素法的分析、提取和相关操作。具体步骤包括:组成工作分析小组、对工作分析小组进行培训、提取和评估要素、确定要素的维度与各子维度以及评估结果反馈与修正等五步。

职务分析问卷是一种典型的、结构化的问卷法,通过标准化的问卷与对问卷所搜集信息的标准化处理与分析,获得相关的工作和工作者的信息,实质上是一套问卷和信息处理的方法,是通过标准化、结构化的问卷形式来收集工作信息,并按照既定的统计分析程序进行数据处理。

职务分析问卷中所收集的信息,主要体现在工作中的"人的行为",例如感觉、知觉、智力、体力、人际活动等。具体来讲,包括六大类信息,按照职务分析问卷,对每一工作要素进行评价时,选择了六个标准:使用的范围、时间总量、对职位的重要性、出现的可能性、可应用性和专用代码。

职务分析问卷在通过调查获得相关信息后,按照既定的统计分析方法,可以获得三种运用较多的职位分析报告,分别是工作维度得分统计报告、能力测试估计数据报告、工作评价点值报告。职务分析问卷的操作步骤包括:明确工作分析的目的、赢得组织高层支持、确定信息收集的范围与方式、培训分析人员、员工项目沟通、收集信息和结果分析等七个步骤。

管理人员职务描述问卷被开发出来,专门针对管理职位和管理人员进行工作分析,总共涉及 274 道题目,被划分为 15 个部分,分别是一般信息、决策、计划与组织、行政、控制、督导、咨询与创新、联系、协作、表现力、监控业务指标、综合评定、知识技能和能力、组织层级结构图、评论和反应等。其中,涉及描述工作行为的题目有 215 道,非工作行为的其他题目有 59 道。管理人员职务描述问卷的第 2～11 部分在进行评价时,一般采用 5 级评价尺度。

管理人员职务描述问卷划分了三类"因子":"管理工作因子"、"管理绩效因子"和"工作评价因子"。管理人员职务描述问卷根据三类因子的分析,最终可以获得相应 8 个分析报告:管理职位描述报告、个体职位价值报告、个体职位任职资格报告、管理工作描述报告、团体工作价值报告、团体工作任职资格报告、团体比较报告、与职位对应的绩效评价报告。

临界特质分析系统是以个人特质为分析重心,基于工作者的工作分析方法。通过构建特质库,并对各项特质进行评价,进而确定对于工作者来说需要何种特质才可以胜任工作或基本胜任工作。

基于临界特质分析系统的理论基础,研究者开发了特质库,从 2 个方面特质考虑,经过多位研究者的不断开发,最终形成了 3 类特质维度、5 类工作范畴(Work Domains)、12 种工作职能(Job Functions)和 33 项特质(Traits),对每一项特质的评价从 3 个维度进行,分别是等级、实用性和权重。

临界特质分析系统有三种分析技术:临界特质分析、工作要求与任务分析以及技术能力分析。

临界特质分析技术是对工作者完成工作应具备的任职资格,即特质进行分析,包括选择和培训工作分析小组成员、特质评价和完成"TTA 卡"和整理并总结"TTA 卡"三步。

工作要求与任务分析主要侧重对工作本身进行分析研究,具体操作步骤包括:工作描述问卷的设计、问卷的填写、问卷的分析、工作描述初步结果的生成以及 TTA 与 DATA 结果的比较等五步。

　　技术能力分析主要目的是明确完成技术性的工作所要求的各种能力，是对技术类工作进行完整分析的方法。技术能力分析的操作步骤分别是调查问卷的设计、问卷填写和信息收集、问卷分析，这和工作要求与任务分析基本相同，区别之处在于，进行问卷分析时，主要强调技术能力的分析。

　　美国劳工部分析系统（DOL 系统）是美国劳工部开发的一种职位分析系统，在对工作基本特征进行描述后，重点提出了工作者个人的 6 项特征：教育与培训、才能、气质、兴趣、身体条件和环境条件等。

　　医疗人员分析系统（HSMS 系统）是通过一系列的规则、准则和确定任务所需技能水平的操作流程系统，并采用现成的量表来认定各项任务所需的技能。

　　能力分析量表（ARS 系统）是开发者在长期观察任务活动对人们知觉能力要求的基础上，进行研究后提出的，其研究目的是找出尽可能少的能力模型，但能够对一定范围内较多的工作活动进行分析。

【复习思考题】

1. 人员导向的工作分析方法有哪几种？
2. 试述工作要素法的基本内容和操作步骤。
3. 试述职务分析问卷的基本内容和操作步骤。
4. 试述管理人员职务描述问卷的基本内容。
5. 试述临界特质分析系统的基本内容和操作步骤。
6. 试述 DOL 系统、HSMS 系统和 ARS 系统基本内容和操作步骤。
7. 试述 7 种人员导向工作分析方法的异同。

【案例分析】

案例一：试根据工作要素法对下面案例进行评述。

第一步，列举人力资源管理人员工作要素，形成要素清单，如表 4-25 所示。

表 4-25

应对困难和挫折的能力	快速思维能力	社交能力	熟练的知识和技能	沟通能力
心理控制能力	理解能力	亲和力	口头表达能力	理论转化能力
变化适应能力	想象力	谦虚	书面表达能力	协调能力
忍耐力	决策能力	果断	高学历（本科及以上）	组织能力
平抑不满能力	突出的智力能力	鲜明的个性特征	专业知识	
心理调节能力	创新精神	职业道德	专业技术	
判断能力	团队合作性	注重工作细节	时间管理能力	
抽象能力	毅力	预先计划	外语能力	
记忆能力	责任感	多方面考虑问题	计算机运用	
逻辑思维能力	冒险意识强	特定的工作习惯	调查研究能力	

　　第二步，对工作要素进行归类，形成工作要素类属清单，如表 4-26 所示。

表 4-26

心理调节能力	突出的智力能力	鲜明的个性特征	特定的工作习惯	熟练的知识技能
有效完成工作所需的心理素质和能力	有效完成工作所需的智力方面的能力和天赋	有效完成工作所需的性格特点	有效完成工作所需的行为习惯或意愿	有效完成工作所需的习得的知识技能
应对困难和挫折的能力	判断能力	创新精神	职业道德	熟练的知识和技能
心理控制能力	抽象能力	团队合作性	注重工作细节	口头表达能力
变化适应能力	记忆能力	毅力	预先计划	书面表达能力
忍耐力	逻辑思维能力	责任感	多方面考虑问题	高学历（本科生及以上）
平抑不满能力	快速思维能力	冒险意识强		专业知识
	信息接受能力	社交能力		专业技术
	理解能力	亲和力		时间管理能力
	想象力	谦虚		外语能力
		果断		计算机运用
				调查研究能力
				沟通能力
				理论转化能力
				协调能力
				组织能力
				决策能力

第三步，对要素进行评价，得到工作要素评价表，如表 4-27 所示。

表 4-27

要　素	B "＋"都具备 "√"一些具备 "0"几乎无人具备	S "＋"非常重要 "√"有价值 "0"没有区分性	T "＋"带来很大麻烦 "√"带来一些麻烦 "0"无影响	P "＋"填充所有职位 "√"填充一些职位 "0"无法填充
应对困难和挫折能力	58.3333	83.3333	83.3333	91.6667
心理控制能力	58.3333	75.0000	66.6667	83.3333
变化适应能力	66.6667	58.3333	50.0000	66.6667
忍耐力	75.0000	83.3333	83.3333	75.0000
平抑不满能力	66.6667	83.3333	50.0000	66.6667
心理调节能力	66.6667	83.3333	66.6667	75.0000

续　表

要　素	B "＋"都具备 "√"一些具备 "0"几乎无人具备	S "＋"非常重要 "√"有价值 "0"没有区分性	T "＋"带来很大麻烦 "√"带来一些麻烦 "0"无影响	P "＋"填充所有职位 "√"填充一些职位 "0"无法填充
判断能力	66.6667	83.3333	41.6667	41.6667
抽象能力	58.3333	75.0000	75.0000	83.3333
记忆能力	58.3333	75.0000	83.3333	83.3333
逻辑思维能力	58.3333	66.6667	58.3333	50.0000
快速思维能力	58.3333	66.6667	50.0000	41.6667
理解能力	66.6667	75.0000	83.3333	83.3333
想象力	58.3333	100.0000	83.3333	83.3333
决策能力	58.3333	66.6667	58.3333	66.6667
突出的智力能力	66.6667	75.0000	41.6667	50.0000
创新精神	58.3333	75.0000	41.6667	41.6667
团队合作性	66.6667	66.6667	41.6667	41.6667
毅力	66.6667	66.6667	25.0000	41.6667
责任感	66.6667	66.6667	58.3333	58.3333
冒险意识强	50.0000	75.0000	66.6667	83.3333
社交能力	25.0000	41.6667	66.6667	83.3333
亲和力	50.0000	75.0000	83.3333	83.3333
谦虚	25.0000	66.6667	66.6667	75.0000
果断	58.3333	83.3333	58.3333	58.3333
鲜明的个性特征	58.3333	91.6667	83.3333	83.3333
职业道德	41.6667	58.3333	75.0000	66.6667
注重工作细节	50.0000	83.3333	50.0000	41.6667
预先计划	66.6667	83.3333	75.0000	83.3333
多方面考虑问题	50.0000	83.3333	75.0000	75.0000
特定的工作习惯	66.6667	91.6667	83.3333	91.6667
熟练的知识和技能	33.3333	66.6667	50.0000	41.6667
口头表达能力	50.0000	75.0000	58.3333	66.6667
书面表达能力	16.6667	50.0000	41.6667	41.6667
高学历（本科＋）	25.0000	66.6667	66.6667	58.3333

续　表

要　素	B "＋"都具备 "√"一些具备 "0"几乎无人具备	S "＋"非常重要 "√"有价值 "0"没有区分性	T "＋"带来很大麻烦 "√"带来一些麻烦 "0"无影响	P "＋"填充所有职位 "√"填充一些职位 "0"无法填充
专业知识	16.6667	66.6667	66.6667	58.3333
专业技术	16.6667	66.6667	66.6667	58.3333
时间管理能力	16.6667	50.0000	41.6667	41.6667
外语能力	41.6667	41.6667	50.0000	41.6667
计算机运用	50.0000	66.6667	66.6667	75.0000
调查研究能力	66.6667	75.0000	75.0000	75.0000
沟通能力	58.3333	66.6667	66.6667	75.0000
理论转化能力	50.0000	75.0000	50.0000	50.0000
协调能力	58.3333	58.3333	58.3333	75.0000
组织能力	50.0000	141.6667	50.0000	75.0000

　　第四步,计算各个评价指标值,得到指标数据表,如表 4-28 所示。

表 4-28

要　素	IT $(=SP+T)$	TV $(=IT+S-B-P)$	P' "＋"＝0 "√"＝1 "0"＝2	TR $(=S+T+SP'-B)$	维度 确定
应对困难和挫折能力	80.5556	101.6129		38.8889	E
心理控制能力	66.6667	77.4194		33.3333	S
变化适应能力	41.6667	29.0323		27.7778	
忍耐力	72.2222	87.0968		41.6667	SC/RS
平抑不满能力	52.7778	62.9032		41.6667	S
心理调节能力	66.6667	82.2581		38.8889	S
判断能力	38.8889	53.2258		50.0000	
抽象能力	66.6667	77.4194		38.8889	S
记忆能力	72.2222	87.0968		38.8889	S
逻辑思维能力	47.2222	58.0645		38.8889	
快速思维能力	38.8889	48.3871		41.6667	

要 素	IT (＝SP＋T)	TV (＝IT＋S－B－P)	P' "＋"＝0 "√"＝1 "0"＝2	TR (＝S＋T＋SP'－B)	维度 确定
理解能力	72.2222	82.2581		36.1111	S
想象力	83.3333	120.9677		52.7778	E
决策能力	58.3333	67.7419		27.7778	S
突出的智力能力	38.8889	43.5484		41.6667	
创新精神	38.8889	53.2258		44.4444	
团队合作性	41.6667	48.3871		30.5556	
毅力	22.2222	14.5161		38.8889	
责任感	52.7778	58.0645		30.5556	S
冒险意识强	66.6667	82.2581		36.1111	S
社交能力	44.4444	38.7097		33.3333	
亲和力	72.2222	91.9355		41.6667	S
谦虚	58.3333	82.2581		44.4444	S
果断	52.7778	72.5806		50.0000	S
鲜明的个性特征	80.5556	111.2903		47.2222	E
职业道德	52.7778	62.9032		41.6667	S
注重工作细节	41.6667	67.7419		58.3333	
预先计划	72.2222	87.0968		38.8889	S
多方面考虑问题	72.2222	101.6129		44.4444	E
特定的工作习惯	86.1111	111.2903		38.8889	E
熟练的知识和技能	38.8889	62.9032		50.0000	
口头表达能力	61.1111	82.2581		36.1111	S
书面表达能力	30.5556	48.3871		41.6667	
高学历(本科及以上)	55.5556	87.0968		47.2222	S
专业知识	55.5556	91.9355		50.0000	S
专业技术	55.5556	91.9355		50.0000	S
时间管理能力	30.5556	48.3871		41.6667	
外语能力	30.5556	29.0323		30.5556	
计算机运用	61.1111	72.5806		33.3333	S
调查研究能力	66.6667	77.4194		36.1111	S
沟通能力	61.1111	67.7419		30.5556	S
理论转化能力	41.6667	58.0645		50.0000	
协调能力	55.5556	53.2258		22.2222	S
组织能力	80.5556	150.0000		77.7778	E

第五步,根据各要素得分,按照评价标准确定各个要素的性质,如表 4-29 所示。

表 4-29

分析维度	分析子维度	最低要求要素	选拔性最低要求	剔除要素
E	S/RS	SC/RS	RS	
应对困难和挫折能力	心理控制能力	忍耐力	忍耐力	变化适应能力
想象力	忍耐力			判断能力
鲜明的个性特征	平抑不满能力			逻辑思维能力
多方面考虑问题	心理调节能力			快速思维能力
特定的工作习惯	抽象能力			突出的智力能力
组织能力	记忆能力			创新精神
	理解能力			团队合作性
	决策能力			毅力
	责任感			社交能力
	冒险意识强			注重工作细节
	亲和力			熟练的知识和技能
	谦虚			书面表达能力
	果断			时间管理能力
	职业道德			外语能力
	预先计划			理论转化能力
	口头表达能力			
	高学历(本科生及以上)			
	专业知识			
	专业技术			
	计算机运用			
	调查研究能力			
	沟通能力			
	协调能力			

第六步,找出工作分析维度与子维度,如表 4-30 所示。

表 4-30

工作分析维度	工作分析子维度
E	S/RS
应对困难和挫折的能力	心理调节能力
	心理控制能力
	忍耐力
	平抑不满能力
鲜明的个性特征	责任感
	冒险意识强
	亲和力
	谦虚
	果断
特定的工作习惯	职业道德
	预先计划
想象力	抽象能力
	记忆能力
	理解能力
组织能力	决策能力
	口头表达能力
	调查研究能力
	沟通能力
	协调能力
多方面考虑问题	
其他专业技能	高学历(本科及以上)
	专业知识
	专业技术
	计算机运用

第五章 流程分析方法

【学习目标】

1.掌握流程分析的操作步骤；
2.掌握鱼刺图分析技术的操作步骤；
3.掌握路径分析技术的操作步骤；
4.掌握网络分析技术的两种主要方法及其操作步骤；
5.掌握程序优化技术的操作步骤；
6.掌握线性规划分析技术的操作步骤；
7.掌握问题回答分析技术的内容；
8.掌握有效工时利用分析技术的时间计算。

流程管理就是从组织战略出发、从满足客户需求出发以及从业务出发，进行流程规划与建设，建立流程组织机构，明确流程管理责任，监控与评审流程运行绩效，适时进行流程变革的管理过程。对于企业组织来讲，流程管理的目的在于使流程能够适应行业经营环境，能够体现先进、实用的管理思想，能够借鉴标杆企业的做法，能够有效融入公司战略要素，能够引入跨部门的协调机制，使公司降低成本、缩减时间、提高质量、方便客户，最终提升企业综合竞争力。

本章将介绍如何从流程角度进行工作分析，重点是要学习和掌握如何进行流程分析的方法和技术。其主要包括：鱼刺图分析技术、路径分析技术、网络分析技术、程序优化技术和线性规划分析技术等。

第一节 流程分析概述

流程分析是组织流程管理的核心基础，只有通过流程的分析，才可以确定工作任务的逻辑顺序，才可以进行流程设计和规划。因此，通过流程分析，能够明确实现某一目标所需开展的任务活动集合，能明确这一系列任务活动间的相互作用和相互影响的关系，能对这一系列任务活动进行相应的逻辑顺序上的统筹安排。本节将介绍流程分析的概念、内容和操作步骤。

一、流程分析的概念

和任务导向与人员导向的分析系统相比,流程分析更注重工作过程的分析,是动态分析,因此也称为动态分析系统。

国际标准化组织在 ISO 9001 在 2000 质量管理体系标准中给出的定义是:"流程是一组将输入转化为输出的相互关联或相互作用的活动。"因此,流程是指为完成某一目标(或任务)而进行的一系列有序的活动的集合。

流程管理是以持续提高组织绩效为目的,以规范化的业务流程为中心系统管理过程,包括流程分析、流程定义与重定义、资源分配、时间安排、流程质量与效率测评以及流程优化六个环节。

流程分析则是通过一定的分析技术方法,明确组织目标实现的工作任务活动集合,明确工作任务活动的相互关系,以及明确工作任务活动开展的逻辑顺序的分析过程。

因此,流程分析首先是要满足组织发展战略的要求,以提高组织绩效为导向,通过明确组织目标与任务活动的连接关系,来确定实现组织目标的任务活动集合;组织是一个大系统,每一工作是其中的一个构成要素,同时又构成了一个子系统,这一子系统中各项任务活动之间存在着相互影响、相互作用的关系,所以流程分析要明确任务活动之间的相互关系;组织目标是通过任务活动的开展来实现的,任务活动开展不是杂乱无章的,而是有着内在的逻辑性,这种逻辑性决定了哪项任务活动先开展,哪项任务后开展,如何开展各项任务活动效率更高,所以明确各项任务活动开展的逻辑顺序是流程分析的第三个着眼点。

二、流程分析的内容和对象

与任务分析和人员分析相比,流程分析有其自身特点,一般是从宏观到微观,从整体到局部,由大的方面到小的细节,逐步深入地分析整个组织的工作任务活动,而任务分析和人员分析尽管也要考虑组织整体,但更强调从局部分析到整体分析,从微观分析到整体把握,从具体内容到综合归纳。

流程分析一般包括以下四个方面的内容。

第一,通过流程分析,找到任务活动开展的过程中存在的不合理和不经济的活动环节。要明确这些不合理和不经济的活动环节产生的原因是什么,通过何种方法可以避免产生这种不合理和不经济的活动环节。

第二,通过流程分析,找到任务活动开展的过程中存在的不合理和不经济的分工与协作。要明确这些不合理和不经济的分工与协作产生的原因是什么,通过何种方法可以避免产生这种不合理和不经济的分工与协作。

第三,通过流程分析,找到任务活动开展的过程中,相关的人、事、物之间存在的不合理和不经济的现象。要明确这些不合理和不经济的分工与协作产生的原因是什么,通过何种方法可以避免产生这种不合理和不经济的现象。

第四,通过流程分析,找到任务活动开展的过程中,任职者是否充分发挥了其主动性与创造性。要明确影响任职者充分发挥其主动性与创造性的因素有哪些,哪些因素可以克服而哪些因素难以克服,通过何种方法可以克服这些因素的影响。

流程分析的对象可以分为动作、流程和方案三个层次,实际操作中会遵循从宏观到微观,从全局到局部,从整体到细节的原则展开分析。

动作分析是指对为了完成工作目标,任职者需要开展的作业行为进行的分析,一般是通过分析者对任职者工作过程的现场观察、影像记录或动作分析图的分析,找到那些不必要的动作或者不合理的操作方式,并通过动作优化,设计出最有效的动作组合。

流程分析是指对为了完成工作目标任职者开展工作的思路与步骤进行的分析,一般是通过对任职者工作过程现场观察或者文献资料的分析,通过流程图的绘制再现整个工作过程与工作思路,并通过流程优化,设计出最有效的工作流程。

方案分析是指对为了完成工作目标所进行的人、事和物等资源的组合和配置进行的分析,一般是通过比较分析,充分利用现代化模拟技术,找出最有效的工作方案。

三、流程分析的操作步骤

流程分析是一种动态性的分析方法,更注重任务活动开展的分析研究,所以其操作步骤也集中体现了这一特点,即现场观察和记录在流程分析中具有非常重要的作用和意义。一般来讲,流程分析包括发现重点问题、现场观察与记录、流程分析与优化以及新流程的试验等四步。

1. 选择重点,发现突出问题

通过与主管人员的访谈,或者通过组织中员工的问卷填答等方法,可以发现组织中存在的突出问题。一般来讲,这些问题主要集中出现在如下几个重点环节、岗位和部门。

(1)薄弱的环节、岗位和部门;

(2)占用人力、物力多和成本高的环节、岗位和部门;

(3)工作线路长、周期长、运作方式复杂的环节、岗位和部门;

(4)质量不稳定或低劣的环节、岗位和部门;

(5)体力消耗大,精神高度紧张的环节、岗位和部门;

(6)易出事故,危害性大的环节、岗位和部门;

(7)新增加、新投入运转的环节、岗位和部门;

(8)其他特殊要求的环节、岗位和部门。

2. 现场观察与记录

对存在问题的环节、岗位和部门要进行深入研究,重要的方法之一就是进行现场观察。观察过程中,要详细记录工作开展过程的全部程序、环节、方式、方法、要求和动作等信息,或者最好能够利用影像设备进行录制以更完整保存这些原始信息。这些具体的、翔实的现场信息将为工作流程的分析与优化提供基本的保障。

在观察过程中,要有专门的人员引导和讲解,这样会让分析人员更加容易理解和领会工作流程,尤其是工作流程中的细节问题。对于相应的引导和讲解,最好可以使用录音设备进行记录,以使得记录的信息更完整,同时也有利于影像资料的再次利用。

3. 流程分析与优化

所有信息都获取之后,就该对存在问题的环节、岗位和部门进行流程分析了。

在进行流程分析时,要运用相关流程分析方法,例如鱼刺图分析技术、路径分析技术、网络分析技术、程序优化技术和线性规划分析技术等。

针对流程分析中发现的问题与原因,根据有关的流程设计方法,进行优化设计或者开发新的改进措施。

4.新流程的试验

对优化了的工作流程或者新开发的工作流程,要进行试验和检验,要在控制环境变量的基础上,进行多次试验,并对试验结果进行对比分析,以检验工作流程的实际操作效果。

通过反复试验,最终确定最优的工作流程。

在流程分析过程中,重点是要对通过现场观察所获得的信息,利用相应的工作流程分析技术进行分析研究,关于这些方法技术,将在本章第二节至第七节介绍。

第二节　鱼刺图分析技术

本节将介绍鱼刺图分析技术,该技术是通过鱼刺图的绘制,找到工作流程中的问题所在及其原因,进而提出改进措施并优化工作流程。

一、鱼刺图分析技术介绍

所谓鱼刺图分析技术(Fishbone diagram),就是指为了寻找某一流程中出现的问题及其原因,采取发散思维的方法,把所有可能对问题产生影响的因素通过线条连接,反映在一个形如鱼刺的图形中的方法。

鱼刺图分析技术是由日本管理大师石川馨先生开发的,故又名石川图。鱼骨图是一种发现问题"根本原因"的方法,也可以称为"因果图"。鱼骨图最初是用于质量管理的一种技术方法。

鱼刺图有三种类型:整理问题型鱼骨图、原因型鱼骨图和对策型鱼骨图。

整理问题型鱼骨图不是要表达各要素与特性值之间存在的原因关系,而是结构构成关系。

原因型鱼骨图则是要表达各要素与特性值之间存在的原因关系,一般的鱼头在右,特性值通常以"为什么……"来写。

对策型鱼骨图要表达如何改进或优化工作流程,一般的鱼头在左,特性值通常以"如何提高/改善……"来写。

二、鱼刺图分析技术的操作步骤

鱼刺图分析技术,是采用发散思维收集问题、原因和解决措施的方法,更多的会应用头脑风暴法,从各种不同角度找出问题的所有原因或构成要素。具体的操作步骤分为两大步,即问题分析与鱼刺图绘制。

1.分析问题原因/结构

问题分析包括以下五步:

(1)针对问题点,选择层别方法(如人机料法环等)。

(2)利用头脑风暴法,分别对各层别找出所有可能原因(因素)。

(3)将找出的各要素进行归类、整理,明确其从属关系。

(4)分析选取重要因素。

(5)检查各要素的描述方法,确保语法简明、意思明确。

在问题分析时,需要注意把握以下几个分析要点:

(1)确定大要因(大骨)时,现场作业一般从"人机料法环"着手,管理类问题一般从"人事时地物"层别考虑,应视具体情况决定。

(2)大要因必须用中性词进行描述,亦即不进行好坏的评说,只是客观表达;中、小要因必须使用价值判断(如……不良)。

(3)在采用头脑风暴法时,应尽可能多而全地找出所有的可能原因,而不仅仅局限于自己能完全掌控或正在执行的内容;对人的原因,宜从行动而非思想态度面着手分析。

(4)中要因与特性值、小要因与中要因之间有着直接的原因—问题关系,小要因应分析至可以直接下对策。

(5)如果某种原因可同时归属于两种或两种以上因素,要以关联性最强者为准。在此,必要时考虑三现主义,即现时到现场看现物,通过相对条件的比较,找出相关性最强的要因归类。

(6)选取重要原因时,最好不要超过7项,且应标识在最末端原因。

2.绘图过程

通过上述分析,可以将相应的鱼刺图的要素绘制在鱼刺图中,图 5-1 是鱼刺图结构示意图。具体操作步骤如下:

(1)填写鱼头,画出主骨,在此要按"为什么不好"的方式进行描述。

(2)画出大骨,填写大要因。

(3)画出中骨、小骨,填写中、小要因。

(4)用特殊符号标识重要因素。

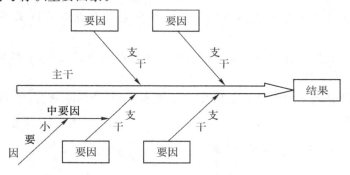

图 5-1　鱼刺图结构

三、鱼刺图分析技术的应用

鱼刺图分析技术操作简单,直观明了,在工作分析中有着十分广泛的应用。下面是具体案例。

背景资料:某电瓷厂在火花塞生产时出现了"壳体开裂"的异常现象,通过分析,提出了问题及解决措施,并绘制了鱼刺图。

首先进行问题分析。通过分析可以看出,壳体开裂的主要原因有以下几个方面,例如模头温度高、加压时间过长、材料本身具有热脆性和铁壳边缘薄等。针对这些影响因素,提出相应的解决措施,例如,采取冷却模具的方法,改进上模 R 的方法,统一操作方法,控制稳压时间,进行各种工艺方法的对比,通过试验找出合适的工艺方法,修改铁壳边口尺寸等。详见表 5-1。

表 5-1 "壳体开裂"因素分析与措施改进

序　号	影响因素	解决措施
1	模头温度高	采取冷却模具的方法; 改进上模 R 的方法
2	加压时间过长	统一操作方法,控制稳压时间
3	材料本身具有热脆性	进行各种工艺方法的对比
4	铁壳边缘薄	通过试验,找出合适的工艺方法,修改铁壳边口尺寸

根据问题分析,绘制鱼刺图,详见图 5-2。

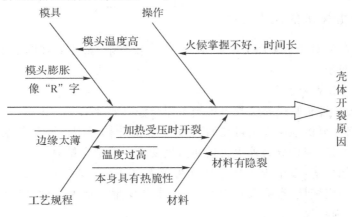

图 5-2 "壳体开裂"原因分析

事实也是如此,由于按照"壳体开裂"原因分析,提出了改进措施;在实施了改进措施后,"壳体开裂"问题得到了有效解决,火花塞的废品率大大降低,节约了大量的生产成本,提高了电瓷厂的整体经济效益。

第三节　路径分析技术

路经分析是常用的数据挖掘与处理方法,也是一种实证性技术,是一种研究多个变量之间多层因果关系及其相关强度的方法。

一、路径分析技术介绍

路径分析(Path Analysis)又译作通径分析,美国遗传学家 S. 赖特于 1921 年首创,后被引入社会学的研究中,并发展成为社会学的主要分析方法之一。

一连串的经济变量多半依时间顺序先后发生,在路径分析中,先发生者被视为解释变量,后发生者被视为反应变量,变量之间因果关系可由路径图来表示,通过路径图,研究者能清楚了解变量间的影响途径(箭头方向)及影响方向(正向、负向、模糊等)。如果在路径图中,只有单向的箭头,即模型中变量之间只有单向的因果关系,且所有的误差项彼此不相关,称为递归模型;否则,称为非递归模型。

路径分析可以用作多种目的,一是将因变量之间有关系的若干个回归方程整合在一个联立方程模型里,以助分析和表达的完整和简洁;二是在该整合模型中的各自变量对各因变量的"总影响"(Totalefects)分解为"直接影响"(Direct Effects)和"间接影响"(Indirect Effects)。路径分析的主要目的是检验一个假想的因果模型的准确性和可靠程度,测量变量之间因果关系的强弱,回答下述问题:第一,模型中两变量 X_j 与 X_i 之间是否存在相关关系;第二,若存在相关关系,则进一步研究两者之间是否有因果关系;第三,若 X_j 影响 X_i,那么 X_j 是直接影响 X_i,还是通过中介变量间接影响,或者两种情况都有;第四,直接影响与间接影响两者大小如何。

二、路径分析技术的操作步骤

路径分析技术相对于鱼刺图分析技术而言,比较复杂,量化处理的程度较高,其操作步骤一般包括以下四步。

1. 建立模型并绘制路径图

在这一步,要通过头脑风暴法找出影响工作流程有效性的所有因素,进行因素影响的定性分析,并根据路径分析理论提出可能的因果模型,画出路径图以表明各变量间可能的因果关系。需要注意的是,变量分为外生变量和内生变量。外生变量只能是因变量,在路径图中箭头总是指向其他变量,多个外生变量之间可能有相关(以双向箭头表示),也可能独立无关。内生变量为响应变量,有箭头指向它,包括中介变量和结果变量;中介变量既是果又为因,结果变量只作为结果。

2. 估计参数并求得路径系数

在这一阶段,要通过各种方式方法搜集资料,尤其是与工作流程印象因素相应的量化数据资料。依据所得数据资料,求得路径系数,即回归系数的估计值,标准化回归系数的估计值称为标准路径系数。还要计算两变量之间总因果作用力,包括变量 X_j 对 X_i 的直接作用力、X_j 经中间变量对 X_i 的间接作用力。最后还要计算决定系数,它表示所有作用于 X_i 的自变量所能解释 X_i 变异量的比例。

3. 模型的检验和修正

路径分析要以下列假定为前提:一是变量间的因果关系是单向的,不具有反馈性,又称递归模型;二是变量间具有线性可加关系;三是变量具有等距以上测量尺度;四是所有误差均为随机的,外生变量无测量误差;五是所有内生变量的误差变量间及与内生变量有因果关系的所有自变量间无相关。当某些假定,如递归性或变量的测量尺度不满足时,要做适当的处理后才能应用路径分析。因此,要进行参数检验,即根据估计值来检验参数在统计意义上是否有显著性差异。模型的总体检验就是检验拟合的模型是否很好地解释了原始数据。如果不能通过检验,则要进行模型的修正。

4.评估因果模型

路径分析的最终目的是进行因果效应分解,就是将变量间的因果关系分解为不同的效应部分。其中因果效应分为直接效应和间接效应。直接效应是自变量对因变量的直接影响,即自变量到因变量之间的路径系数。间接效应是自变量通过中介变量到因变量的效果。当只有一个中间变量时,间接效应是两个路径系数的乘积。对于递归模型,当中介变量不止一个时,间接效应就是从因变量出发,通过所有中介变量到因变量形成的"箭头链"上所有路径系数的乘积。对于非递归模型,间接效应的计算比较复杂。

三、路径分析技术的应用

路径分析是多元回归分析的延伸,与后者不同的是,路径分析之间的因果关系是多层次的,因果变量之间加入了中介变量,使路径分析模型较一般回归模型对于现实因果关系的描述更丰富有力;路径分析不是运用一个而是一组回归方程,在分析时更应注意保证各方程式所含意义的一致性。

尽管路径分析模型解决了一般回归模型不能处理自变量多于一个和中介变量等问题,但该方法在使用上仍然有一些缺陷。主要表现在:

第一,路径分析假定变量没有测量误差存在。

第二,只能对连续变化的显性变量进行检验,无法对显性变量之间的潜在变量做检查和检验。也就是说,只能处理可以观测的显性变量的因果关系问题,至于潜在变量则不能进行处理。

第三,变量间只有单向的因果关系,无法做递归关系的验证。

这些问题的解决要通过结构方程模型来完成。

图 5-3 所示的是一递归路径分析示意图。

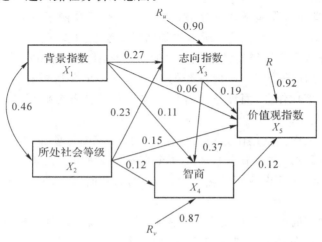

图 5-3　递归路径分析

通过路径分析可以更好地解决在工作流程中,影响因素的影响关系,包括因素间单向影响关系与互相影响的关系,尤其是不仅仅明确了这种影响关系的存在,还能更具体地计算出影响的程度如何。因此,通过这样的定性和定量分析,在明确了主要影响因素的前提下,就可以有针对性地提出改进流程的解决方案。

第四节　网络分析技术

网络分析技术(Network Analysis Techniques)就是通过网络图的形式和数学计算,对现有工作方法进行逻辑分析的一种技术,具体包括关键线路法和计划评审法。

一、网络分析技术介绍

网络分析技术的操作步骤一般包括以下四步:

第一,利用网络分析技术,根据现有工作目标、任务与条件重新拟定工作方法,并确定最优方案;

第二,以网络图的方式再现现有方法过程及其操作方式;

第三,对比以上两个网络图,找到现行方法中存在的问题与差距;

第四,根据现实条件与最优方案中的标准要求,提出改进措施。

目前,广泛采用的网络计划技术主要有关键线路法和计划评审法。

二、关键路线法的操作步骤

关键路线法(Critical Path Method,简称 CPM)是由美国杜邦公司与兰德公司合作,于1956 年开发的一种指定规划的方法。其核心目的是协调庞大组织内部众多不同业务部门的工作。其特点是,可以在繁杂的、平行的、交错的系统活动流程中找出关键线路,作为主要矛盾加以协调和控制。

关键线路法的操作步骤包括任务分解、绘制网络图、计算网络时间、确定关键路线、网络图的优化和进度控制等六步。图 5-4 所示的是网络图绘制的步骤。

第一步,任务分解。关键路线法的核心是通过网络图来规划和安排系统的活动,而编制网络图的关键工作是任务分解。任何系统的工作都有一个总目标和总任务,为了实现这一预期目标,需要进行多项作业,而任务分解就是要把总的任务分解成若干作业,并确定出它们衔接顺序和相互关系。

第二步,绘制网络图。网络图是用代号代表组成系统的各项作业,然后依据各项作业的实际衔接关系连接而成。它由节点和箭线两个基本要素构成,节点表示某项作业开始或结束的瞬间;箭线则表示一项作业所需耗费的人力、物力和时间。图 5-5 所示的是某任务的作业网络图。

第三步,计算网络时间。制作出网络草图后,下一步就是计算实现网络计划各阶段所需的时间,以确定整个任务的完工期和有关作业的时差。这里的时间有四个:最早开始时间(ES)、最晚结束时间(LF)、最晚开始时间(LS)和最早结束时间(EF)。

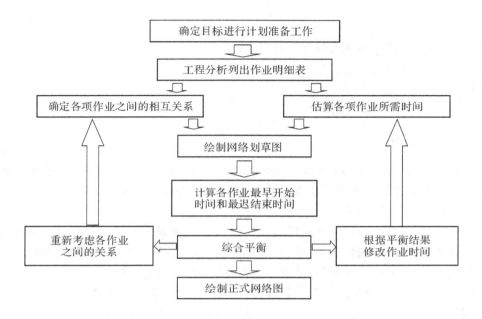

图 5-4 网络图绘制的步骤

第四步,确定关键路线。在网络图中,总时差等于零的作业为关键作业,从网络始点到终点由各关键作业连接起来的路线就是关键路线。关键路线决定了任务的完工期,关键路线上的任何一项作业时间的缩短或延长,都会影响整个任务的进度。因此,掌握和控制关键路线是关键路线法的关键所在。在图 5-5 中,关键线路是从开始、工序 A 到工序 B,直到工序 K。

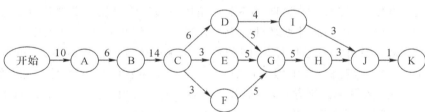

图 5-5 关键路线法网络图

第五步,网络图的优化。这里的优化是指通过利用时差,不断调整和改善网络计划的最初方案,使之实现最优的工期、最少的费用和对资源最有效的利用。其主要着眼点是向关键路线要时间,向非关键路线要资源。也就是说,在关键路线上通过合理配置人力、物力和财力使工期缩短,同时充分挖掘非关键路线作业的潜力,将其剩余资源用于支持关键作业或其他工作。

第六步,进度控制。网络图正式确立后,就要开始实施。在实施过程中,还有利用网络图对各作业进度,特别是关键作业的进度进行控制。

关键路线法的优点主要表现在以下几个方面:

第一,能清楚表明各个项目的时间顺序和相互关系,并指出完成任务的关键环节和路线；

　　第二,可对工程的时间进度和资源利用实施优化；

　　第三,可事先评价达到目标的可能性,以及困难之处；

　　第四,便于组织与控制；

　　第五,操作方便,适用范围广。

三、计划评审法

　　计划评审法(Program Evaluation and Review Technique,简称 PERT),最早是由美国海军在计划和控制北极星导弹的研制时发展起来的。PERT 技术使原先估计的、研制北极星潜艇的时间缩短了两年。

　　简单地说,PERT 是利用网络分析制订计划以及对计划予以评价的技术。它能协调整个计划的各道工序,合理安排人力、物力、时间、资金,加速计划的完成。在现代计划的编制和分析手段上,PERT 被广泛使用,是现代化管理的重要手段和方法。

　　PERT 网络是一种类似流程图的箭线图。它描绘出项目包含的各种活动的先后次序,标明每项活动的时间或相关的成本。对于 PERT 网络,项目管理者必须考虑要做哪些工作,确定时间之间的依赖关系,辨认出潜在的可能出现问题的环节,借助 PERT 还可以方便地比较不同行动方案在进度和成本方面的效果。

　　1. PERT 图的构成

　　构造 PERT 图,需要明确三个概念:事件、活动和关键路线。

　　第一,事件(Events)表示主要活动结束的那一点；

　　第二,活动(Activities)表示从一个事件到另一个事件之间的过程；

　　第三,关键路线(Critical Path)是 PERT 网络中花费时间最长的事件和活动的序列。

　　PERT 首先是建立在网络计划基础之上的,其次是工程项目中各个工序的工作时间不确定,过去通常对这种计划只是估计一个时间,对于完成任务的把握有多大,决策者心中无数,工作处于一种被动状态。在工程实践中,由于人们对事物的认识受到客观条件的制约,通常在 PERT 中引入概率计算方法,由于组成网络计划的各项工作可变因素多,不具备一定的时间消耗统计资料,因而很难确定出一个肯定的、单一的时间值。

　　2. PERT 时间的计算

　　在 PERT 中,假设各项工作的持续时间服从 β 分布,近似地用三时估计法估算出三个时间值,即最短、最长和最可能持续时间,再加权平均算出一个期望值作为工作的持续时间。在编制 PERT 网络计划时,把风险因素引入到 PERT 中,人们不得不考虑按 PERT 网络计划在指定的工期下,完成工程任务的可能性有多大或计划的成功概率,或计划的可靠度,这就必须对工程计划进行风险估计。

　　在绘制网络图时必须将非肯定型转化为肯定型,把三时估计变为单一时间估计,其计算公式为:

$$t_i = \frac{a_i + 4c_i + b_i}{6}$$

　　式中:t_i 为 i 工作的平均持续时间；

a_i 为 i 工作最短持续时间(亦称乐观估计时间);

b_i 为 i 工作最长持续时间(亦称悲观估计时间);

c_i 为 i 工作正常持续时间,可由施工定额估算。

其中,a_i 和 b_i 两种工作的持续时间一般由统计方法进行估算。

三时估算法把非肯定型问题转化为肯定型问题来计算,用概率论的观点分析,其偏差仍不可避免,但趋向总是有明显的参考价值,当然,这并不排斥每个估计都尽可能地做到可能精确的程度。为了进行时间的偏差分析(即分布的离散程度),可采用方差估算:

$$\sigma_i^2 = \left(\frac{b_i - a_i}{6}\right)^2$$

式中:σ_i^2 为 i 工作的方差。

标准差:

$$\sigma_i = \sqrt{\left(\frac{b_i - a_i}{6}\right)^2} = \frac{b_i - a_i}{6}$$

网络计划按规定日期完成的概率,可通过下面的公式和查函数表求得。

$$\lambda = \frac{Q - M}{\sigma}$$

式中:Q 为网络计划规定的完工日期或目标时间;

M 为关键线路上各项工作平均持续时间的总和;

σ 为关键线路的标准差;

λ 为概率系数。

3. PERT 的操作步骤

开发一个 PERT 网络要求管理者确定完成项目所需的所有关键活动,按照活动之间的依赖关系排列它们之间的先后次序,以及估计完成每项活动的时间。这些工作可以归纳为五个步骤。

第一步,确定完成项目必须进行的每一项有意义的活动,完成每项活动都产生事件或结果。

第二步,确定活动完成的先后次序。

第三步,绘制活动流程从起点到终点的图形,明确表示出每项活动及其他活动的关系,用圆圈表示事件,用箭线表示活动,结果得到一幅箭线流程图,我们称为 PERT 网络。

第四步,估计和计算每项活动的完成时间。

第五步,借助包含活动时间估计的网络图,管理者能够制定出包括每项活动开始和结束日期的全部项目的日程计划。在关键路线上没有松弛时间,沿关键路线的任何延迟都直接延迟整个项目的完成期限。

4. PERT 的优缺点

PERT 的优点主要表现在以下四个方面:

第一,PERT 是一种有效的事前控制方法。

第二,PERT 通过对时间网络分析可以使各级主管人员熟悉整个工作过程并明确自己负责的项目在整个工作过程中的位置和作用,增强全局观念和对计划的接受程度。

第三,PERT 通过时间网络分析使主管人员更加明确其工作重点,将注意力集中在可能需要采取纠正措施的关键问题上,使控制工作更加富有成效。

第四,PERT 是一种计划优化方法。

PERT 并不适用于所有的计划和控制项目,其应用领域具有较严格的限制。适用 PERT 法的项目必须同时具备以下条件:

第一,事前能够对项目的工作过程进行较准确的描述;

第二,整个工作过程有条件划分为相对独立的各个活动;

第三,能够在事前较准确地估计各个活动所需的时间、资源。

总之,关键路线法和计划评审法的原理比较简单,便于推广使用,但也存在不够完善的地方:一是网络图中各项作业都是确定的,无法处理不确定性问题;二是网络图中不能出现网络环路,每项作业只能进行一次;三是整个过程只能有一个终点。这些方面也同时限制了网络分析技术更大范围的使用和推广。

第五节 程序优化技术

程序优化技术,是通过对各项工作任务进行不同的排列组合,寻找最佳操作方式,节约时间、提高效率的一种分析技术。

一、程序优化技术介绍

程序优化技术(Program Optimization Techniques,简称 POT)是对某项工作的各个任务环节进行统筹安排,选择最佳组合方式的一种工作分析技术。其核心是,该方法要通过流向图的绘制、分析和优化完成对工作任务的统筹安排。

二、程序优化技术的操作步骤

程序优化技术的操作步骤包括四步:绘制流向图、检查流向图是否最优、对流向图进行优化以及还原检验等。程序优化技术在物流管理领域中应用很广泛,下面以物流管理为例说明程序优化的操作步骤。

企业背景资料如下:

根据市场预测,济南、天津、郑州等化肥的产销地及年产销量如表 5-2 所示。

表 5-2 化肥产销数据

产 地	产量(万吨)	销 地	销量(万吨)
天津	6	石家庄	3
丰台	5	德州	5
郑州	8	邯郸	5
徐州	2	济南	3
		青岛	5

某运输公司按照下述方案调运化肥,如表 5-3 所示。

表 5-3 产销运量数据

发货点	收货点	运量(万吨)	运输距离(千米)	吨公里数(万吨·千米)
丰台	石家庄	3	266	798
丰台	邯郸	2	431	862
天津	德州	5	239	1195
天津	济南	1	357	357
郑州	邯郸	3	252	756
郑州	青岛	5	1059	5295
徐州	济南	2	317	634
总计	—	—	—	9897

1.绘制流向图

根据上面所给资料,首先绘制流向图,如图 5-6 所示。

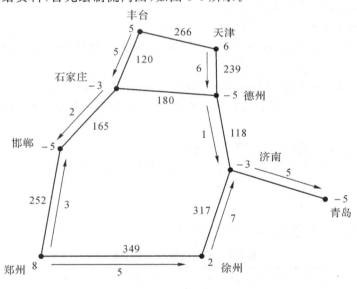

图 5-6 调运方案

如图 5-6 所示,发货点郑州,收货点邯郸,运量为 3 万吨,运输距离为 252 千米,可用流向图表示,如图 5-7 所示。

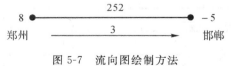

图 5-7 流向图绘制方法

按照图 5-7 流向图绘制方法,将所有调运线路都画出,即可得到图 5-6 的调运方案图。

2.检查流向图是否最优

流向图绘制完毕后,就可以检查流向图是否最优。检查标准为:在一个没有对流(方向相对)的流向图上,如果每一个圈上的内圈流向和外圈流向的总长度都不超过全圈长的一半,这个流向就是最优的;如果图上没有圈,只要有一个圈上的内圈流向或者外圈流向的总长度超过了圈长的一半,这个流向就一定不是最优的。

因此,按照这样的标准,通过对图 5-6 进行检查,结论是:

第一,图 5-6 中,上面的小圈长度为 805 千米(805＝120＋180＋239＋266),内圈流向只有一个,长度为 239 千米,按照检查标准,没有超过圈长的一半;外圈流向也只有一个,长度为 120 千米,也没有超过圈长的一半。所以,这个圈是合格的。

第二,图 5-6 中,下面的大圈长度为 1381 千米(1381＝180＋118＋317＋349＋252＋165),内圈流向有两个,总长为 370 千米(370＝118＋252),没有超过总圈长的一半;但是,三个外圈流向总长为 831 千米(831＝165＋349＋317),超过了总圈长的一半(690.5 千米),因此这个圈是不合格的。

3.对流向图进行优化

如果发现不是最优的流向图,就要进行改进,调整的方法有内调整法和外调整法两种。内调整法的操作步骤如下:

第一,取定一个圈;

第二,在这个圈的所有弧上都画一个内圈流向,它们的流量等于这个圈的所有外圈流向中的最小流量;

第三,消灭对流,即把同一弧上两个相反的流向中流量较小的那个流向划去,而把流量较大的那个流向的流量改为原来两个流向的流量差,如果两个相反流向的流量大小相等,就都划去。

外调法与上面步骤相同,只是第二步正好相反。

一般地,当外圈流向大于圈长一半时,用内调法;当内圈流向大于圈长一半时,用外调法。

4.还原检验

通过调整,形成新的调运方案,详见表 5-4。

表 5-4　调整后的产销运量数据

发货点	收货点	运量(万吨)	运输距离(千米)	吨公里数(万吨·千米)
丰台	德州	5	357	1795
天津	青岛	5	750	3750
天津	济南	1	357	357
徐州	济南	2	317	634
郑州	石家庄	3	417	1251
郑州	邯郸	3	252	756
总计	—	—	—	9047

由表 5-4 可知,新的调运方案比原方案调运少了 850 万吨·千米(9047 — 9897 = —850)。

新的调运方案流向图详见图 5-8。

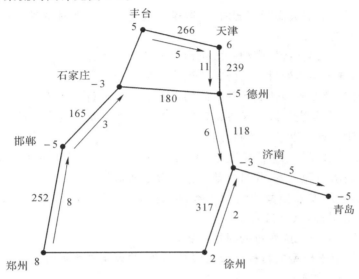

图 5-8 调整后的调运方案

通过流向图的绘制、分析检查和优化,可以提高工作中各项作业的统筹安排的合理性和经济型。程序优化技术的优点是通过图形表现任务组合方式,直观明了;通过计算圈长和流向长度来确定任务安排的合理性,具有客观性特点。

第六节 线性规划技术

线性规划是运筹学中研究较早、发展较快、应用广泛、方法较成熟的一个重要分支,它是辅助人们进行科学管理的一种数学方法。

一、线性规划技术介绍

在经济管理、交通运输和工农业生产等经济活动中,提高经济效益是任何组织最基本的目标,而提高经济效益最基本的途径就是整合资源,即合理安排人力、物力、信息等资源。线性规划(Linear Programming Techniques)所研究的就是,在一定条件下,如何合理安排各种资源,使经济效益达到最好。

1947 年,美国数学家 G. B. 丹齐克提出线性规划的一般数学模型和求解线性规划问题的通用方法——单纯形法,为这门学科奠定了基础。1951 年美国经济学家 T. C. 库普曼斯把线性规划应用到经济领域,由此与康托罗维奇一起获得 1975 年诺贝尔经济学奖。

一般地,求线性目标函数在线性约束条件下的最大值或最小值的问题,统称为线性规划问题,满足线性约束条件的解称为可行解,由所有可行解组成的集合称为可行域。决策变量、约束条件、目标函数是线性规划的三要素。

二、线性规划技术的操作步骤

利用线性规划技术解决实际问题时,一般是通过建立线性规划模型,并求解来实现的。

1. 数学模型的建立

从实际问题出发,建立数学模型一般包括以下三个步骤:

第一,根据影响所要达到目的的因素找到决策变量;

第二,由决策变量和所要达到目的之间的函数关系确定目标函数;

第三,由决策变量所受的限制条件确定决策变量所要满足的约束条件。

数学模型的建立具有以下三个特点:

第一,每个模型都有若干个决策变量$(X_1, X_2, X_3, \cdots, X_n)$,其中$n$为决策变量个数。决策变量的一组值表示一种方案,同时决策变量一般是非负的。

第二,目标函数是决策变量的线性函数,根据具体问题可以是最大化(Max)或最小化(Min),两者统称为最优化(OPT)。

第三,约束条件也是决策变量的线性函数。

当我们得到的数学模型的目标函数为线性函数,约束条件为线性等式或不等式时,称此数学模型为线性规划模型。

2. 模型的求解

求解线性规划问题的基本方法是单纯形法,现在已有单纯形法的标准软件,可在电子计算机上求解约束条件和决策变量数达 10000 个以上的线性规划问题。为了提高解题速度,又有改进单纯形法、对偶单纯形法、原始对偶方法、分解算法和各种多项式时间算法。对于只有两个变量的简单的线性规划问题,也可采用图解法求解。这种方法仅适用于只有两个变量的线性规划问题。它的特点是直观而易于理解,但实用价值不大。通过图解法求解可以理解线性规划的一些基本概念。关于模型求解的详细过程可参阅相关线性规划文献。

三、线性规划技术的应用

在经济管理中,线性规划技术得到了广泛应用,如生产计划问题、物资调运问题、下料问题、加工厂选址问题等生产布局问题。下面以生产计划为例,介绍线性规划技术的应用。

一家工厂背景资料如下,产品 A 售价 600 元,产品 B 售价 400 元;生产单位产品所需机器、人工和原材料如表 5-5 所示,请回答:如何安排生产才能使企业获得最大利润。

表 5-5   生产 A、B 产品相关数据

项　目	产品 A	产品 B	资源总量(天)	资源单价(元)
机器(时)	6	8	1200	5
人工(时)	10	5	1000	20
原材料(千克)	11	8	1300	1

第一步，模型构建。依据以上资料，可构建线性规划模型。

在本例中，有以下几个变量：利润、收入、成本、产量、产品价格、资源价格、资源消耗量和资源总量等。

各变量间的基本经济决定关系是：

利润＝收入－成本

收入＝产品产量×产品价格

成本＝产品产量×（资源消耗量×资源价格）

产品的资源消耗量＝产品产量×单位产品资源消耗量

总的资源消耗量＝A产品资源消耗量＋B产品资源消耗量

依据以上变量之间的决定关系，可以构建如下线性规划模型：

$$\begin{cases} P=600X+400Y-(6\times5+10\times20+11\times1)X-(8\times5+5\times20+8\times1)Y \\ \text{约束条件：} \\ 6X+8Y=1200 \\ 10X+5Y=1000 \\ 11X+8Y=1300 \end{cases}$$

式中：P 是利润；

X 是产品 A 的产量；

Y 是产品 B 的产量。

第二步，模型求解。

可以利用 Excel 或其他数理统计程序进行计算，计算结果如表 5-6 所示。

表 5-6　模型求解结果

项　目	产品 A	产品 B
售价（元）	600	400
产量（件）	60	80
销售额（元）	36000	32000
总销售额（元）	68000	
总成本（元）	26300	
总利润（元）	41700	

由表 5-6 可知，最终工厂生产 60 件 A 产品和 80 件 B 产品，将会实现最大利润。

第七节　其他流程分析技术

在进行流程分析的时候，除了可以利用以上介绍的鱼刺图分析技术、路径分析技术、网络分析技术、程序优化和线性规划技术等五种技术外，还可以利用问题回答分析技术和有效工时利用率分析技术。

一、问题回答分析技术

问题回答分析技术就是通过回答工作目的、工作内容、工作地点、工作时间、工作者和工作方式等六个方面的问题,达到对现有工作方式方法的改进与优化的一种分析技术。

利用问题回答分析技术,进行工作流程分析时,有以下五个操作步骤。

1.目的分析

目的分析就是要消除工作中不必要的环节,需要分析的问题包括:

(1)实际做了什么?

(2)为什么要做?

(3)该环节是否有必要性?

(4)应该做什么?

2.地点分析

地点分析就是要尽可能地合并相关的工作活动,需要分析的问题包括:

(1)在什么地方做这项活动?

(2)为何在该处做?

(3)可否在别处做?

(4)应当在何处做?

3.顺序分析

顺序分析就是要尽可能地使工作活动的顺序更加合理有效,需要分析的问题包括:

(1)何时做?

(2)为何在此时做?

(3)可否在其他时间做?

(4)应当何时做?

4.人员分析

人员分析就是要分析人员配置的合理性,需要分析的问题包括:

(1)谁做?

(2)为何由此人做?

(3)可否让其他人做?

(4)应当由谁来做?

5.方法分析

方法分析就是要简化操作,需要分析的问题包括:

(1)现在如何做?

(2)为何这样做?

(3)可否用其他方法做?

(4)应当用什么方法做?

一般地,通过上述五个方面的分析,可以消除工作过程中多余的工作环节,合并同类活动,使工作流程更加经济、合理和简捷,从而提高工作效率。

二、有效工时利用率分析技术

有效工时利用分析技术就是通过对工作过程中各种工作行为实际花费的时间分析,揭示现有工作方法中存在的问题,进而达到提出改进措施和优化方法的目的。

有效工时利用率是指在工作日内,完全用于生产劳动并能够创造出劳动价值的工时与制度工时之比,或指工作日内净工作时间与制度工作日时间之比,以百分率表示。其计算公式为:

$$有效工时利用率 = \frac{T_1 + T_2 + T_3 - T_4 - T_5 - T_6}{T_0} \times 100\%$$

式中:T_0:为制度工作时间,是指按照组织制度,员工应该工作的时间;

T_1 为工作时间,是指直接用于完成工作的时间;

T_2 为必要工作时间,是指布置与维护岗位工作地的时间;

T_3 为准备结束工作时间,是指为完成工作任务而事前进行准备和事后扫尾工作中消耗的时间;

T_4 为损失时间,是指由于自己行为不当、管理者管理不善或工作因故而停顿造成的时间消耗;

T_5 为非工作时间,是指工作者用于做那些非工作任务的事情所消耗的时间;

T_6 为休息及生理需要时间,是指午休、工间休、喝水、吃饭和上厕所等时间。

在这些时间中,工作时间、必要工作时间与准备结束工作时间均为净劳动时间,而休息与生理需要时间、非工作时间与损失时间均为无效劳动时间。

对上述公式中各种工时的测定,一般有工作日志写实和推算工时两种方法。通常流动性较大的工作根据月、季、年的总工作量推算,而稳定岗位则采用工作日志写实的方法测定。

通过对有效工时利用率的分析,可以揭示整个工作过程组织的合理性与有效性,可以由此发现并明确哪些工时消耗是必需的和有效的,而哪些工时消耗是不合理的与无效的,从而更加充分合理地利用工作时间,克服时间上的浪费现象,挖掘工作潜力,改进工作方法,提高工作效率。

【本章小结】

本章介绍了如何从流程角度进行工作分析,重点是要学习和掌握如何进行流程分析的方法和技术,主要包括鱼刺图分析技术、路径分析技术、网络分析技术、程序优化技术和线性规划分析技术等。

流程分析则是通过一定的分析技术方法,明确组织目标实现的工作任务活动集合,明确工作任务活动的相互关系,以及明确工作任务活动开展的逻辑顺序的分析过程。流程分析是组织流程管理的核心基础,通过流程的分析,能够明确实现某一目标所需开展的任务活动集合,能明确这一系列任务活动之间的相互作用和相互影响的关系,能对这一系列任务活动进行相应的逻辑顺序上的统筹安排。

流程分析的内容包括:找到任务活动开展的过程中存在的不合理和不经济的活动环节,不合理和不经济的分工与协作,不合理和不经济的人、事、物配置,任职者是否充分发挥了其主动性与创造性等。通过流程分析,要明确这些不合理和不经济的活动环节产生的原因是什么,通过何种方法可以避免产生这种不合理和不经济的活动环节。流程分析的对象可以分为动作、流程和方案三个层次,实际操作中会遵循从宏观到微观、从全局到局部、从整体到细节的原则展开分析。流程分析包括发现重点问题、现场观察与记录、流程分析与优化以及新流程的试验等四步。

　　鱼刺图分析技术就是指为了寻找某一流程中出现的问题及其原因,采取发散思维的方法,把所有可能对问题产生影响的因素通过线条连接,反映在一个形如鱼刺的图形中的方法。鱼刺图分析技术,是采用发散思维收集问题、原因和解决措施的方法,更多地会应用头脑风暴法,从各种不同角度找出问题所有原因或构成要素。具体的操作步骤分为两大步,即问题分析与鱼刺图绘制。

　　路径分析的主要目的是检验一个假想的因果模型的准确和可靠程度,测量变量间因果关系的强弱,回答下述问题:第一,模型中两变量是否存在相关关系;第二,若存在相关关系,则进一步研究两者间是否有因果关系;第三,若有影响,那么是直接影响,还是通过中介变量的间接影响,或者两种情况都有;第四,直接影响与间接影响两者大小如何。

　　路径分析技术的操作步骤一般包括建立模型并绘制路径图、估计参数并求得路径系数、模型的检验和修正、评估因果模型等四步。

　　网络分析技术就是通过网络图的形式和数学计算,对现有工作方法进行逻辑分析的一种技术,具体包括关键线路法和计划评审法。网络分析技术的操作步骤一般包括四步:利用网络分析技术,根据现有工作目标、任务与条件重新拟定工作方法,并确定最优方案;以网络图的方式再现现有方法过程及其操作方式;对比以上两个网络图,找到现行方法中存在的问题与差距;根据现实条件与最优方案中的标准要求,提出改进措施。

　　目前,广泛采用的网络计划技术主要有关键线路法和计划评审法。关键线路法的操作步骤包括:任务分解、绘制网络图、计算网络时间、确定关键路线、网络图的优化和进度控制等六步。PERT 分析则是利用网络分析制订计划以及对计划予以评价的技术。它能协调整个计划的各道工序,合理安排人力、物力、时间、资金,加速计划的完成。PERT 图的三个要素是事件、活动和关键路线。开发一个 PERT 网络包括以下五个步骤:确定完成项目必须进行的每一项有意义的活动,完成每项活动都产生事件或结果;确定活动完成的先后次序;绘制活动流程从起点到终点的图形,明确表示出每项活动及其他活动的关系,用圆圈表示事件,用箭线表示活动,结果得到一幅箭线流程图,我们称为 PERT 网络;估计和计算每项活动的完成时间;借助包含活动时间估计的网络图,管理者能够制定出包括每项活动开始和结束日期的全部项目的日程计划。在关键路线上没有松弛时间,沿关键路线的任何延迟都直接延迟整个项目的完成期限。

　　程序优化技术是对某项工作的各个任务环节进行统筹安排,选择最佳组合方式的一种工作分析技术。其核心是,该方法要通过流向图的绘制、分析和优化完成对工作任务的统筹安排。程序优化技术的操作步骤包括四步:绘制流向图、检查流向图是否最优、对流向图进行优化和还原检验等。程序优化技术在物流管理领域中应用很广泛,下面以物流管理为例说明程序优化的操作步骤。

　　利用线性规划技术解决实际问题时,一般是通过建立线性规划模型,并求解来实现的。

从实际问题出发,建立数学模型一般包括以下三个步骤:根据影响所要达到目的的因素找到决策变量;由决策变量和所要达到目的之间的函数关系确定目标函数;由决策变量所受的限制条件确定决策变量所要满足的约束条件。

问题回答分析技术就是通过回答工作目的、工作内容、工作地点、工作时间、工作者和工作方式等六个方面的问题,达到对现有工作方式方法的改进与优化的一种分析技术。

有效工时利用分析技术就是通过对工作过程中各种工作行为实际花费的时间分析,来揭示现有工作方法中存在的问题,进而达到提出改进措施和优化方法的目的。涉及的时间有制度工作时间、工作时间、必要工作时间、准备结束工作时间、损失时间、非工作时间、为休息及生理需要时间等。在这些时间中,工作时间、必要工作时间与准备结束工作时间均为净劳动时间,而休息与生理需要时间、非工作时间与损失时间均为无效劳动时间。通过对有效工时利用率的分析,可以揭示整个工作过程组织的合理性与有效性,可以由此发现并明确哪些工时消耗是必需的和有效的,而哪些工时消耗是不合理的与无效的,从而更加充分合理的利用工作时间,克服时间上的浪费现象,挖掘工作潜力,改进工作方法,提高工作效率。

【复习思考题】

1.流程分析的操作包括哪几步?

2.鱼刺图分析技术的操作包括哪几步?

3.路径分析技术的操作包括哪几步?

4.网络分析技术有几种主要的方法,其操作包括哪几步?

5.程序优化技术的操作包括哪几步?

6.线性规划分析技术的操作包括哪几步?

7.问题回答分析技术主要回答哪几个方面的问题?

8.有效工时利用分析技术主要包括哪些时间的计算?

【案例分析】

案例一:试根据线性规划技术对下面案例进行评述。

在生产管理和经营活动中经常提出一类问题,即如何合理地利用有限的人力、物力、财力等资源,以便得到最好的经济效果。

(一)问题的提出

例1 某厂需在长为4000mm的圆钢上,截出长分别为698mm和518mm两种毛坯,问怎样截取才能使残料最少?

初步分析:可以先考虑两种"极端"的情况:

(1)全部截出长为698mm的毛坯(甲件),一共可截出5件,残料长为510mm。

(2)全部截出长为518mm的毛坯(乙件),一共可截出7件,残料长为374mm。

由此可以想到,若将 x 个甲件和 y 个乙件搭配起来下料,是否可能使残料减少?把截取条件数学化地表示出来就是:

$$698x + 518y \leqslant 4000$$

式中: x, y 都是非负整数。

目标要使：

$$z = \frac{4000}{698x + 518y}$$

材料利用率尽可能地接近或等于1(尽可能大)。

该问题可用数学模型表示为：

目标函数：

$$Z_{\max} = \frac{4000}{698x + 518y}$$

满足约束条件：$\begin{cases} 698x + 518y \leqslant 4000, & (1) \\ x, y \text{ 都是非负整数} & (2) \end{cases}$

例2 某商业规划处在商场内要装修Ⅰ、Ⅱ两种经营不同商品的铺位各若干个,已知装修一个铺位所需的人数及 A、B 两种装修材料的消耗,如表5-7所示。

表 5-7

	Ⅰ	Ⅱ	现有数量
设备	1	2	8 人
原材料 A	4	0	16 千克
原材料 B	0	4	12 千克

该商场每个铺位Ⅰ可获利2万元,每个铺位Ⅱ可获利3万元。问:应如何安排装修计划使商场获利最大?

这问题可以用以下的数学模型来描述:设 x_1、x_2 分别表示在计划期内装修Ⅰ、Ⅱ的数量。因为可调动的人数为8人,这是一个限制装修数量的条件,所以在确定Ⅰ、Ⅱ的数量时,要考虑不超过可调动人数,即可用不等式表示为:$x_1 + 2x_2 \leqslant 8$。

同理,因装修材料 A、B 的限量,可以得到以下不等式:$4x_1 \leqslant 16, 4x_2 \leqslant 12$。

该商场的目标是在不超过所有资源限量的条件下,如何确定数量 x_1、x_2 以得到最大的利润。若用 z 表示利润,这时 $z = 2x_1 + 3x_2$。综上所述,该计划问题可用数学模型表示为:

目标函数:$Z_{\max} = 2x_1 + 3x_2$

满足约束条件:$\begin{cases} x_1 + 2x_2 \leqslant 8 \\ 4x_1 \leqslant 16 \\ 4x_2 \leqslant 12 \end{cases}$

式中:$x_1, x_2 \geqslant 0$

该模型的特征是:

(1)有一组决策变量 $(x_1, x_2, \cdots, x_n)$ 表示某一方案;这组决策变量的值就代表一个具体方案。一般这些变量取值是非负的。

(2)存在一定的约束条件,这些约束条件可用一组线性不等式(或等式)来表示。

(3)有一个要求达到的目标,它可用决策变量的线性函数(称为目标函数)来表示。

按问题的不同,要求实现目标函数最大化或最小化。

满足以上三个条件的数学模型称为线性规划模型。其一般形式为:

目标函数：$Z_{\max}(Z_{\min})=c_1x_1+c_2x_2+\cdots+c_nx_n$

满足约束条件：
$$\begin{cases} a_{11}x_1+a_{12}x_2+\cdots+a_{1n}x_n\leqslant(=,\geqslant)b_1 \\ a_{21}x_1+a_{22}x_2+\cdots+a_{2n}x_n\leqslant(=,\geqslant)b_2 \\ \cdots \\ a_{m1}x_1+a_{m2}x_2+\cdots+a_{mn}x_n\leqslant(=,\geqslant)b_m \end{cases}$$

式中：$x_1,x_2,\cdots,x_n\geqslant0$

（二）穷举法

以例 1 为例介绍穷举法。

先根据（1）求出 x 所有可能的取值为 0、1、2、3、4、5，再由（1）把相应 y 的最大值求出，对应为 7、6、5、3、2、0，依此计算出 z 值，如表 5-8 所示。

表 5-8

x	0	1	2	3	4	5
y	7	6	5	3	2	0
z	90.65%	95.15%	99.65%	91.20%	95.70%	87.25%

由表可知，在一根圆钢上截取 2 个甲件和 5 个乙件，可以得到最高的材料利用率为 99.65%。

（三）图解法

1.用二元一次不等式表示平面区域。

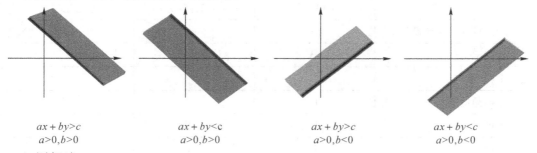

$ax+by>c$ $ax+by<c$ $ax+by>c$ $ax+by<c$
$a>0,b>0$ $a>0,b>0$ $a>0,b<0$ $a>0,b<0$

2.图解法。

图解法简单直观，有助于了解线性规划问题求解的基本原理。现对例 2 进行图解。

在以 x_1、x_2 为坐标轴的直角坐标系中，非负条件 x_1，$x_2\geqslant0$ 是指第一象限（即 x 轴正半轴、y 轴正半轴）。每一个约束条件都表示一个半平面。若约束条件 $x_1+2x_2\leqslant8$ 是代表以直线 $x_1+2x_2=8$ 为边界的左下方的半平面，同时满足 $x_1+2x_2\leqslant8,4x_1\leqslant16,4x_2\leqslant12$ 和 $x_1,x_2\geqslant0$ 约束的点，必然在由这三个半平面围成的区域内。由例 2 的所有约束条件为半平面围成的区域见右下图阴影部分。阴影区域中的每一个点（包括边界点）都这个线性规划问题的解。

再分析目标函数 $Z_{\max}=2x_1+3x_2$，在这坐标平面上，它表示以 z 为参数、$-2/3$ 为斜率的一族平行直线：

$$x_2=-\frac{2}{3}x_1+\frac{1}{3}z$$

位于同一直线上的点,具有相同的目标函数值,因而称为"等值线"。当 z 值由小变大时,上式直线沿其法线方向(法线方向是指与直线垂直的方向)向上方移动。当移动到 Q_2 点时,使 z 值在可行域(阴影部分)边界上实现最大化,这就得到了例2的最优解 Q_2,Q_2 点的坐标为(4,2),如图5-9所示。于是算得 $\mathrm{Max}z=14$。

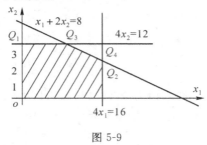

图 5-9

这说明该商场的最优装修计划方案是:装修铺位Ⅰ4间,装修铺位Ⅱ2间,可得到最大利润为 14 万元。

案例二:根据网络计划技术对下面案例进行评述。

例 3　生产某产品的各个工序与所需时间以及它们之间的相互关系如表5-9所示。要求编制该项工程的网络计划。

第一步,将工作任务分解为工序,如表5-9所示。

表 5-9

工　序	工序代号	所需时间(天)	紧后工序
产品设计与工艺设计	A	60	B、C、D、E
外购配套件	B	45	L
下料、锻料	C	10	F
工装制造 1	D	20	G、H
木模、铸件	E	40	H
机械加工 1	F	18	L
工装制造 2	G	30	K
机械加工 2	H	15	K
机械加工 3	K	25	K
装配调试	L	35	

第二步,根据任务分解结果,绘制网络图,如图5-10所示。

第三步,确定关键路线和关键工序。图5-10中共有5条路线,它们的组成及所需要的时间如表5-10所示。由表5-10可知,第三条路线耗时最长,也是条关键路线,组成关键路线的工序称为关键工序。

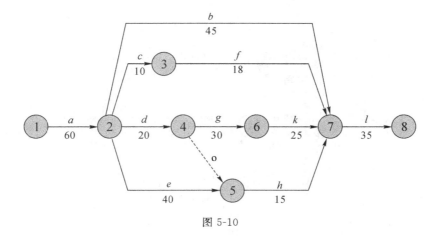

图 5-10

表 5-10

路　线	路线的组成	各工序所需时间之和（天）
1	①→②→⑦→⑧	60＋45＋35＝140
2	①→②→③→⑦→⑧	60＋10＋18＋35＝123
3	①→②→④→⑥→⑦→⑧	60＋20＋30＋25＋35＝170
4	①→②→④→⑤→⑦→⑧	60＋20＋15＋35＝130
5	①→②→⑤→⑦→⑧	60＋40＋15＋35＝150

第四步,计算网络时间,包括作业时间和事项时间。

事项最早时间计算结果如表 5-11 所示。

表 5-11

$T_E(1)=0;$

$T_E(2)=T_E(1)+T_E(1,2)=0+60+60;$

$T_E(3)=T_E(2)+T_E(2,3)=60+10=70;$

$T_E(4)=T_E(2)+T_E(2,4)=60+20=80;$

$T_E(5)=\text{Max}\{T_E(2)+T_E(2,5),T_E(4)+T_E(4,5)\}=\text{Max}\{60+40,80+0\}=100;$

$T_E(6)=T_E(4)+T_E(4,6)=80+30=110;$

$T_E(7)=\text{Max}\{T_E(2)+T_E(2,7),T_E(3)+T_E(3,7),T_E(6)+T_E(6,7),T_E(5)+T_E(5,7)\}$
$\quad=\text{Max}\{60+45,70+18,110+25,100+15\}=135;$

$T_E(8)=T_E(7)+T_E(7,8)=135+35=170$

将上述计算结果计入各事项左下方的方框内,见图 5-11。

事项最迟时间 T_L,即箭头事项各工序的最迟必须结束时间,或箭尾事项各工序的最迟必须开始时间。计算结果如下:

$T_L(8)=T_E(8)=170;$

$T_L(7)=T_L(8)-T_E(7,8)=170-35=135;$

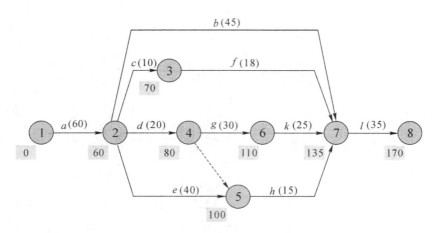

图 5-11

$$T_L(6) = T_L(7) - T_E(6,7) = 135 - 25 = 110;$$

$$T_L(5) = T_L(7) - T_E(5,7) = 135 - 15 = 120;$$

$$T_L(4) = \text{Min}\{T_L(6) - T_E(4,6), T_L(5) - T_E(4,5)\} = \text{Min}\{110 - 30, 120 - 0\} = 80;$$

$$T_L(3) = T_L(7) - T_E(3,7) = 135 - 18 = 117;$$

$$T_L(2) = \text{Min}\{T_L(7) - T_E(2,7), T_L(3) - T(2,3), T_L(4) - T_E(2,4), T_L(5) - T_E(2,5)\}$$
$$= \text{Min}\{135 - 45, 117 - 10, 80 - 20, 120 - 40\} = 60;$$

$$T_L(1) = T_L(2) - T_E(12) = 60 - 60 = 0。$$

将各事项的最迟时间记入该事项的右下角的三角框内,见图 5-12。

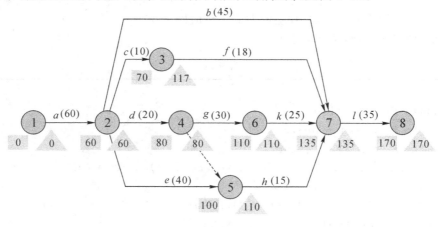

图 5-12

工序的最早开始时间、最早结束时间、最迟结束时间与最迟开始时间。

工序的最早开始时间 $T_{ES}(i,j)$,任何一个工序都必须在其所有紧前工序结束后才能开始。紧前工序最早结束时间即为工序最早可能开始时间,简称为工序最早开始时间,用 $T_{ES}(i,j)$ 表示。它等于该工序箭尾事项的最早时间,即 $T_{ES}(i,j) = T_E(i)$。在图 5-12 中:

$$T_{ES}(1,2) = 0,$$

$$T_{ES}(2,3) = T_{ES}(2,4) = T_{ES}(2,5) = T_{ES}(2,7) = 60,$$

$T_{ES}(3,7)=70, T_{ES}(4,6)=80,$

$T_{ES}(5,7)=100, T_{ES}(6,7)=110, T_{ES}(7,8)=135。$

工序最早结束时间 $T_{EF}(i,j)$，是工序最早可能结束时间的简称，它等于工序最早开始时间加上该工序的作业时间。即 $T_{EF}(i,j)=T_{ES}(i,j)+T(i,j)$。在图 5-12 中：

$T_{EF}(1,2)=0+60=60, T_{EF}(2,3)=60+10=70,$

$T_{EF}(2,4)=60+20=80, T_{EF}(2,5)=60+40=100,$

$T_{EF}(2,7)=60+45=105, T_{EF}(3,7)=70+18=88,$

$T_{EF}(4,6)=80+30=110, T_{EF}(5,7)=100+15=115,$

$T_{EF}(6,7)=110+25=135, T_{EF}(7,8)=135+35=170。$

工序最迟结束时间 $T_{LF}(i,j)$，在不影响工程最早结束时间的条件下，工序最迟必须结束时间，简称为工序最迟结束时间，用 $T_{LF}(i,j)$ 表示。它等于工序的箭头事项的最迟时间，即 $T_{LF}(i,j)=T_L(j)$。在图 5-12 中：

$T_{LF}(7,8)=170,$

$T_{LF}(6,7)=T_{LF}(5,7)=T_{LF}(3,7)=T_{LF}(2,7)=135,$

$T_{LF}(4,6)=110, T_{LF}(2,5)=120,$

$T_{LF}(2,4)=80, T_{LF}(2,3)=117,$

$T_{LF}(1,2)=60。$

工序最迟开始时间 $T_{LS}(i,j)$，在不影响工程最早结束时间的条件下，工序最迟必须开始的时间，简称为工序最迟开始时间，用 $T_{LS}(i,j)$ 表示。它等于工序最迟结束时间减去工序的作业时间，即 $T_{LS}(i,j)=T_{LF}(i,j)-T(i,j)$。在图 5-12 中：

$T_{LS}(1,2)=60-60=0, T_{LS}(2,3)=117-10=107,$

$T_{LS}(2,4)=80-20=60, T_{LS}(2,5)=120-40=80,$

$T_{LS}(2,7)=135-45=90, T_{LS}(3,7)=135-18=117,$

$T_{LS}(4,6)=110-30=80, T_{LS}(5,7)=135-15=120,$

$T_{LS}(6,7)=135-25=110, T_{LS}(7,8)=170-35=135。$

工序总时差 $T_F(i,j)$，在不影响整个工程最早结束时间的条件下，各工序最早开始（或结束）时间可以推迟的时间间隔，称为该工序的总时差（即工序的完工期可以推迟的时间间隔）。即工序总时差＝最迟开始－最早开始，亦即 $T_F(i,j)=T_{LS}(i,j)-T_{ES}(i,j)$，或工序总时差＝最迟结束－最早结束，即 $T_F(i,j)=T_{LF}(i,j)-T_{EF}(i,j)$。

工序总时差越大，表明该工序在整个网络中的机动时间越大，可以在一定范围内将该工序的人力、物力资源利用到关键工序上去，以达到缩短工程结束时间的目的。总时差为零的工序，开始和结束的时间没有一点机动的余地。由这些工序所组成的路线就是网络中的关键路线，这些工序就是关键工序。用计算工序总时差的方法确定网络中的关键路线是最常用的方法。工序 A、D、G、K、L 的总时差为零，由这些工序组成的路线就是关键路线。

第五步，网络优化。

根据计划的要求，综合地考虑进度、资源利用和降低费用等目标，即进行网络优化。最优的计划方案一般是根据具体的要求确定的。比如，对时间的最优、时间—资源利用最优、时间—费用的最优等。（略）

参考书目

1. 安鸿章.工作岗位研究原理与应用.北京：中国劳动社会保障出版社，2005
2. 董临萍.工作分析与设计.上海：华东理工大学出版社，2009
3. 付亚和.工作分析.上海：复旦大学出版社，2004
4. 顾琴轩.职务分析——技术与范例.北京：中国人民大学出版社，2006
5. 马国辉.工作分析与应用.上海：华东理工大学出版社，2008
6. 彭剑锋.职位分析技术与方法.北京：中国人民大学出版社，2004
7. 王吉鹏.职位分析：战略 HRM 的起点.北京：中国劳动社会保障出版社，2005
8. 文征.员工工作分析与薪酬设计.北京：企业管理出版社，2006
9. 萧鸣政.工作分析的方法与技术(第二版).北京：中国人民大学出版社，2006
10. 熊超群.工作分析与设计实务.广州：广东经济出版社，2002
11. 姚若松,苗群英.工作岗位分析.北京：中国纺织出版社，2003
12. 赵永乐.工作分析与设计.上海：上海交通大学出版社，2003
13. 郑晓明,吴志明.工作分析实务手册.北京：机械工业出版社，2006
14. 周文.工作分析与工作设计.长沙：湖南科学技术出版社，2005
15. 周亚新,龚尚猛.工作分析的理论、方法及运用.上海：上海财经大学出版社，2007
16. 朱国勇.工作分析.北京：中国劳动和社会保障出版社，2006
17. 朱兴佳,白京红.职位分析与评估.北京：电子工业出版社，2008
18. Taylor, Francis. Job Analysis New Development. London：England，1989
19. Gael, Sidney. Job Analysis. San Francisco, Calif：Jossey-Bass Inc. ，1983
20. Knights, David. Job Analysis. Aldershot, Hants：Gower，1985

后 记

　　能够形成本书,是基于多年来人力资源管理知识学习的结果,是基于多年来人力资源管理,尤其是工作分析教学的结果,也是基于这些年来与企业人力资源管理工作人员的接触、讨论和磋商的结果。

　　在此,首先要感谢我的导师中国人民大学的曾湘泉教授,在我读研究生期间给予了我耐心、细致的指导和大力的帮助,他教会了我如何进行专业学习和专业研究,更教会了我如何做事和做人的道理;感谢中国人民大学萧鸣政教授、付亚和教授和彭剑锋教授,我对工作分析的认知、理解和掌握不仅得益于他们的著作,更得益于我在中国人民大学读书期间,在课堂上亲聆了他们的谆谆教导;感谢河北师范大学商学院和人力资源管理系多位领导和同事对我多年教学、科研和生活上的指导、支持与帮助;还要感谢企业界给予我指导、帮助和支持的朋友;最后也感谢所有关心和支持我的朋友。